VILDE TALENTER

I en menneskealder arbejdede den amerikanske forfatter Charles Hoy Fort med at gennemtrævle videnskabelige tidsskrifter og gamle aviser for at samle materiale om fænomener i grænselandet mellem fakta og fiktion – den brede vifte af mysterier, som den ortodokse videnskab enten ignorerede eller bortforklarede. Fort indsamlede, organiserede og kommenterede et vildt væld af fænomener: ufoer, nedfald af levende dyr fra himlen, poltergeister, spøgelser og psykiske fænomener, jordskælv og vulkaner, astronomiske og arkæologiske mysterier, stigmatiseringer, massehysteri og panik; spontan menneskelig forbrænding, folk der forsvandt, og meget mere.

Hans undersøgelser udkom i fire bøger: *The Book of the Damned* (1919), *New Lands* (1923), *Lo!* (1931), og *Wild Talents* (1932).

Charles Hoy Fort

VILDE TALENTER

imprimatur

Vilde Talenter
Til dansk ved Peter Eliot Juhl efter
Charles Hoy Fort: Wild Talents
© *2025 Charles Hoy Fort*
Forlag: BoD · Books on Demand, Strandvejen 100,
2900 Hellerup, bod@bod.dk
Tryk: Libri Plureos GmbH, Friedensallee 273,
22763 Hamborg, Tyskland

ISBN: 978-87-4305-524-2

Indhold

Introduktion

Vilde Talenter, udgivet i 1932, er den fjerde og sidste bog af forfatteren Charles Hoy Fort, kendt for sit forfatterskab om det paranormale.

Ligesom Forts tidligere bog, *Lo!*, beskæftiger *Vilde Talenter* sig med en lang række mærkelige fænomener. Hans skrivestil og sans for selvironisk humor er fremtrædende, især i afsnittet om hans egne påståede psykiske oplevelser.

Ved at fortælle om en lang række mærkelige fænomener ser Fort stort set bort fra sin tidligere teleportationsteori eller inkorporerer den i det mindste i denne bog. I stedet for en vag "kosmisk spøgefugl", som han postulerede i sine tidligere bøger, er ansvaret for disse hændelser nu nogle sære kræfter, der opstår i det menneskelige sind. De kan ikke udvikles naturligt, men er der som en slags tilbagevenden til urtiden.

Fort diskuterer mange emner, han har berørt før, dog generelt mere detaljeret her end i sine tidligere bøger — poltergeister, spontan menneskelig forbrænding, dyrelemlæstelser, vampyrer og poltergeister — sammen med mange formodede tilfælde af psykokinese og evnen til at kontrollere omgivelserne. Hans tese er, at mennesket i urtiden havde brug for sådanne ekstraordinære kræfter for at overleve i de barske og truende omgivelser, og at alle mennesker potentielt kan udvikle disse kræfter, hvis de — bogstavelig talt — sætter sig ind i dem.

Han udforsker påståede tilfælde af hekseri og mord ad mental vej, og kompilerer en imponerende liste over "okkult kriminologi" (folk, der tilsyneladende bliver myrdet under særegne eller uforklarlige omstændigheder) til støtte for sine teorier. Han angriber den generelle følelse af tabu, som han føler forhindrer vilde talenter i at blive accepteret, og antyder, at sådanne "talenter" ville blive accepteret, hvis videnskaben ville tage dem højtideligt.

Fort leger med ideen om, at mennesker er i stand til at forvandle sig til dyr efter behag, og han nævner en række tilfælde af varulve og andre lignende væsener. Han afviser henkastet (og ganske humoristisk) rapporter om en talende hund, der "forsvandt i en tynd, grønlig damp", fordi det efter hans opfattelse var en ekstraordinær begivenhed, og han beskæftiger sig kun med ganske almindelige hændelser.

Fort nævner med et glimt i øjet en påstået psykisk hændelse, der skete for ham og hans familie, hvor han forestillede sig, at et billede i hans hus faldt ned fra væggen — og det skete!

Ovenstående introduktion er skrevet med udgangspunkt i artiklen *Wild Talents* i Wikipedia.

Udgiveren

Kapitel 1

Du ved, jeg kan kun gætte på dette — men John Henry Sanders fra 75 Colville Street, Derby, England, var indehaver af en fiskebutik, og jeg tror, det var en lille virksomhed. Hans kone hjalp til. Når jeg læser om medhjælpende hustruer, tror jeg, at det betyder, at deres ægtemænd ikke har store forretninger. Hvis fru Sanders gik rundt og skrabede skæl sammen med sin mand, udleder jeg, at de ikke havde meget af en fiskeforretning.

Om aftenen den 4. marts 1905, i Sanders' hjem, i soveværelset hos deres stuepige, var der ild. Ingen var hjemme, og brandfolkene måtte bryde ind. Der var ingen pejs i soveværelset. Der blev ikke fundet et spor af en forklaring, og brandmændene rapporterede: "Oprindelse ukendt." De vendte tilbage til deres station og blev straks igen kaldt tilbage til samme hus. Der var endnu en brand. Det var i et andet soveværelse. Igen — "Oprindelse ukendt."

Sanders', i deres fiskebutik, blev underrettet, og de skyndte sig hjem. Penge savnedes. Mange ting savnedes. Stuepigen, Emma Piggott, blev mistænkt. I hendes forældres hjem blev der fundet en kasse, hvorfra Sanders' tog, og identificerede som deres, 5 pund og et bytte af ting såsom et udskæringssæt, sukkertænger, duge, flere dusin lommetørklæder, saltskeer, duftflasker, gardinkroge, en hårbørste, tyrkiske håndklæder, handsker, en svamp, to ure, en pudderdåse.

Pigen blev arresteret, og i Derby Boroughs politiret blev hun sigtet for brandstiftelse og tyveri. Hun indrømmede tyverierne, men hævdede sin uskyld i forbindelse med brandene. Men der var tydeligvis en sådan sammenhæng mellem tyverierne og brandene, at disse, hvis de havde brændt huset ned, ville have dækket over tyverierne. Derfor blev begge anklager blev rejst.

Det var ikke kun det, at der havde været tyverier og derefter brande. Så mange ting var blevet stjålet, at ingen af disse ting ville blive savnet — medmindre Sanders' hjem var en meget stor husstand. Jeg har intet holdepunkt for at tro, at Sanders' levede på så stor fod, at de ikke ville have bemærket, hvis værdigenstande fra tid til anden blev stjålet fra dem. Det tydede på, at det hele var sket på én gang, og at pigens intention var at sætte ild til huset for at dække over det.

Emma Piggotts advokat påviste, at hun ikke havde været i nærheden af huset på tidspunktet for den første brand, og at hun, da den anden brand brød ud, var på vej tilbage fra en friaften og på gaden havde gjort naboerne opmærksomme på røg, der kom fra et vindue. Sagen var for kompliceret til, at den kunne afgøres som som en politisag, og den blev udsat, til den kunne behandles ved en domstol senere på sommeren.

Derby Mercury, 19. juli — sagen mod pigen genoptaget. Anklagemyndigheden hævdede, at brandene kun kunne forklares som påsatte, og at pigens motiv til at sætte ild til huset var tydeligt, og at hun havde plyndret så hæmningsløst, fordi hun havde planlagt en komplet ødelæggelse, der kunne forklare alt.

Igen viste forsvareren, at pigen ikke kunne have startet brandene. Sigtelsen for brandstiftelse blev frafaldet. Emma Piggott blev idømt seks måneders strafarbejde for tyverierne.

Den 2. december 1919 forsvandt Ambrose Small fra Toronto, Canada. Han vidstes at have været på sit kontor i Toronto Grand Opera House, som han var ejer af, mellem klokken fem og seks om aftenen den 2. december. Ingen så ham forlade sit kontor. Ingen — i hvert fald ingen, hvis vidnesbyrd kunne accepteres — så ham denne aften uden for bygningen. Der var rygter om en kvinde i sagen. Men Ambrose Small forsvandt og efterlod mere end en million dollars.

Så forsvandt John Doughty, Smalls sekretær.

Smalls pengeskab blev åbnet af fru Small og andre bobestyrere. I kasserne lå værdipapirer til en værdi af 1.125.000 dollars. Der blev fundet en beholdningsopgørelse. Ifølge den manglede der 105.000 dollars. Der var en undersøgelse, og obligationer til en værdi af 105.000 dollars blev fundet gemt i Doughtys søsters hjem.

Over hele verden blev Ambrose Smalls forsvinden annonceret med tilbud om dusør og med masser af spalteplads i aviserne. Han var på sit kontor. Han forsvandt.

Også Doughty blev eftersøgt. Han var ikke kun forsvundet; han havde gjort alt, hvad han kunne, for at være ufindelig. Men han blev sporet til en by i Oregon, hvor han boede under navnet Cooper. Han blev ført tilbage til Toronto, hvor han blev tiltalt, sigtet for at have stjålet obligationerne og for at have bortført Small for at dække tyverierne.

Det var anklagemyndighedens påstand, at Ambrose Small, velhavende, ved godt helbred og uden kendte problemer af nogen betydning, ikke havde noget motiv til at forsvinde og efterlade 1.125.000 dollars, men at hans sekretær, underslæberen, havde et motiv til at bortføre ham. Anklagemyndigheden antog ikke, at Small lydløst og usynligt var blevet plukket ud af sit kontor, hvor han var omgivet af medarbejdere. Den forsøgte at vise, at han havde forladt sit kontor, selvom ingen havde set ham gå: man kunne forestille sig, at han kunne være blevet bortført, uden vidner, på en gade. En avisdreng bevidnede, at han havde set Small i en nærliggende gade mellem klokken 5 og 6 aftenen den 2. december, men drengens far modsagde denne historie. En anden avisdreng fortalte, at Small denne aften, efter klokken 6, havde købt en avis af ham, men da man gik ham nærmere på klingen, indrømmede denne dreng, at han ikke var sikker på datoen.

Det syntes klart, at der var en sammenhæng mellem underslæbet og forsvindingen, som, hvis det ikke var for beholdningsopgørelsen, ville have dækket over tyverierne. Men anklagen om bortførelse slog fejl. Doughty blev fundet skyldig i underslæb og blev idømt seks års fængsel i Kingstons forbedringshus.

I *News of the World* (London) den 6. juni 1926 er der en beretning om "mærkeligt sammenflettede omstændigheder". På et offentligt sted, i dagtimerne, var en mand død. På gangbroen uden for Gaiety Theatre, London, var Henry Arthur Chappell, leder af teatrets udskænkningsafdeling, blevet fundet død. Der var en obduktion ved en kendt patolog, professor Piney. Mandens kranie var flækket. Professor Pineys opfattelse var, at hvis Chappell på grund af hjertesvigt var faldet bagover, kunne kraniebruddet forklares. Men han tilføjede, at selvom han havde fundet tegn på en let uro i hjertet, var det ikke noget, som sandsynligvis ville forårsage besvimelse.

Alt tydede på, at der var begået et mord. Politiet spurgte ind til sagen og erfarede, at der ikke længe før havde været ballade. En pige, Rose Smith, ansat ved en af udskænkningsskrankerne, var blevet afskediget af Chappell. En nat havde hun på hans dørtrin anbragt en seddel, der fortalte, at hun havde til hensigt at begå selvmord. Flere nætter senere blev hun anholdt i Chappells baghave. Hun var iført mandstøj og havde en kniv. Desuden bar hun tændstikker og en flaske paraffin. Formentlig var hun opsat på mord og brandstiftelse, men hun blev kun anklaget for indtrængen og idømt to måneders strafarbejde. Det erfaredes, at Chappell var død samme dag, som denne pige blev løsladt fra fængslet.

Rose Smith blev anholdt. Chappell havde ingen anden kendt fjende. På dagen for denne piges løsladelse fra fængslet var han død.

Men anklagen holdt ikke. En politiinspektør bevidnede, at Rose Smith på tidspunktet for Chappells død endnu havde befundet sig i fængslets udslusningsafdeling.

Kapitel 2

Jeg samler af noter om mangfoldige emner — såsom afvigelser fra koncentricitet i månekrateret Copernicus og en pludselig fremkomst af lilla englændere — stationære meteor-radianter og en rapporteret vækst af hår på en mumies skaldede hoved — og "slugte pigen blæksprutten?"

Men min mest levende interesse er ikke så meget i ting som i forhold mellem ting. Jeg har brugt lang tid med at tænke på de såkaldte pseudo-relationer, der kaldes tilfældigheder. Hvad, hvis nogle af dem ikke skulle være tilfældigheder?

Ambrose Small forsvandt, og kun én person kunne tilskrives et motiv til hans forsvinden. Kun én persons motiver kunne brandene i huset i Derby tilskrives. Kun én persons motiver kunne det sandsynlige mord på Henry Chappell tilskrives. Men ifølge dommene i alle disse sager er betydningen af dem alle kun et sammenfald mellem motiver og begivenheder.

Før jeg så nærmere på sagen om Ambrose Small, blev jeg tiltrukket af den af en anden tilsyneladende tilfældighed. At der kunne være nogen mening med den, virkede så absurd, at jeg, ud fra stor erfaring, overvejede den alvorligt. Omkring seks år før Ambrose Smalls forsvinden, var Ambrose Bierce forsvundet. Aviser verden over havde gjort meget ud af mysteriet om Ambrose Bierce. Men hvad kan forsvindingen af en Ambrose i Texas have at gøre med forsvindingen af en anden Ambrose i Canada? Var der nogen, der samlede på Ambroser? Disse spørgsmål forekom så barnlige, at de vakte min respektfulde opmærksomhed.

Lloyd's Sunday News (London) 20. juni 1920 — at der i nærheden af byen Stretton, Leicestershire, var blevet fundet liget af en cyklist, Annie Bella Wright. Hun var blevet dræbt af et sår i hovedet. Korrespondenten, der skrev denne historie, var en ulogisk fyr, som pyntede sin beretning med en uvedkommende omstændighed, eller, med en svag mistanke om et uforklarligt forhold, bemærkede han, at der på en mark, ikke langt fra, hvor liget af pigen lå, var blevet fundet en død krage.

I forklaringen med *tilfældighed* er der megen dovenskab og hjælpeløshed og reaktion på en instinktiv frygt for, at et videnskabeligt dogme vil blive truet. Det er et mærke eller et tegn, men selvfølgelig passer hvert mærke til tider godt nok. For et stykke tid siden bemærkede jeg en sag med detektiver, der ledte efter en mand med glasøje ved navn Jackson. En Jackson med et glasøje blev anholdt i Boston. Men han var ikke den Jackson, de ville have fat i, og ret hurtigt fandt de deres glasøjede Jackson i Philadelphia. Jeg har aldrig udledt noget af denne omstændighed — såsom, at hvis der er en Murphy med et hareskår i Chicago, må der også være en anden Murphy med hareskår et andet sted. Det ville være en trøstende idé for optimister, som tror, at vores tilværelse er afbalanceret: det eneste, jeg rapporterer, er, at jeg ikke har bekræftet det.

Men en piges krop og en krage —

Og da jeg gennemgik aviserne, faldt jeg over dette:

Liget af en kvinde, fundet i floden Dee nær byen Eccleston (*London Daily Express*, 12. juni 1911). Og i nærheden blev der fundet liget af en anden kvinde. En af disse kvinder var bosiddende i Eccleston, den anden var en gæst fra Isle of Man. De havde været ukendte for hinanden. Omkring klokken ti formiddag den 10. juni var de gået ud fra huse i hver sin ende af byen.

New York American, 20. oktober 1929 — "To lig fundet i ørkenmysterium." I Coachella-ørkenen nær Indio, Californien, var der blevet fundet to døde mænd omkring to yards fra hinanden. Den ene havde været bosiddende i Coachella, men den anden var ikke identificeret. "Myndighederne mente, at der ikke var nogen forbindelse mellem de to dødsfald."

I *New York Herald*, 26. november 1911, er der en beretning om hængning af tre mænd for mordet på Sir Edmund Berry Godfrey fra Greenberry Hill, London. Navnene på morderne var Green, Berry og Hill. Det ser ud til, at dette kun var et spørgsmål om tilfældigheder. Alligevel var det måske ikke nogen tilfældighed, men et grumt ordspil blandet med mord.

New York Sun, 7. oktober 1930 — arm på William Lumsden fra Roslyn, Washington, knust under en traktor. Han var den tredje person i tre generationer i sin familie, der mistede en venstre arm. Dette var en tilfældighed, eller også bliver jeg nødt til at acceptere, at der kan være "forbandelser" i familier. Men så tidligt i begyndelsen af en bog bryder jeg mig ikke om at være så kategorisk. Og vi kommer væk fra vores emne, som er kroppe.

"Uforklarlige drukninger i Douglas Harbor, Isle of Man." I *London Daily News*, 19. august 1910, blev det sagt, at ligene af en ung mand og en ung pige var blevet fundet i havnen. De var kendt som et "ungt par", og deres drukning ville være forståelig, hvis den var udsprunget af en fælles passion, og hvis det ikke var, fordi der også blev fundet en krop af en midaldrende mand, "ikke kendt som på nogen måde forbundet med dem".

London Daily Chronicle, 10. sept. 1924 — "Nær Saltdean, Sussex, stødte hr. F. Pender, med to passagerer i sin sidevogn, ind i en vejstolpe, og alle tre blev alvorligt kvæstet. På en mark ved siden af vejen blev der fundet liget af en Rodwell-fårehyrde ved navn Funnell, som ikke havde nogen kendt relation til ulykken."

En begivenhed fra den 14. juni 1931 fortælles der om i *Home News* (Bronx) den 15. "Da betjent Talbot fra stationen på East 126th Street gik ind i Mt. Morris Park kl. 10 i går for at vække en mand, der tilsyneladende sov på en bænk nær indgangen til 124. Street, fandt han manden død. Dr. Patterson fra Harlem Hospital sagde, at døden sandsynligvis var forårsaget af hjertesvigt." *New York Sun*, 15. juni — at kort efter fundet af dette lig på bænken, blev en anden død mand fundet på en bænk i nærheden.

Jeg har to historier, som ligner de foregående, men jeg vil gerne have dem betragtet sammen.

I november 1888 (*St. Louis Globe-Democrat*, 20. december 1888) blev to indbyggere i Birmingham, Alabama, myrdet, og deres lig blev fundet i skoven. Så indtraf der et nyt mysterium, og disse mordmysterier gled i baggrunden. "I skoven, nær Birmingham, blev der fundet et tredje lig. Men dette var liget af en fremmed. "Liget ligger uidentificeret i bedemandens lokaler. Ingen, der har set det, kan huske at have set manden i levende live, og identifikation synes umulig. Den døde mand var tilsyneladende velsitueret, om ikke velhavende, og hvad han kunne have foretaget sig på det sted, hvor hans lig blev fundet, er et mysterium. Flere personer, der har set liget, mener, at manden er udlænding. I hvert fald var han en helt fremmed i dette nabolag, og hans opdukken må have været lige så mystisk som hans død."

Jeg noterede disse omstændigheder — simpelthen som et mysterium. Men, når en situation gentager sig, skærpes min interesse. Denne situation drejede sig om lokale mord og tilsynekomsten af liget af en fremmed, som ikke havde været en vagabond.

Philadelphia Public Ledger, 4. februar 1892 — mord nær Johnstown, Pa. — en mand og hans kone, parret hed Kring, var blevet slagtet, og deres lig var blevet brændt. Så, i skoven nær Johnstown, blev liget af en fremmed fundet. Liget var velklædt, men kunne ikke identificeres. Endnu et lig blev fundet — "en velklædt mand, som ikke lod sig identificere".

Der er en måde, hvorpå det kan påvises eller mere eller mindre demonstreres, at der aldrig har været en tilfældighed. Altså i noget nær endelig forstand. Med en tilfældighed menes en falsk fremtræden eller antydning af forhold mellem omstændigheder. Men enhver, der accepterer, at der er en underliggende enhed af alle ting, accepterer, at der ikke er noget fuldstændigt fravær af forhold mellem omstændigheder —

Eller, at der ikke forekommer nogen tilfældigheder, i den forstand, at der ikke er nogen egentlige forskelle på hverken farver eller lyde —

At hvilke som helst to farver eller lyde kan bringes i harmoni ved at relatere dem til andre farver eller lyde.

Og jeg vil ikke sige, at mit spørgsmål om, hvad en forsvinding af én Ambrose kunne have at gøre med en forsvinding af en anden Ambrose, er så meningsløst. Ideen om at få Ambrose Small til at forsvinde kan have oprindelse i nogens sind efter inspiration fra Ambrose Bierces forsvinden. Hvis man ikke kan forklare Ambrose Smalls forsvinden som en form for fysisk bortførelse, vil jeg ikke sige, at det giver nogen mening, før fysikerne på en forståelig måde definerer, hvad de mener med fysiske udtryk.

Kapitel 3

I gamle dage, da jeg som ung havde svært ved at adlyde, var min straf at skulle arbejde i min fars butik på lørdage. Jeg var nødt til at skrabe etiketter af andre forhandleres dåsemad og klistre mine forældres etiketter på. Teoretisk set var jeg således tvunget til at arbejde for at lære af mine fejl på bedrageriske måder. En hel del møgunger opdrages i det store og hele på en lignende lusket måde.

En gang havde jeg pyramider af dåsevarer, der indeholdt en række forskellige frugter og grøntsager. Men jeg havde brugt alle etiketterne, undtagen dem til ferskenerne. Så jeg klistrede ferskenetiketterne på ferskendåserne og kom så til abrikosdåserne. Nå, er abrikoser ikke ferskener? Og der er blommer, der nærmest er abrikoser. Jeg fortsatte, enten skælmsk eller videnskabeligt, med at klistre ferskenetiketterne på dåser med blommer, kirsebær, bønner og majs. Jeg kan ikke helt forklare mit motiv, for den dag i dag er det ikke fastslået, om jeg er humorist eller videnskabsmand. Jeg tror, det var en form for barnligt oprør, men efterhånden som vi går videre, vil der komme en mere respektfuld erkendelse af, at det også var en videnskabelig procedure.

I byen Derby, England — se *Derby Mercury*, 15. maj og følgende udgaver, 1905 — var der hændelser, som for den uopmærksomme ikke vil synes at have noget at gøre med hverken ferskener eller majs. I en pigeskole skreg pigerne og faldt bevidstløse om på gulvet. Der er læsere, der vil tænke over velkendte måder at bruge ferskener og majs på, og som ikke ved, hvad jeg skriver om. Der er andre, der vil se "symbolik" i det, og vil sende mig påskønnelser, og jeg vil ikke vide, hvad de skriver om.

På fem dage var der fem og fyrre tilfælde af piger, der skreg og faldt bevidstløse om. "Pigerne var overordentligt svage og måtte bæres hjem. Én havde mistet kræfterne, så hun ikke engang kunne sidde op." Man troede, at der var en ukendt, skadelig gas eller damp til stede; men mus blev anbragt i skolestuerne, og de var upåvirkede. Så var den videnskabelige forklaring: "massepsykologi". Da jeg ikke har flere data at arbejde med, forekommer det mig, at denne forklaring er en passende beskrivelse. Hvis en pige besvimede, og hvis en anden pige besvimede i sympati, er det i god overensstemmelse med vores indtryk af den menneskelige natur, som ser, spiser, lugter, tænker, elsker, hader, taler, klæder sig, læser og gennemgår kirurgiske operationer efter inspiration fra andre, og at fire og fyrre andre piger mister bevidstheden i ufrivillig efterligning. Der findes modne personer, der kan føle sig hævet over et sådant hysteri, men mange af dem har ikke meget bevidsthed.

I *Brooklyn Eagle*, 1. august 1894, er der en historie om "massepsykologi". Også i dette tilfælde forekommer det mig, at beskrivelsen passer — måske. I betragtning af den måde, mennesker lever på, er det naturligt for dem at dø imitativt. Der var i juli 1894 panik i en stor vingård ved Collis nær Fresno, Californien. En i denne vingård var faldet død om af "hjertesvigt". En anden faldt død om. Et tredje offer var faldet og var døende. Der var ikke nogen videnskabsmand med en god og plausibel forklaring på stedet. Det vil blive betragtet som morsomt: men folkene i denne vingård troede, at der skete noget uhyggeligt, og de flygtede. "Alle har forladt stedet, og myndighederne forbereder sig på at indlede en undersøgelse." Noget mere om dette emne kan ikke findes. Det er den sædvanlige oplevelse efter en meddelelse om "at indlede en undersøgelse".

Hvis noget ikke kan beskrives på anden måde, er det "massepsykologi". I byen Bradford, England, i et hus i Columbia Street, den 1. marts 1923, var der en af de begivenheder med lykønskninger, had, ondskab og munterhed og mere eller mindre giftig jalousi, der kombineres i en tilstand, der siges at være lystig, nemlig en bryllupsfest. Den sorgløse pludren fra denne bryllupsfest blev pludselig til delirium. Der lød skrig, og gæster faldt om på gulvet, bevidstløse. Bryllupsklokker — ambulancernes gongonger — fire personer blev bragt til hospitaler.

Denne begivenhed blev omtalt i London-aviserne, og selvom det var mærkeligt, så det ud til, at den konventionelle forklaring passede til den.

Yorkshire Evening Argus — udgivet i Bradford — 3. marts 1923 — detaljer, der gør det muligt at forhindre enhver konventionel forklaring — folk i tilstødende huse var blevet ramt af denne "mystiske sygdom". Adskillige navne på familier, hvoraf medlemmer var blevet ramt uforklarligt, blev offentliggjort — Downing, Blakey, Ingram.

Hvis mennesker i forskellige huse og uden kontakt med hinanden — eller ikke så nært stående, at de "blander" deres psykologi — og alle snævert lokaliseret i et lille kvarter, blev påvirket på samme måde, syntes det klart, at her var et tilfælde af fælles udsættelse for noget, der var giftigt eller på anden måde skadeligt. Selvfølgelig blev der tænkt på et udslip af gas; men der var ingen lugt af gas. Der blev ikke fundet udsivning af gas. Der var den sædvanlige søgende undersøgelse, der går forud for glemsomhed. Det var nogens forslag, at den "mystiske sygdom" var forårsaget af dampe fra en nærliggende fabriksskorsten. Jeg tror, at bryllupsfesten var den centrale omstændighed, men jeg tænker ikke på en fabriksskorsten, som aldrig havde udtrykt sig sådan før, pludseligt rygende ved en bryllupsfest. En *Argus*-reporter skrev, at sundhedsmyndighederne havde afvist dette forslag, og at han havde undersøgt og ikke havde opdaget nogen usædvanlig lugt i nabolaget.

I denne hændelse i Bradford var der ingen lugt af gas. Jeg har bemærket et tilfælde i London, hvor der var en lugt af gas; ikke desto mindre er denne sag ikke mindre mystisk. I *Weekly Dispatch* (London), 12. juni 1910, kaldes det "et af de mest bemærkelsesværdige og mystiske tilfælde af gasforgiftning, der har fundet sted i London i de seneste år". Tidligt om morgenen den 10. juni ringede en kvinde til en politistation og fortalte om, hvad hun troede var en gaslugt. En politimand blev sendt til huset, som lå i Neale Street (Holborn). Han betragtede den formodede lækage som alarmerende og bankede på dørene til en anden etage i huset. Der kom intet svar, og han brød en dør ind og fandt beboerne bevidstløse. I to nabohuse blev der fundet fire bevidstløse personer. En omstændighed, der blev anset for ekstraordinær, var, at der mellem disse to huse var et, hvor ingen var berørt, og hvor der ikke var lugt af gas. Gasselskabet sendte folk, som ledte efter en lækage, men forgæves. Røg, som fra et ualmindeligt og let opdageligt gasudslip, havde overvundet beboerne i tre huse, men ifølge den lokale avis (*Holborn Guardian*) havde gasselskabet en uge senere ikke været i stand til at opdage dets oprindelse.

I december 1921 var der en hændelse i landsbyen Zetel, Tyskland (*London Daily News*, 2. januar 1922). Det var i en bys gader. En person faldt bevidstløs om, og uanset, om det var i en skrækepidemi, der kunne tilskrives "massepsykologi", eller ej, faldt andre personer bevidstløse om. "Indtil videre er der ikke kastet lys over mysteriet." Man mente, at en "strøm af en art" var gået hen over landsbyen. Dette ligner hændelsen i El Paso, Texas, 19. juni 1929 (*New York Sun*, 6. december 1930). Snesevis af personer i gaderne faldt bevidstløse om, og flere af dem døde. Hvad end der dukkede op her, blev det kaldt en "dødelig miasme". Og sammenhængen går videre til snesevis af dødsfald i en tåge i Meuse-dalen, Belgien, den 5. december 1930 — så man let og logisk kunne starte med hændelser i en pigeskole og ende med en meteorologisk diskussion.

Lloyd's Weekly News (London) 17. januar 1909 — en historie fra den kaukasiske by Baku. M. Krassilrukoff og to ledsagere var taget på jagt til Sandøen i Det Kaspiske Hav. Der blev ikke hørt noget fra dem, og der var en eftersøgning. Man fandt ligene af de tre mænd, liggende i stillinger, der tydede på, at de var døde uden kamp. Ingen mærker af skader; ingen uorden i tøjet. Ved obduktionen blev der ikke fundet spor af gift. "Lægerne troede, selvom de ikke ville forpligte sig til en forklaring, at mændene var blevet kvalt."

The Observer (London) 23. august 1925 — "En mystisk tragedie er rapporteret fra de polske Tatra-bjerge nær kurstedet Zakopane. Et selskab bestående af hr. Kasznica, højesteretsdommer, hans kone, deres tolvårige søn og en ung studerende fra Krakows universitet, startede i godt vejr på en kort udflugt i de nærliggende bjerge. To dage senere blev tre af dem fundet døde."

Fru Kasznica var i live. Hun fortalte, at alle klatrede og var i god stand, da de blev ramt af kvælning. "En kvælende vind," tænkte hun. Den ene efter den anden var de faldet bevidstløse om. Obduktionen afslørede intet, der tydede på død ved kvælning, ej heller noget andet, som man definitivt kunne tage stilling til. "Nogle aviser antyder en forbrydelse, men indtil videre er sagen stadig et mysterium."

Der har været sager, der er blevet kaldt mystiske, selvom de virker forklarlige nok under kendte omstændigheder i menneskelige anliggender. Se en historie i *New York World-Telegram*, 9. marts 1931 — omkring tredive mænd og kvinder på arbejde i Howard Clothes Company-fabrikken, Nassau Street, Brooklyn — pludselig rædsel og panik hos disse mennesker efter at komme ud på gaden. Stedet var fyldt med en stikkende, kvalmende lugt. På gaden kollapsede mænd og kvinder, eller vaklede omkring og vandrede væk i en halvbevidst tilstand. Flere dusin af dem blev båret ind i butikker, hvor de fik førstehjælp, indtil ambulancerne nåede frem.

Fænomenet opstod på anden sal i Cary-bygningen, der blev benyttet af tøjfirmaet. Ingen i nogen anden del af bygningen blev berørt. Alle gasarmaturer på fabrikken var intakte. Ingen gasbombe blev fundet. Intet blev der fundet ud af. Men i betragtning af de mange forbrydelser i denne periode er mistanken stærk, at der på en eller anden måde, som et udtryk for menneskers had med oprindelse i industrielle problemer, var blevet udledt en portion giftig gas i denne fabrik.

Og det kan være, at vi med hensyn til hævn er på sporet af en generel udtryksform, selv når vi tænker på et had, der kunne forfølge folk langt op på en bjergside.

I mange sind er der i dag indtryk af, at ordet "uhyggelig" ikke betyder andet end bekvemmelighed for skabere af krydsordsopgaver. Der er kløfter fulde af det uforklarlige, men der bygges bro over dem af terminologi. Fire personer blev bragt fra en bryllupsfest til hospitalet. Og hvis ikke det var endnu et tilfælde af den morskab, der består i at blande klodser med konfetti, så var det iscreme igen og *ptomaine*-forgiftning. Der er en sådan tilfredsstillelse i at forklare og vise, at man ved bedre end at udtale *p*'et i *ptomaine*, at sandsynligvis store huller af uvidenhed altid vil blive overskygget af meget tyndbenede pedanterier. Ordet *asfyksiation* har afværget et væld af mistanker, der ville være probate imod en så almindelig forklaring som "gasforgiftning".

New York Sun, 22. maj 1928 — historie fra byen Newton, Mass. I denne by blev en læge telefonisk kaldt til William M. Duncans hjem. Der var ingen til at møde ham ved hoveddøren, men han kom ind i huset. Han kaldte, men ingen svarede. Der var tilsyneladende ingen hjemme, men han gik videre ind i huset. Han kom til et værelse, på hvis gulv der lå fire lig. Der var ingen lugt af gas, men lægen gav sig til at behandle de fire som ved et tilfælde af kvælning, og de levede op igen og forsøgte at forklare. Hr. Duncan var gået til dette rum, og da han kom ind i det, var han faldet bevidstløs om. Da hans kone undrede sig over, hvad, der forsinkede ham, var hun fulgt efter, og hun var faldet om. En af deres sønner kom til, og da han kom ind i dette rum, var han faldet om på gulvet. Den anden søn gik tilfældigt ind i dette værelse og mærkede, at noget kom over ham. Før han mistede bevidstheden, var han vaklet hen til telefonen.

Lægens forklaring var "massepsykologi".

Det er sandsynligt, at læsere af *The Sun* var forvirrede, indtil de kom til denne forklaring, og så — "Ja, selvfølgelig! Massepsykologi."

Der er en kontinuitet i alle ting, der gør klassifikationer til fiktioner. Men al menneskelig viden afhænger af arrangementer. Derfor er alle bøger — videnskabelige, teologiske, filosofiske — kun litterære. I Skotland, i september måned 1903, var der en hændelse, der lige så rimeligt kan betragtes som et tilfælde af "massepsykologi" som nogle af de foregående tilfælde: men nu kommer vi ind på data, der synes at rumme fysiske angreb. Der vil dukke flere op. Medmindre man enten håbløst, om ikke brutalt, er enten videnskabsmand eller logiker, kan man ikke binde sig til nogen bestemt klassifikation. Historien er fortalt i *Daily Messenger* (Paris) 13. september 1903.

I en kulmine nær Coalbridge i Skotland stødte minearbejdere på ligene af tre mænd. Der var ingen kulgas. Der var ingen tegn på vold af nogen art. To af disse mænd var døde, men den tredje blev genoplivet. Han kunne på en oplysende måde ikke fortælle mere end andre overlevende i denne type historier. Han fortalte, at han hed Robert Bell, og at han sammen med sine to fætre var gået ned i minen, da han pludselig følte, hvad han beskrev som et "chok". Ingen andre i minen havde følt forstyrrelser. Andre dele af denne mine var oplyst af elektricitet, men der var ingen ledninger i denne del. Der var på dette tidspunkt en dødelig udladning af en ukendt kraft, lige da de tre mænd tilfældigvis kom forbi, eller noget mere målrettet kan antages.

Nede i en kulmines mørke — og der er en tilsyneladende sammenhæng mellem mystiske angreb og omgivelser. Nu har jeg en historie om en lignende hændelse på et sted, der var en af Jordens mest overfyldte færdselsårer. Se *New York Herald*, 23. januar 1909. John Harding, som var leder af en afdeling i John Wanamakers stormagasin, krydsede Fifth Avenue ved Thirty-third Street, da han følte en stikkende fornemmelse i brystet. Der var ingen tegn på et skyts af nogen art. Så så han i nærheden en mand, som gned sig på armen og så sig vredt omkring. Den anden mand fortalte Harding, at noget uset havde ramt ham.

Hvis denne begivenhed var sket sent om natten, og hvis kun to personer krydsede Fifth Avenue ved Thirty-third Street; og hvis en kraft af intensitet nok til at dræbe havde ramt dem, ville forklaringen ved fundet af ligene sandsynligvis være, at to mænd ved en tilfældighed var døde på samme sted af hjertesvigt. Se i hvert fald tilbage til sagen om ligene på bænke i en Harlem-park. Ingen rapporter om fundet af disse lig satte spørgsmålstegn ved forklaringen om, at to mænd, der sad tæt på hinanden, var døde praktisk talt samtidigt af hjertesvigt ved en tilfældighed.

Vi kommer fra tilsyneladende angreb på mere end én person

ad gangen til tilsyneladende definitivt rettede angreb på enkelt-personer. *New York Herald Tribune*, 4. december 1931 — Ann Harding, filmskuespillerinde, ledsaget af sin sekretær på vej med tog til Venice, Florida. Der kom en intens smerte i hendes skulder. Miss Harding kunne ikke fortsætte sin rejse og forlod toget i Jacksonville. En læge undersøgte hende og fandt ud af, at hendes skulder var gået af led. Sekretæren var mystificeret, fordi hun ikke havde set noget, der var kunne forklare det, og frøken Harding kunne ikke give nogen forklaring på sin skade.

Den 7. december 1931 — se *New York Times* den 8. december 1931 — ankom det tyske dampskib Brechsee til Horsens, Jylland. Kaptajn Ahrenkield fortalte om et af sine besætningsmedlemmer, som var blevet uforklarligt såret. Manden var kommet til skade under en storm, men han så ud til at være blevet ramt af andet end stormfulde forhold. Kaptajnen havde set ham, såret af intet, der var synligt, falde om på dækket, bevidstløs. Det var et alvorligt sår, fire tommer langt, der havde vist sig på sømandens hoved, og kaptajnen havde syet det med almindelig nål og tråd.

I dette tilfælde dukkede uforklarlige sår ikke op på flere andre sømænd. Vær forvisset om, at jeg senere fortæller om tilfælde, hvor en række personer blev såret således. Massepsykologi?

Kapitel 4

Selv en flaske ketchup kan ikke falde ned fra en brandtrappe i en ejendom i Harlem uden at blive bemærket — ikke kun af de indignerede mennesker nedenunder, men — omendskønt uendeligt meget— universelt — måske —

Påvirkning fra prisen på pyjamas i Jersey City: humøret hos en eller andens svigermor i Grønland; efterspørgslen i Kina efter næsehornshorn til helbredelse af gigt — måske —

Fordi alle ting er indbyrdes forbundne — kontinuerligt — af en underliggende én-hed —

Således den underliggende logik hos drengen — som var skyldig i meget, men i det mindste var uskyldig i nogensinde at have hørt om en syllogisme — som klistrede en ferskenetiket på en dåse bønner.

Alle ting er sådan indbyrdes forbundne, at selvom forskellen mellem en frugt og det, der almindeligvis kaldes en grøntsag, virker indlysende, er der heller ingen definition. En tomat, for eksempel, repræsenterer sammensmeltningspunktet. Hvad er den — frugt eller grøntsag?

Således også den bagved liggende logik hos videnskabsmanden — som er skyldig i meget, men også er meget uskyldig — som, efter at have startet et sted med sin forklaring om "massepsykologi", bliver ved med at holde fast i den forklaring. For så vidt som der altid er et synspunkt et eller andet sted til forsvar for alt tænkeligt, skal han i det mindste være yderst fornuftig. Hvis "massepsykologi" med sikkerhed gælder for én begivenhed, må det, selvom den næsten er umærkelig, gælde for alle begivenheder. Fænomener med en mand alene på en øde ø kan forklares ud fra "massepsykologi" — for så vidt som intet menneskes sind er en enhed, men er et fællesskab af mentale tilstande, der påvirker hinanden.

Indbyrdes relationer mellem alle ting — og jeg kan mærke noget som Emma Piggotts hånd, der så at sige rækker hånden ud mod kvinden, der var ved at kvæles på bjergskråningen. John Doughty og lig på bænke i en Harlem-park — da ilt har affinitet til brint. Rose Smith — Ambrose Small — liget af en hyrde ved navn Funnell —

Om morgenen den 10. april 1893, efter at flere mænd var blevet bragt til et hospital i Brooklyn, blev nogens opmærksomhed tiltrukket af noget underligt. Flere ulykker i hurtig rækkefølge i forskellige dele af byen ville ikke blive betragtet som mærkelige, men en lighed blev bemærket. Se *Brooklyn Eagle*, 10. april 1893. Så var der travlhed med ambulancer, og meget ringen med alarmer —

Alex. Burgman, Geo. Sychers, Lawrence Beck, George Barton, Patrick Gibbons, James Meehan, George Bedell, Michael Brown, John Trowbridge, Timothy Hennessy, Philip Oldwell og en ukendt mand —

I løbet af et par timer blev disse mænd skadet i Brooklyns gader, næsten alle ved at falde ned fra høje steder eller ved at blive ramt af genstande, der faldt ned fra høje steder.

Igen er det et af mine spørgsmål, der er så tåbeligt, og måske ikke er så meningsløst — hvad kunne en mands fald fra et tag i én del af Brooklyn have at gøre med, at en anden mand fik et gok i nødden af en urtepotte i en anden del af Brooklyn?

I byen Colchester, England — som fortalt i *Lloyd's Daily News* (London) den 30. april 1911 — blev en soldat, garnisoneret i Colchester, om aftenen den 24. april slået bevidstløs. Han var så alvorligt såret, at han blev bragt til garnisonshospitalet. Her kunde han ikke redegøre for, hvad der var hændt ham. Den næste nat blev en anden alvorligt såret soldat indbragt til dette hospital. Han var blevet "slået bevidstløs af en uset overfaldsmand". Fire nætter senere blev en tredje soldat bragt til samme hospital; han led af virkningerne af et slag, som han intet kunne fortælle om.

Jeg er stødt på et tilfælde af "massepsykologi" hos blondegardiner. I slutningen af marts 1892 — se *Brooklyn Eagle* den 19. april 1892 — vendte folk, der havde været væk hjemmefra i Chicago, tilbage for at opdage, at der under deres fravær havde været et orgie af gardiner. Blondegardiner lå rundt omkring i bunker og uorden. Det var en melankolsk udmattelse af dyder: ting så spinkle og skrøbelige, men alligevel så oprejste, så længe de støttes. Skrivebordsskuffer var blevet ransaget efter smykker, og der blev fundet smykker. Men intet var blevet stjålet. Strøet omkring lå fragmenter af ringe og ure, der var blevet brutalt smadret. Der er i denne beretning flere elementer af spøgelseshistorien. Der er mange registreringer af lignende hensynsløse eller rasende ødelæggelser i huse, hvor der fandt poltergeistforstyrrelser sted. Der var også mystik, for politiet kunne ikke finde ud af, hvordan der var blevet trængt ind i dette hus.

Så kom nyheden om et andet hus, som, mens beboerne var borte, var blevet "betrådt på mystisk vis". Blondegardiner i stumper og stykker lå rundt omkring, og det samme gjaldt rester af kjoler, der var blevet revet i stykker. Smykker og nips var blevet smadret. Intet var blevet stjålet.

Så vidt politiet kunne erfare, havde beboerne i disse huse ingen fælles fjende. Et raseri mod blondegardiner er svært at forklare, men hadet til nogen, hvis vinduer var nøgne, uden al pynt og pryd, er let forståeligt. Kort efter at raseriet var gået igennem disse to huse, gik det ind i andre huse uden tegn på, hvordan vandalen kom ind, og blondegardiner blev trukket ned, og der var megen ødelæggelse af pynt og prunk, og intet blev stjålet.

New York Times, 26. januar 1873 — at general Mayow i England under Pytchley-jagten faldt død fra sin sadel, og at omtrent på samme tid i Gloucestershire datteren af biskoppen af Gloucestershire, mens hun var på jagt, blev alvorligt såret; og at samme dag i det nordlige England blev en Miss Cavendish dræbt under jagt. Ikke længe efter blev en præst dræbt under jagt i Lincolnshire. Omtrent samtidig blev to jægere nær Sanders' Gorse kastet af hestene og blev alvorligt såret.

I et af mine uhelbredelige videnskabelige øjeblikke foreslår jeg, at når forskellige enheder, dog med én karakter til fælles, påvirkes på samme måde, er den hændelseskraft relateret til den fælles karakter. Men der er intet, der tyder på, at noget synligt had til rævejægere rejste rundt i England og trak folk ned fra sadlerne og fik heste til at snuble. Men at der altid har været en klar animositet i England mod rævejægere, er tydeligt for enhver, der opfatter sig selv som en bonde — og hans hegn knust og hans afgrøder trampet ned af en invasion af røde frakker — og et vildt ønske om at hævne sig.

I *New York Evening World*, den 26. december 1930, blev det sagt, at vagtmester Lewis E. Lawes fra Sing Sing-fængslet havde været syg. Vagtmesteren kom sig, og julemorgen forlod han sit hjem. Han fik at vide, at en af hans venner, Maurice Conway, som var kommet for at besøge ham, var blevet fundet død i sengen. Juleaften var fængselsinspektør John Hyland blevet opereret "for blindtarmsbetændelse" og var i en alvorlig tilstand på fængselshospitalet. På samme hospital var fængselsinspektør John Wescott, som også var blevet indlagt "med blindtarmsbetændelse". Fængselsinspektør Henry Barrett var også på dette hospital og ventede på at blive opereret "for brok".

Sandsynligvis den mest forhadte mand i New Yorks fængselsvæsen var Asael J. Granger, inspektør på Clinton-fængslet i Dannemora. Han havde effektivt dæmpet fængselsoptøjer den 22. juli 1929. Denne juledag, 1930, blev Granger opereret på Champlain Valley Hospital, Plattsburg, N. Y. "for blindtarmsbetændelse". To dage senere døde han. Omkring dette tidspunkt led Harry M. Kaiser, vagtchefen i Clinton-fængslet, af, hvad der siges at være "højt blodtryk". Han døde tre måneder senere (*New York Herald Tribune*, 24. marts 1931).

London-aviserne fra marts 1926 fortalte om brande, der samtidigt var udbrudt i flere dele af Closes Hall, kaptajn B. Heatons palæ nær Clitheroe, Lancashire. Brandene var i træværket under taget og mentes at være forårsaget af gnister fra køkkenkomfuret. Disse brande var på steder, der var utilgængelige for enhver almindelig antændelse: For at komme til dem var brandmændene nødt til at hugge huller i taget. Der blev ikke sagt noget om tidligere brande her. Måske er det mærkeligt, at gnister fra et køkkenkomfur samtidig antænder fjerntliggende dele af et hus i god afstand fra hinanden.

En brand i en eller andens hus interesserede mig ikke meget, men så læste jeg om en række lignende. På tre måneder havde der været ti andre palæbrande. "Scotland Yard har for nylig sørget for, at alle detaljer om palæbrande bliver sendt til dem, for at omstændighederne kan sammenstilles og den sandsynlige årsag til udbruddene opdages."

2. april 1926 — Ashley Moor, et palæ nær Leominster, ødelagt af brand.

Nogen eller noget brændte palæer. Hvordan det blev gjort, var et mysterium. Der var en forskrækkelse, og sandsynligvis var disse huse mere end almindeligt bevogtede. Men så velbevogtede er de i almindelighed, at nogle ualmindelige adgangsmåder blev foreslået. I ingen rapport blev det sagt, at der var beviser for, hvordan en brandstifter kom ind. Der blev ikke anmeldt noget tyveri. I månedsvis var der nu og da en palæbrand. Formodentlig havde detektiverne fra Scotland Yard travlt med at sammenstille omstændigheder.

London-aviserne den 6. november fortalte om den tredivte palæbrand på omkring ti måneder.

Der var flammende palæer, og der var opflammede ytringer, i England.

Nogle gange er jeg en indsamler af data, og kun en indsamler, og er sandsynligvis nidkær og nøjeregnende, idet jeg hober noter sammen, tilfreds med blot talmæssigt at føje til mine samlinger. Andre gange har jeg glæder, når jeg uventet støder på en uhyrlig historie, der måske ikke er helt løgn, eller falder over en makaber lille ting, der kan gøre en anmelder af mine mere eller mindre gode værker gal. Men der er altid en følelse af uforklarlige forhold mellem begivenheder, som jeg noterer; og det er denne vage, hjemsøgende eller ofte drilske bevidsthed eller mistænksomhed, der får mig til at hobe videre.

Eller, i en følelse af relaterbarhed mellem tilsyneladende helt uoverensstemmende hændelser, der alligevel kan korreleres til at tjene ét generelt tema, er jeg som en primitiv landmand, der forestiller sig, at en zebra og en ko kan sættes sammen for at trække hans plov —

Men er der ikke noget fælles for zebraer og køer?

En struds og en hyæne.

Så bliver begrebet en hedensk ceremoni — ransagningen af junglen efter skabninger af den størst mulige ulighed til at trække ens plov — og tidligere vild klirren af hove og klapren af poter er trampet af en sang — her kommer dyrene, to og to.

Eller John Doughty, på linje med de døde mænd i en Harlem-park, der trækker på mit emne — efterfulgt af de 45 skolepiger fra Derby — og fiskehandlerens hushjælp med hænderne fulde af svampe og tyrkiske håndklæder — efterfulgt af brændende senge, mest suggestivt forbundet med hende, men på ingen måde, som nogen konventionel tænker kan forklare.

Eller palæbrandene i England i år 1926 — og i et mindre klarsyn mærker jeg, at to scener kan relateres:

I Hyde Park, London, råber en taler: "Det vi ønsker, er ingen konge og ingen lov! Hvordan vi får det, vil ikke være med stemmesedler, men med kugler!"

Langt væk i Gloucestershire bryder et hus, der kan dateres tilbage til den elizabethanske tid, uforklarligt i flammer.

Kapitel 5

"Godmorgen!" sagde hunden. Den forsvandt i en tynd, grønlig damp.

Jeg har denne optegnelse med avisautoritet.

Det kan ikke siges — og vil derfor blive sagt — at jeg har en fantastisk godtroenhed over for avishistorier. Men jeg tilbyder så åbenlyst alt i denne bog som fiktion. Altså, hvis der findes fiktion. Men denne bog er fiktion i den forstand, at *Pickwickklubben* og *Sherlock Holmes' Oplevelser* og *Onkel Toms Hytte*, Newtons *Principia*, Darwins *Arternes Oprindelse*, *Genesis*, *Gullivers Rejser* og matematiske teoremer og enhver historie i USA og alle andre historier er fiktioner. Den biblioteksmyte, der irriterer mig mest, er klassificeringen af bøger under "skønlitteratur" og "faglitteratur".

Og alligevel er der noget ved de historier, der blev fortalt af Dickens, som adskiller dem fra de historier, som blev fortalt af Euklid. Der er meget i de Dickenske groteskerier, der har den overensstemmelse med erfaringen, som kaldes "sandhed", hvorimod sådanne euklidiske karakterer som "matematiske punkter" er de tomme iagttagelser, der kunne forventes af et sind, der næsten ikke havde haft nogen erfaring. Den hundehistorie er aksiomatisk. Den må tages for pålydende. Og selv med virkninger, der nogle gange ikke vækker megen beundring, stiller jeg spørgsmål.

Det blev fortalt i *New York World*, den 29. juli 1908 — mange små røverier i nærheden af Lincoln Avenue, Pittsburgh — detektiver var i gang med at fange tyven. Tidligt om morgenen den 26. juli slentrede en stor, sort hund forbi dem. "Godmorgen!" sagde hunden. Den forsvandt i en tynd, grønlig damp.

Der vil være læsere, der gerne vil vide, hvad jeg mener med at afvise denne historie, mens jeg accepterer så mange andre i denne bog.

Det er, fordi jeg aldrig skriver om mirakler. Det mirakuløse eller det aldrig-før-hørte-om overlader jeg til finurlige eller radikale kammerater. Alle bøger skrevet af mig, handler om helt almindelige hændelser.

Hvis for eksempel engang i året 1847 en avis i New Orleans fortalte om en kat, som sagde: "Nå, er det for varmt til dig?" og straks forsvandt i en svovldamp, ligesom alle andre, der siger det samme; og hvis jeg havde et udklip, dateret engang i år 1930, der fortalte om en mus, der peb: "Jeg var i nærheden og tænkte, jeg ville kigge ind", og forsvandt i et spor af lilla gnister; og noget lignende fra *St. Helena Guardian*, 17. august 1905, og noget tilsvarende fra *Madras Mail*, år 1879 — ville jeg ikke betragte historien om den høflige hund som et mirakel, men straks lukke den ind i vores fold.

Men det er ikke sådan, at jeg tager gentagne gentagelser som et kriterium for optagelse —.

Fyren, der fandt perlen i østersgryden — den gamle violin, der viste sig, at være en Stradivarius — ringen, der blev tabt i en sø, og så det, der blev fundet, da en fisk blev fanget —

Men disse ofte gentagne historier er konventionelle historier.

Og næsten alle løgnere er konventionalister.

Den ene egenskab, som de lavere dyr ikke har til fælles med mennesker, er kreativ fantasi. Hverken en mand, en hund eller en østers har nogensinde haft nogen. Selvfølgelig er der en anden opfattelse, hvorved det ses, at der i alt er et strejf af kreativitet. Jeg kan ikke sige, at sandhed er mærkeligere end fiktion, for jeg har aldrig kendt nogen af dem. Selvom jeg har klassificeret mig selv med nogle kendte fiktionister, må jeg acceptere, at den absolutte fiktionist aldrig har eksisteret. Der er en fiktiv farve til alles beretning om en "faktisk hændelse", og der lurer i det mindste et strejf af det, der kaldes det "faktiske", i alles historier. Der er den bindestregsagtige tilstand af sandhed-fiktion. Ud af snesevis af rapporter om perler i gryderetter har der højst sandsynligt været enkelte tilfælde; højst sandsynligt viste en gammel violin sig engang at have været en Stradivarius; og det kunne være, at der engang var nogen, der fik en ring tilbage på fiskevis.

Men, når jeg støder på den ukonventionelle gentagelse i tider og på steder langt fra hinanden, føler jeg — selvom jeg ikke har nogen absolutte standarder at dømme efter — at jeg er uden for almindelige løgnhalses felt.

Selv i sagen om den talende hund tror jeg, at forfatteren nok havde noget at basere sig på. Måske havde han hørt om talende hunde. Det er ikke, fordi jeg tror, det er umuligt, at detektiver kunne møde en hund, der ville sige: "Godmorgen!" Det er ikke noget mirakel. Det er "godmorgen!" og forsvindingen i den tynde, grønlige damp, som jeg himler op om. I *New York Herald Tribune*, den 21. februar 1928, var der en beretning om en fransk bulldog, ejet af fru Mabel Robinson, fra Bangor, Maine. Den kunne tydeligt sige "Hej!" Fru J. Stuart Tompkins, West 85th Street, New York, læste om dette dyr og ringede til Herald Tribune og fortalte om sin hund, en Gand Danois, som var mindst lige så dygtig. En reporter kom for at interviewe hunden og gav den en godbid. "Tak!" sagde hunden.

I byen Northampton, England — se *Lloyds' Weekly* (London), 2. marts 1912 — jagtede en detektiv en indbrudstyv, som var gået ind i et byggemarked. Tyven slap væk. Detektiven gik tilbage og kom ind i butikken. Der hang nogle genstande på kroge under loftet. "Ved et tilfælde", netop som detektiven passerede under en af dem, faldt den ned. Det var et le-blad. Det skar hans øre af. Nu er jeg på kendt grund; der er antydninger i denne historie, der korrelerer med antydninger i andre historier.

"En bank i Blackpool blev røvet ved højlys dag i lørdags under mystiske omstændigheder" — sådan skriver *London Daily Telegraph*, 7. august 1926. Det var en af de største virksomheder i byen — Blackpool-afdelingen af Midland Bank. Ved middagstid lørdag, mens dørene var ved at lukke, gik en embedsmand fra Sporvejsselskabet ind i bygningen med en taske, som indeholdt 800 pund i sedler. I nærværelse af omkring femogtyve kunder stillede han tasken på en kranke. Så åbnede dørvogteren hoveddøren så han kunne gå ud og så vende tilbage med endnu et pengebeløb i sølv fra en varevogn. Tasken var forsvundet fra skranken. Det var en stor lædertaske. Ingen kunne uden at pådrage sig opmærksonhed forsøge at skjule den. Der blev ikke rapporteret om nogen, der bar barselskappe.

Om eftermiddagen, i en sidegade nær banken, blev tasken fundet, og den blev bragt til en politistation. Men låsen på den var ejendommelig og kompliceret, og politiet kunne ikke åbne den. En embedsmand fra Sporvejsselskabet blev tilkaldt. Da sporvejsmanden ankom med nøglen, blev der ikke fundet penge i tasken. Hvis en taske kan forsvinde fra en bank uden at gå forbi dørvogteren, kan jeg ikke finde noget mirakel i at fortælle om penge, der forsvandt fra en taske, selvom tasken måske ikke var blevet åbnet.

Men så er der heller ikke noget mirakuløst ved det, hvis pengene forsvandt fra en låst skuffe på fru Bradleys kontor. *New York Times*, 28. februar 1874 — Fru Lydia Bradley fra Peoria, Ill., "røvet på mystisk vis". Der var andre hændelser; og de var også alt andet end mirakuløse. Billeder faldt ned fra væggene og møbler slentrede rundt på stedet. Komfurer slyngede låget mod folk. Sådanne handlinger er ofte blevet rapporteret fra huse, ofre for poltergeistforstyrrelser. Der er mange registreringer af billeder, der ikke kunne holdes hængende på væggene. Stole og borde har været kendt for at stille sig i bestemt orden, tre eller fire på række og geled. I fru Bradleys hjem foregik hændelserne i nærværelse af stuepigen, Margaret Corvell. Så pigen blev genstand for mistanke, og én gang, midt under hurlumhejet af ting, der ellers er så faste og forankrede, holdt nogen fast i hendes hænder. Mens hendes hænder blev holdt, hørtes et højt brag. Et klaver, som indtil da havde opført sig normalt, sluttede sig til løjerne. Men pigen blev anklaget. Hun tilstod alt, inklusive tyveri af pengene, med undtagelse af, hvad der var sket, da hendes hænder blev holdt fast. Der er snesevis af poltergeistsager, hvor pigen — oftest en ung tjenestepige — har tilstået alle detaljer, undtagen ting, der skete mens hun blev holdt fast, bundet eller kastet rundt. Når man ignorerer disse undtagelser, ender efterforskernes beretninger med den tilfredsstillende forklaring, at pigen havde tilstået.

I *Home News* (Bronx, N. Y.), den 25. september 1927, er der en historie om "spøgelsesagtige ødelæggelser". I byen Barberton, Ohio, boede en ufangelig tyv. Jeg henleder opmærksomheden på et element af åbenhed, ofte af trods, som vil optræde i mange af vores historier. Det er, som om der er kriminelle, og nogle gange drilske, fyre, der kan gøre uansvarlige ting og glæde sig over at mystificere deres ofre, i tillid til, at de ikke kan fanges. I ti år havde Barbertons ufangelige tyv været i drift med jævne mellemrum. I nogle perioder, som for at vise sine talenter, vendte han tilbage til det samme hus en halv snes gange.

I januar 1925 var politiet i London i samme sindstilstand som os andre, når vi forsøger at løse krydsordsopgaver, der er blevet fyldt med påstået skotsk dialekt, forældede udtryk og navne på usandsynlige sydamerikanske gnavere. En eller anden spillede et spil, der gjorde det uretfærdigt svært. De ting, han gjorde, var, hvad en krydsordsforfatter ville kalde "variabler". Han blev kaldt "Klatretyven", og fra hans tid er mange mindre fikse fyre blevet kaldt det samme. Aviserne understregede, hvad de kaldte denne forbryders uhyggelige evne til at komme ind i huse, men jeg tror, at vægten burde have været på hans viden om, hvor han skulle gå hen efter at være gået ind i husene. Uanset, om han havde usynlighedens evne eller ej, rapporterede beboerne i Mayfair tab af penge og smykker, der ikke kunne være mere mystiske, hvis et usynligt væsen var kommet ind gennem døre eller vinduer uden at skulle åbne dem, og var slentret gennem værelserne og vidste nøjagtigt, hvor tingene lå. Han blev kaldt "Klatretyven", fordi der ikke var nogen konventionel måde at redegøre for, hvordan han kom ind, undtagen ved at tro, at han var klatret op ad husvæggene — altid vidende præcis, hvilket sted han skulle klatre til — klatre med en evne, som ingen kat nogensinde har haft. Nogle gange sagde man, at man så mærker på afløbsrør og på vindueskarme. Men så længe politiet kan sige noget, er det accepteret som det næstbedste efter at gøre noget. Naturligvis ville jeg i denne henseende ikke udpege én bestemt profession.

"Klatretyven" stablede smykker op, der ville tilfredsstille en-hvers drøm om dyrt skrammel, og så forsvandt han, måske ikke i en tynd, grønlig damp, men alligevel i en atmosfære af uretfærdig mystificering af krydsord, der er blevet vanskeliggjort med "variabler" og "obs'er" Måske blev der fundet mærker på afløbsrør og i vindueskarme. Men kun logikere tror, at noget har nogen eksklusiv betydning. Hvis jeg havde magten til usynligt at gå ind i huse, men foretrak at aflede mistanken herom, ville jeg lave mærker på afløbsrør og i vindueskarme. Alt, hvad der nogensinde har betydet noget, har lige så sandt betydet noget andet. Ellers ville eksperter, der er indkaldt til at vidne i retssager, ikke være de fantastiske fremstillere, som de så ofte er.

New York Evening Post, 14. marts 1928 — folk i en husblok i det tredje distrikt af Wien blev terroriseret. De blev "hjemsøgt af en mystisk person", som gik ind i huse og stjal små genstande, aldrig tog penge, og gjorde disse ting bare for at vise, at han kunne. Derefter, fra solnedgang til daggry, dannede politiet en afspærring omkring denne blok, og ved adgangsvejene til den stationeredes politi med hunde. Forsvindingen af små genstande af ringe værdi fortsatte. Der var historier om, at denne "uhyggelige indbrudstyv eller galning" var blevet set "løbende som et firben langs månebeskinnede tage". Min egen opfattelse er, at der ikke var set noget løbe langs tagene. Der var så stor opstandelse, at de "højeste autoriteter" ved Wiens universitet tilbød deres åndsevner til hjælp for de forvirrede politimænd og deres hunde. Jeg ville ønske jeg kunne notere en intellektuel konkurrence mellem universitetsprofessorer og hunde; der kan være en vis fryd i min malice. Der er sikkert mange universitetsprofessorer, som til tider læser om mærkelige forbrydelser og sympatiserer med civilisationen, fordi de ikke har beskæftiget sig med detektivarbejde. Der blev dog ikke sagt mere om de professorer, der tilbød at hjælpe politiet og hundene. Men der var en udfordring her, og jeg er ked af at konstatere, at den ikke blev taget op. Det ville have været et kæmpe show-off, hvis denne måske okkulte sportsmand var gået ind i nogle af disse "højeste autoriteters" hjem og havde stjålet fra dem, hvad enten det var noget, hvormed de "højeste autoriteter" opretholdt deres autoritet, eller han havde frarøvet dem deres bukser. Men han greb ikke denne mulighed. Når vi får flere data, vil det være min opfattelse, at han nok ikke kunne øve sig uden for denne ene husblok. Han kom dog ind i et hus, hvori der boede en politimand, og han gik til politimandens soveværelse. Han rørte ikke andet, men stjal politimandens revolver.

Om eftermiddagen den 18. juni 1907 indtraf et af de mest opsigtsvækkende, uforskammede, foragtelige eller storslåede tyverier i forbrydelsens annaler, bemærket af de fleste englændere; eller en forbrydelse ikke ganske uden interesse for amerikanere. På et bord på plænen bag på tribunen i Ascot, var Ascot Cup'en udstillet. 13 tommer høj og 6 tommer i diameter; 20 karat guld; vægt 68 ounces. Pokalen blev bevogtet af en politimand og af en repræsentant for arrangørerne. Historien er fortalt i *London Times*, 19. juni. Formodentlig var der rundt omkring en menneskemængde, holdt på afstand af betjenten, selvom det ifølge Times' standarder i år 1907 ikke var værdigt at gå meget i detaljer. Ud fra, hvad jeg ved om græstørvsreligionen i England, antager jeg, at der var en skare af hengivne, der tilbedende kiggede på dette ikon.

Det var der ikke.

Omtrent på dette tidspunkt var der et sted og en tid og en skat, som var værdig til opmærksomhed fra, eller som var en udfordring for, enhver magiker. Stedet var Dublin Castle. Udenfor, dag og nat, var en politimand og en soldat på vagt. Inden for en afstand af halvtreds yards lå hovedkvarteret for Dublins politi, det kongelige irske politikorps, detektivstyrken i Dublin og den militære garnison. Det var på tidspunktet for den irske internationale udstilling i Dublin. Den 10. juli skulle kong Edward og dronning Alexandra ankomme for at besøge udstillingen. I et pengeskab i slottets sikreste rum havde man opbevaret de juveler, der blev båret af lordløjtnanten ved højtidelige lejligheder. Det var en barbarisk bunke armbånd, ringe og andre insignier til en værdi af 250.000 dollars.

Og selvfølgelig. De var forsvundet omkring tidspunktet for Ascot Cup'ens forsvinden: engang mellem 11. juni og 6 juli.

Alle undersøgelser førte ikke til noget. I omkring fireogtyve år kom der intet nyt ud. Derefter, ifølge et telegram fra London til *New York Times*, den 6. september 1931, var der en rapport om forsøg på forhandlinger med Dublins myndigheder eller et tilbud, hvorved juvelerne "under visse betingelser" ville blive returneret. Hvis dette rygte var autentisk, er det bemærkelsesværdige, at de forskellige juveler ikke for længst var blevet smeltet om, men i 24 år var blevet holdt intakte. Dette ligner et stunt.

Men det, der bekymrer mig, er den store hund, der sagde "Godmorgen!" og forsvandt i en tynd, grønlig damp. Jeg er ikke tilfreds med min forklaring på, hvorfor jeg afviste den. I betragtning af nogle af mine andre accepter virker det ulogisk at afvise den hund, der sagde "Godmorgen!" — bortset fra, at kun for puristen eller den lærde kan der findes enten det logiske eller det ulogiske. Vi skal klare os med det logisk-ulogiske, med vores bindestregs-eksistens. Alt, hvad der siges at være logisk, er et sted ude af overensstemmelse med et eller andet andet, og alt der siges at være ulogisk, er et sted i overensstemmelse med noget.

Jeg behøver ikke bekymre mig om den store hund, der sagde "Godmorgen!" Hvis jeg, i betragtning af nogle af mine accepter, inkonsekvent afviser den, er jeg konsekvent med noget andet, og det er behovet i ethvert sind for at afvise noget — behovet i ethvert sind, der tror på eller accepterer noget, for at overveje noget andet fjollet, absurd, falsk, ondt, umoralsk, frygteligt — tabu. Det er ikke nødvendigt, at vi alle er enige om at være oprørte, chokerede eller foragtede. Nogle af os tager Jehova, og nogle af os tager Allah, som genstand for foragt eller for morskab. For at give det grænser, inden for hvilke det ser ud til at eksistere, og for at give det kontraster, som det synes at rumme, må ethvert sind foretage udelukkelser.

Jeg trækker min grænse ved hunden, der sagde "Godmorgen!" og forsvandt i en tynd, grønlig damp. Den er symbol på den falske og vilkårlige og usammenhængende — men selvfølgelig også den rimelige og konsekvente — grænse, som enhver et eller andet sted må drage for at foregive at være.

Man kan ikke narre *mig* med den hundehistorie.

Kapitel 6

Konservatisme er vores opposition. Men jeg har betydelig sympati med konservative. Jeg er ofte selv doven.

Det er aftener, når jeg er lidt udsplattet, at jeg sandsynligvis er mest konservativ. Alt, hvad der er højest og ædlest i min komposition, er mest udtalt, når jeg ikke er en sur sild værd. Jeg er måske ret vild om morgenen; men efterhånden, som min energi klinger af, bliver jeg ædlere og ædlere, og mere dorsk og konservativ. Mest sandsynligt vil min sidste ytring være en floskel, hvis jeg har været længe nok om dø. Hvis ikke, vil jeg nok grine.

Jeg kan godt lide at læse min *aftenavis* i fred og ro. Og det er ubehageligt, hvis jeg støder på nogen ny idé eller nye forslag i en aftenavis. Det er en ulempe, og jeg forstår det ikke, og det vil koste mig nogle overvejelser — jamen, jeg klipper det ud alligevel.

Men hvor er saksen? Den er der ikke. Har nogen en nål? Ingen har. Der var engang, hvor man kunne manøvrere over til kanten af et tæppe, uden at skulle forlade sin stol, og samle en tegnestift op. Men alle har gulvtæpper i dag. Nå, lad ligge.

Noget i avisen om en mystisk hårklipper. Dette er en ny afdeling af data, selvom hårtyveri har forbindelse til andre mystiske tyverier. Hvor er der en nål? Nå, der er ikke noget særligt i dette spørgsmål om hårklipning. En småtyv stjæler selvfølgelig hår for at sælge det. Vage antydninger, der bliver hængende efter læsning om forskellige faser af "sort magi" — men, hvis der er et marked for menneskehår, er der også stadig brug for hårklippere.

Og sådan kunne jeg blive ved, hvert andet øjeblik, i mange år, og finde en tilskyndelse til en ny idé, men føle mig mere komfortabel, hvis jeg ikke gjorde noget ved det. Men i dagtimerne går jeg på biblioteker, og hvis der flere gange tæt på hinanden i aviser, optræder noget, der tiltrækker min opmærksomhed, får jeg kræfter nok til at notere det.

Disse vage, nye ideer, der flakser et øjeblik i ethvert sind —

nogle gange er de lige så svære at fange, som det øjeblik de flakser i. Det er som at prøve at fæste en sommerfugl på en nål uden at fange den. De er væk. De kan ikke udvikle sig, fordi man ikke bemærker dem, eller ikke kan notere dem og få samling på dem.

Vi ville alle være lidt mere oplyste — hvis det ville være af nogen nytte for os — hvis det ikke var for lænestole. Hvor er der en nål? Herefter skal jeg altid have et kælepindsvin i huset. Man kan ikke lære meget og også have det komfortabelt. Man kan ikke lære meget og lade andre have det komfortabelt.

To sager om frisørers ruder knust, og curlere stjålet. Formentlig for at blive solgt til andre frisører.

Jeg bemærkede dette, bare som en særhed:

London *Daily Chronicle*, 9. juli 1913 — Paris — velhavende ingeniør ved navn Leramgourg, arresteret. "På Leramgourgs bopæl fandt politiet hårlokker fra 94 kvinder."

Jeg sætter dette emne i bås med andre om særheder hos samlere. I Oklahoma City, juli 1907, samlede nogen på ører. Lig af tre mænd — ører skåret af. I april 1913 opererede en samler, der var kendt som Jack the Slipper-snupperen i New York Citys undergrundsbane. Pige, der går op ad trappen til en metroopgang — en fod op fra et trin — snuppen af hendes tøffel —.

Det fantastiske eller det morsomme — men det er lige så tæt på det rystende, som det smukke er på det hæslige —.

Morderen af Conners-barnet i New York i juli 1916 klippede hår fra sit offer.

Jeg har kun to optegnelser om mandlige ofre for hårklippere. Jeg tænker, at der engang var rigeligt med fristende kindskæg. Hvor finder producenter af falske kindskæg deres materiale? Begge disse ofre var børn. Der var en sag om tre sigøjnerkvinder, som lå på lur efter en dreng på otte år og klippede hans hår af. At de var sigøjnere, kan være af okkult antydning, men dette kunne simpelthen være tyveri af noget, der kunne sælges.

Der fortælles om en sag i *People* (London), 23. januar 1921. Beboerne på Glenshamrock Farm, Anchenleck, Ayrshire, Skotland, vågnede en morgen og opdagede, at en indbrudstyv i løbet af natten var stukket af med forskellige genstande. Der lød skrig fra soveværelset hos et ungt kvindeligt medlem af husstanden. Da hun vågnede, opdagede hun, at hendes hår var blevet klippet af. Jeg siger, at der blev snakker om denne sag — men en sag om hvad? Og i *New York Sun*, den 7. marts 1928 — et tilfælde af hvad? En gammel mand var kommet ind i Angelo Nappis hjem, 83 Garside Street, Newark, N.J., og havde klippet håret af hans tre små døtre.

Alderdom og ungdom — mandlig og kvindelig — er humlen i historier om hårklippere, om noget, der ikke er hårsalg. Hvis Jack the Slipper-snupperen var i genbrugsbranchen, ville han have manøvreret piger til at have *begge* fødder i vejret.

Jeg tager en historie fra *Medium and Daybreak*, 13. december 1889. Den blev kopieret fra *Brockville* (Ontario) *Daily Times*, 13. november. Der foregik noget hjemme hos George Dagg, en landmand i landsbyen Clarendon, Quebec-provinsen, Canada. Sammen med Dagg boede hans kone, to små børn og en lille pige på 11 år, Dina McLean, som var blevet adopteret fra et hjem for forældreløse. Rapporten, som jeg citerer fra, var resultatet af undersøgelser foretaget af Percy Woodcock. Jeg ved godt, at det lyder fiktivt, men netop den samme Percy Woodcock var en kendt maler. Hr. Woodcock var også spiritist. Det kunne være, at han farvede lige så meget på papir som på lærred.

Den første af de "uhyggelige" hændelser — som de så vedvarende kaldes af personer, der ikke er klar over, hvor almindelige de er — var den 15. september. Ruder gik i stykker. Der var uforklarlige brande — så mange som otte om dagen. Sten af ukendt oprindelse blev kastet. En stor sten ramte et af børnene, og "mærkeligt at sige, den gjorde hende ikke den mindste fortræd".

Og jeg giver som min mening, at mit vanvid i kommentarer til mine skrifter er blevet overbetonet. Selvfølgelig kunne jeg ikke bestå nogen undersøgelse af en sindssygelæge — men kunne nogen sindssygelæge det? Men, når jeg støder på en detalje, som denne med sten, der rammer folk uskadeligt, i en Ontario-avis, og har bemærket den samme detalje i en historie i en avis i Konstantinopel, og er stødt på den i aviser i Adelaide, Sydaustralien, og Cornwall, England, og andre steder — og når jeg bemærker, at det ikke er nogen fast bestanddel af spøgelseshistorier, så at næppe en af forfatterne nogensinde havde hørt om noget af den slags før — ville jeg mene det sundt og rimeligt at give agt på dette, hvis der findes fornuft og rimelighed.

"En eftermiddag mærkede den lille Dina, at noget pludselig trak i hendes hår, der hang i en lang fletning ned langs ryggen, og da hun skreg op, fandt familien, at hendes fletning næsten var klippet af og blot hang i et par hår. Samme dag sagde den lille dreng, at noget havde trukket i hans hår over det hele. Straks så hans mor, at også hans hår var blevet klippet af i totter, så at sige over hele hovedet."

Woodcock fortalte om en stemme, der blev hørt. Dette er et element, der ikke optræder i langt de fleste tilfælde af poltergeist-forstyrrelser. Hans historie handler om samtaler, der blev ført mellem ham og et usynligt væsen. Der var en fejde mellem Daggs og naboerne ved navn Wallace, og "stemmen" anklagede fru Wallace for at have sendt ham, eller hende, eller det, eller hvad som helst, for at forfølge Daggs. Det meste af tiden var huset fyldt med uro. Da denne beskyldning blev hørt, gik en række bønder (dog uden høtyve) til Wallacernes hjem og vendte tilbage med fru Wallace. Historien er, at "stemmen" igen anklagede fru Wallace, men derefter kom med udtalelser, der var så inkonsekvente, at de ikke blev troet. Det var en uanstændig stemme, og hr. Woodcock var chokeret. Han ræsonnerede med den og påpegede, at der var landmandskoner til stede. Og "stemmen" skammede sig over sig selv. Den angrede. Så sang den en salme og gik sin vej.

Jeg tager noget fra *Religio-Philosophical Journal*, 4. oktober 1873, og følgende numre, som kopieret fra *Durand* (Wisconsin) *Times* og andre aviser. Hr. Lynchs hjem, 14 miles fra Menomonie, Wisconsin — han var flyttet fra Indiana et par år før og boede med sin anden kone og sin første hustrus fire børn. Denne var død, kort før han var flyttet. Lynch tog til byen en dag og vendte tilbage med en kjole til sin kone. Kort efter blev denne kjole fundet i laden, klippet i stykker. Genstande overalt i huset forsvandt. Lynch købte en ny kjole. Denne blev fundet i laden, klippet til, så den passede til et af børnene. Æg rejste sig fra borde, tekopper sprang, og en gryde med brun sæbe vandrede fra rum til rum. Et af børnene, en dreng på seks år, mentes at lave numre, fordi fænomenerne var centreret omkring ham. Ingen plagede ham, indtil han tilstod, men han blev bundet til en stol — tekopperne lige så livlige som altid.

Der var den sædvanlige åbenhed. Ingen midnatsmysterier i et hjemsøgt hus. Nysgerrige ankom i et så stort antal, at der ikke var plads til dem i huset. Flere hundrede af dem stod udenfor, sad på hegn eller lænede sig op ad noget, der kunne holde dem oppe, klar til at styrte ind i huset ved enhver meddelelse om, at der skete noget.

"En dag stod et af børnene, der hed Rena, tæt på fru Lynch. Hendes hår blev klippet af tæt på hendes hovedbund og forsvandt."

Der har været enkelttilfælde, og der har været hårklippende forskrækkelser, der blev tilskrevet "massepsykologi". Jeg har også bemærket sager, hvor piger blev anklaget for at have klippet deres eget hår af i håb om at få noget spalteplads. Min eneste grund til tvivl er den tilfredsstillende afslutning på disse beretninger med udtalelser om, at pigerne havde tilstået.

Der var beretninger i London-aviserne den 2. og 10. december 1922 om uhyrligheder på steder øst og vest for London. På en gade i Uxbridge, Middlesex, fandt en kvinde ud af, at hendes fletning var blevet skåret af. Hun havde ikke været opmærksom på nogen sådan operation, men huskede, at i en menneskemængde var hendes hat blevet skubbet ned over hendes øjne. Ifølge historierne blev kvinder terroriseret af "en forsvindende mand". "Forsvandt som ved et trylleslag." Det er en *ufangelig* igen, en trodsig fyr, der opererer åbenlyst, som om han var sikker på, at han ikke kunne blive fanget. Bemærk, at dette ikke er spøgelseshistorier. Det er historier om mennesker, som syntes at have spøgelsesagtige kvaliteter eller kræfter. Dorris Whiting, 17 år, der nærmede sig sit hjem i landsbyen Orpington, så en mand læne sig op ad porten. Da hun gik forbi ham, tog han fat i hende og klippede hendes hår af. Pigen skreg, og hendes far og bror løb ud til hende. De ledte, men klipperen var ikke til at finde. En tjenestepige, ansat af fru Glanfield fra Crofton Hall, Orpington, blev overfaldet af en mand, som hakkede en håndfuld af hendes hår af. Han forsvandt. Der var trængsel i Orpington ved endestationen af en busrute. En pige udbrød, at meget af hendes hår var blevet klippet af. Men dette virker ikke mystisk; det ser ud til, at en dygtig fyr kunne have gjort dette uden at blive set af de andre passagerer. Men andre piger sagde, hvad piger nu en gang siger, når de opdager, at deres hår er blevet klippet af. På Enfield befandt en pige ved navn Brand, ansat som maskinskriverske i Constitutional Club, sig tæt på klubhuset en morgen omkring klokken otte, da en mand tog fat i hende og klippede hendes hår af. "Ingen spor af ham blev fundet, selvom eftersøgningen blev taget op et minut efter krænkelsen."

Jeg har noteret hændelser i London, som ser ud, som om der var et ønske, ikke generelt efter hår eller nogens hår, men efter håret, og derefter mere hår, fra ét offer. Se *Kensington* (London) *Express*, 23. august 1907. To gange var en piges hår blevet klippet af. På en gade i London mærkede hun et klip, tredje gang. Pigen anklagede en mand. Han blev arresteret og blev stillet for retten i Mansion House. Hverken pigen eller nogen anden havde set ham som en klipper, men han var "gået brat bort", og da han var blevet konfronteret, var han var stukket af. Der blev ikke sagt noget om hverken saks eller hår i nogen mængde, fundet i hans besiddelse. Håret, der var blevet klippet af, blev ikke fundet. Men "der var noget hår på hans jakke", og han blev fundet skyldig og fik en bøde.

Jeg har optegnelser om et andet tilfælde af "massepsykologi". Det er mit udtryk, at beskrivelsen "massepsykologi" til dels gælder for det, ligesom "horisontal uduelighed" eller "metakarpal iriscens" eller enhver anden idé eller kombination af ideer, i en eller anden grad ville gælde for et eller andet. I en bindestregs-eksistens er det umuligt at gå helt galt i byen— eller helt rigtigt. Det er derfor, det er så svært at lære noget som helst. Det er svært at overvinde det, der ikke kan være helt forkert, med det, der ikke kan være helt rigtigt. Jeg ser frem til det tidspunkt, hvor jeg vil nægte at lære noget nyt, efter at have akkumuleret fejl nok.

I *Spiritualist* blev den 21. juli 1876 bragt en historie om "masseshysteri" i Nanking og andre byer i Kina. Ufangelige, som ikke engang kunne ses, skar kinesernes hårpiske af, og der opstod panik. Mere af historien blev fortalt, men jeg foretrak at tage beretninger fra en lokal avis. Jeg giver detaljer, som jeg fandt dem i forskellige numre af *North China Herald* fra 20. maj til 16. september 1876.

Panik i Nanking og andre byer, og dens spredning til Shanghai — folk troede, at usynlige skar deres hårpiske af. Det blev sagt, at, når man betragter denne historie om de usynlige, som man ville, var der ingen tvivl om, at en række hårpiske var blevet skåret af, og at der var stor alarm som følge heraf. "Mange kinesere har mistet pisken, og vi kan næppe antage, at de imaginære ånder er rigtige mænd med stålsakse, for det kunne næppe ske, at nogen ikke ville blive opdaget, før dette, i færd med at klippe. Den mest sandsynlige forklaring er, at de agerende, uanset hvem de måtte være, virker ved hjælp af en eller anden stærk syre."

Panik breder sig til Hangchow — "Der er rapporteret adskillige tilfælde, men få af dem er autentiske." "Sagerne stiger dagligt."

I Shanghais gader holdt mænd, der frygtede angreb bagfra, deres hårpiske foran sig. Kvaksalvere falbød amuletter. Sandsynligvis var de velrenommerede læger, hengivne til deres egne besværgelser, indignerede over dette. Militærkommandanten udstationerede soldater i forskellige dele af byen. "Det er tilstrækkeligt at nævne, at blandt meget, der er utroværdigt, synes der god grund til at tro at nogle børn faktisk har mistet en del af deres fletninger."

Sælgere af amuletter, der mistænkes for at have skåret hårpiske af for at stimulere forretningen — drilske børn mistænkes — anklager mod missionærer, og antikristne plakater, der dukker op på offentlige steder — rygter om blækdråber kastet i folks ansigter "af usynlige instanser", og folk behandlet på denne måde, døende — indbyggere i Woosin og Soochow gale af rædsel — lynchning af mistænkelige personer — arrestationer og tortur. Folk havde indstillet arbejdet og organiseret sig i vagthold. Ved Soochow udbrød "den knusende mani", eller en tro på, at folk om natten blev knust i deres senge. Slagningen af gongonger blev taget op, så forsyningen løb tør, og enhver, der ønskede en gong, måtte vente på, at den blev lavet.

Den standardiserede måde at fortælle om en sådan forskrækkelse på, er at koncentrere sig om yderlighederne på højdepunktet af ophidselsen og at ignorere, eller let berøre, de hændelser, der gik forud. Der var panik, eller en mani, i Kina. Måske var der. Jeg har ingen kinesers beretning. For alt, hvad jeg ved, kan en kineser have sendt en beretning til sin avis om os, der slog på gongonger under papegøjesygen i 1929, efter at have set en pedel banke støv af låget på en askespand. Der var sandsynligvis en betydelig spænding, der var et resultat af vrangforestillinger: ikke desto mindre virker det acceptabelt, at der var tilfælde af mystisk hårklipning.

Kapitel 7

Rabiate vampyrer — og fråde omkring deres blodige munde. Se *New York Times*, 5. september 1931 — rabies hos vampyrflagermus, rapporteret fra øen Trinidad. Eller en jungle om natten — mørke og fugt, uro og mumlen — og små hvide striber, der lyser op i mørket — rent, hvidt skum på flyvende flagermuses blodige munde — eller at intet smukt og hvidt lyser op imod forvirringen og mørket, og som ikke er symboliseret ved fråde om en vampyrmund.

Jeg bemærker, at klokken er ti minutter over ni om morgenen. Ti minutter over ni, i aften, hvis jeg tænker på denne sag — og kan nå en blyant uden at skulle rejse mig fra stolen — selvom jeg nogle gange kan skrible lidt med den brændte ende af en tændstik — vil jeg sandsynligvis lave en note til at gøre ende på de rabiate flagermus med fråde om deres blodige munde. Jeg skal være bister og stram, helt udmarvet efter dagens arbejde, og med mine hestekræfter opstaldet for natten. Mit bedre jeg er opstigende, når min energi er lav. De bedste litterære standarder kræves ved mødet med disse sensationelle flagermus.

Nu har jeg en teori om, at vores eksistens som helhed er en organisme, der er meget gammel — en kugleformet ting i en stjerneklar skal, svævende i en supereksistens, hvori der kan være utallige andre organismer — og at vi som celler i dens komposition tager del i, og er styret af, dens alt omfattende senilitet. Teologerne har erkendt, at idealet er efterligningen af Gud. Hvis vi er en del af sådan en organisk ting, er denne ting Gud for os, som jeg er Gud for de celler, der udgør mig. Når jeg ser mig selv, katte og hunde miste uregelmæssigheder i opførsel og nærme sig det upåklagelige med fremskridende alder, ser jeg, at det, der forædler os, er senilitet. Jeg konkluderer, at dyderne, nøjsomhederne, de gode egenskaber er ideelle i vores eksistens, fordi de er efterligninger af tilstanden af en hel tilværelse, som er meget gammel, god og upåklagelig. Den ideelle tilstand er sagtmodighed eller ydmyghed eller den gamles halvt invalide tilstand. År efter år bliver jeg ædlere og ædlere. Hvis jeg kan leve, til jeg er affældig nok, vil jeg være en helgen.

Det kan være, at der er andre vampyrer end vampyrflagermus. Jeg har undret mig over specialiseringen af appetit i de traditionelle historier om vampyrer. Hvis blod ønskes, hvorfor så ikke blod fra kvæg og får? Ifølge mange historier har der været uforklarlige angreb på mennesker; også har der været utallige udfald mod andre dyr.

Muligvis var menneskers fjerntliggende forfædre aber, selvom ingen evolutionist har givet mig klare grunde til at tvivle på den lige så plausible teori om, at aber enten er steget op eller nedstammer fra mennesker. Alligevel tror jeg, at mennesker kan have udviklet sig fra aber, fordi aberne åbenlyst efterligner mennesker, som om de var bevidste om en højere tilstand, hvorimod de mennesker, der opfører sig som aber, sandsynligvis vil benægte det, når de kritiseres. Flåning og kvasen kan være regression til abe-æraen. Men skønt det siges, at bavianer i kolonien Kenya i Afrika nogle gange lemlæster kvæg, vil jeg ikke sige, at sagen mod dem er opklaret. London *Daily Mail,* 18. maj, 1925 — at der i nogle år var udbrudt en alarmerende epidemi af fåreflåning og kvægkvasning i april måned på gårde i Kenya. Indfødte fik skylden, men så blev det erfaret, at deres kvæg også var blevet angrebet. Så siges det at være bevist, at chacma-bavianer var synderne. Muligvis fik bavianerne også uretmæssigt skylden. Hvad så? Sårene var lange, dybe snit som onde hug med en kniv; men det blev forklaret, at bavianer dræber ved at rive med deres tommelfingernegle.

Det mest kendte tilfælde af lemlæstelse af kvæg er det, hvori en ung advokat, George Edalji, søn af en hindu, var involveret; han var præst i landsbyen Wyrley, Staffordshire, England. Det første af en række overgreb fandt sted natten til den 2. februar 1903. En kostbar hest blev revet i stykker. Derefter var der med mellemrum frem til 27. august lemlæstelser af heste, køer og får. Mistanke rettedes mod Edalji på grund af anonyme breve, der anklagede ham.

Efter lemlæstelsen af en hest, den 27. august, blev Edalji arresteret. Politiet ransagede hans hus og fandt ifølge sig selv en gammel frakke, hvorpå der var blodpletter. I nærværelse af Edaljis forældre og hans søster sagde politiet, at der var hestehår på denne frakke. Frakken blev bragt til politistationen, hvor doktor Butler, politikirurgen, undersøgte den og rapporterede, at han havde fundet niogtyve hestehår på den. Politiet sagde, at sko båret af Edalji passede nøjagtigt til sporene på marken, hvor hesten var blevet lemlæstet. De erfarede, at den unge mand havde været væk hjemmefra den nat og var "gået en tur", som han selv sagde. Sagen mod Edalji overbeviste en jury, som fandt ham skyldig, og han blev idømt syv års strafarbejde.

Jeg har nu en teori om, at vores eksistens er et fantom — at det døde for længe siden, sandsynligvis af alderdom — at tingen er et spøgelse. Altså uvirkeligheden i dens sammensætning — dens fantomretfærdighed og foregivne juryer og utrolige dommere. Der synes at være en spøgelsesagtig retfærdighed, der overlever i det gamle spøgelse, som til tider har spøgelsets smag for offentlige optrædener. Lad der være omtale nok, og retfærdigheden sejrer. I en Dreyfus-sag, når verdens opmærksomhed er tiltrukket, dukker retfærdigheden op efter megen forsinkelse og på en sær måde. Sandsynligvis var der i fængslet med Edalji andre fanger, der var blevet sendt dertil omtrent samtidig med ham. De blev der. Men Sir Arthur Conan Doyle tog under stor omtale Edaljis sag op. I sin beretning i *Great Stories of Real Life* siger Doyle, at da politiinspektøren fandt den gamle frakke, hvorpå der ifølge ham var hestehår, undersøgte fru Edalji og frøken Edalji den og benægtede, at der var en hests hår på den; at Edaljis far sagde: "De kan tage frakken. Jeg er sikker på, at der ikke er hestehår på den." Doyles udtalelser implicerer, at der et sted i nærheden af politistationen var en stald. Med hensyn til udsagnet om, at Edaljis sko nøjagtigt passede til sporene på marken, hvor hesten blev flået, siger Doyle, at misdåden skete lige uden for et stort kulmineområde, og at hundredvis af ophidsede minearbejdere havde sværmet over stedet, hvilket gjorde det umuligt at udskille bestemte spor. På grund af Doyles afsløringer — sådan siges det — eller på grund af offentligheden, udpegede regeringen en undersøgelseskomité, og rapporten fra denne komité var, at Edalji var blevet uretmæssigt dømt.

Nogle gange er der blevet fanget kvægmishandlere, og når de blev bedt om at forklare sig, har de sagt, at de havde adlydt en "uimodståelig impuls". De bedre uddannede af disse modstandsløse forvandler det uhøflige ord "flåer" til "vivisektionist", og i stedet for at snige sig ind på markerne om natten, arbejder de til normal tid i deres laboratorier. Der er personer, der undrer sig over folkets sindstilstand generelt, tilbage i tider, hvor tortur af mennesker blev sanktioneret. En mands indvolde blev trukket ud til Guds ære. "Abdominal udforskning" af en hund er til ære for videnskaben. Den sindstilstand, der var, og den sindstilstand, der er, er omtrent den samme, og de ubehagelige træk ved noget fordunkles, så længe som hovedsagen er ære værd.

Ifølge en genovervejelse af den engelske regering forblev ødelæggeren af kvæg i Wyrley i Edalji-sagen ufanget. I sommeren 1907 blev der på samme egn igen flået og flænset.

22. august 1907 — en hest lemlæstet nær Wyrley. Det blev sagt, at der var fundet blod på hornene på en ko, og at hesten var blevet stanget til døde. Fem nætter senere blev to heste på en anden mark hugget ned, så de døde. 8. september — hest hugget ned i Breenwood, Staffordshire. En ung slagter ved navn Morgan blev anklaget, men han var i stand til at bevise, at han havde været i sit hjem på det tidspunkt. I omkring en måned fortsatte der med at blive rapporteret om skader på heste. De var blevet såret "af pigtråd" eller "af søm, der stak ud fra hegn".

Kapitel 8

På et tidspunkt i året 1867 sejlede en fiskekutter fra Boston. En af sømændene var en portugiser, som kaldte sig "James Brown". To af besætningen savnedes og blev eftersøgt. Kaptajnen gik ned i lastrummet. Han holdt sin lanterne op og så liget af en af disse mænd i kløerne på "Brown", som sugede blod fra ham. I nærheden lå liget af det andet besætningsmedlem. Det var blodløst. "Brown" blev forhørt og dømt til at blive hængt, men præsident Johnson ændrede dommen til livsvarigt fængsel. I oktober 1892 blev vampyren overført fra Ohio Penitentiary til National Asylum, Washington, D. C., og hans historie blev genfortalt i aviserne. Se *Brooklyn Eagle*, 4. november 1892.

Ottawa Free Press, 17. september 1910 — at der i nærheden af byen Galazanna, Portugal, var blevet fundet et dødt barn på en mark. Liget var blodløst. Barnet var sidst set sammen med en mand ved navn Salvarrey. Han blev arresteret og tilstod, at han var vampyr.

Se *New York Sun*, 14. april 1931, for en beretning om mordene på ni personer, alle, på én nær, kvinder, som i år 1929 opskræmte befolkningen i Düsseldorf, Tyskland. Morderen, Peter Kurten, blev fanget. Ved retssagen forsvarede han sig ikke, men beskrev sig selv som vampyr.

Jeg har en samling historier om børn, på hvem der opstod små sår om natten. Til min egen undren, i betragtning af, at jeg er en teoretiker, er jeg ikke tilbøjelig til konkludere, at disse historier er data om vampyrer, men har tænkt, at rottebid var tilfredsstillende forklaring nok. Men i *Yorkshire Evening Argus* den 13. marts 1924 stødte jeg på en rottehistorie, der virker underlig. Ligsynsforhør over den 68-årige Martha Senior fra New Street, Batley. "På tæerne og fingrene var der en masse sår, der snarest tydede på rottebid." Det blev sagt, at disse små sår ikke kunne have haft noget at gøre med kvindens død, som ifølge ligsynsmanden skyldtes en hjerteklaplidelse. Den eneste forklaring, der var acceptabel for ligsynsmanden, var, at kvinden, inden politiet besigtigede liget, havde været død i længere tid, hvor rotter lemlæstede liget. Men fru Elizabeth Lake, en nabo, vidnede om, at hun havde fundet fru Senior liggende på gulvet, og at fru Senior havde fortalt hende, at hun var ved at dø. Denne udtalelse betød, at kvinden var blevet angrebet af noget, inden hun døde. Ligsynsmanden affærdigede det ved at sige, at kvinden måtte have været død i lang tid, før liget blev fundet, og at fru Lake tog fejl, når hun troede, at fru Senior havde talt med hende.

Det sjove ved alting, i vores tilværelse af komedie-tragedie — og jeg var mistænksom over for historien om opskræmte kinesere, som fortalt af engelske journalister, fordi det var en historie om panik, der udelod vittighederne — mani uden smilet. Enhver djævelsk hændelse, der gnaver sine omstændigheder og sænker sine detaljer i et offer, logrer med en vittighed. I juni 1899 var der i mange dele af USA megen morskab. Noget i New York City, Washington og Chicago sendte folk på hospitaler. Jeg anbefaler ikke at slå en gongong for at drive en helvedes ting væk: men jeg tror, at den behandling er lige så oplyst som at give den et sjovt navn. Hospitaler i Ann Arbor, Mich.; Toledo, Ohio; Rochester, N.Y.; Reading, Pa. —

"Kyssebillen" hed den.

Historien om oprindelsen af skræmme-joken om "kyssebillen" er, at en Washington-journalist den 19. juni 1899 hørte om et usædvanlig højt antal personer, som på skadestuen havde søgt behandling for "billebid". Han undersøgte sagen og erfarede om "et meget betydeligt antal patienter", som led af hævelser, mest på deres læber, "tilsyneladende et resultat af insektbid". Ifølge dr. L. O. Howard, der skrev i *Popular Science Monthly*, 56-31, var der seks insekter i USA, der kunne påføre farlige bid eller punkteringer, men alle var sjældne. Så dr. Howard afviste insektforklaringen. Efter hans mening var der opstået en meningsløs forskrækkelse som tidligere tiders i Sydeuropa, da skarer af hysteriske personer forestillede sig, at taranteller havde bidt dem.

Dette er "massepsykologi" igen — eller tabu-forklaringen. Til beklagelse for min modpart er det umuligt for mig at være fuldstændigt uenig med nogen. Jeg tror med dr. Howard, at "kyssebille"-forskrækkelsen var ligesom tarantelhysteriet. Men det kunne være, at nogle af disse mennesker i Sydeuropa ikke blot forestillede sig, at noget bed dem. Hvis nogen kunne tænke sig at skrive en bog, men er ligesom millioner af mennesker, der gerne vil skrive bøger, men heldigvis ikke lige ved, hvad de skal skrive bøger om, foreslår jeg en undersøgelse af tarantelhysteriet, med tanke på at vise, at det var ikke udelukkende hysteri og massepsykologi, og at der måske har været noget at være bange for.

New York Herald, 9. juli — navne og adresser på de personer, som en dag (8. juli) enten havde skræmt deres kroppe til at producere hævelser eller var blevet bidt af noget, som forskerne nægtede at tro eksisterede. Og folk, der blev bidt, fangede insekter. *Entomological News*, september 1899 — nogle af disse insekter, som blev sendt til Academy of Natural Sciences i Philadelphia, var husfluer, bier, biller og endda en sommerfugl. Der er vinger af vampyrer, der slapper af med videnskabelige artikler. Se tabu, som repræsenteret af dr. E. Murray-Aaron, der skriver i *Scientific American*, 22. juli 1899 — intet andet end sensationsmageri fra Richmond, Va., til Augusta, Me.

Der var en sensationel hest i Cincinnati. Dens kæbe svulmede op. Ville et fire års barn være for ungt til "massepsykologi"? Jeg formoder det ikke. Jeg benægter ikke, at der var meget massepsykologi i dette. Cedar Falls, Iowa — et fire års barn bidt. Trenton, N. J. — Helen Lersch, to år gammel, bidt — døde. Bay Shore, L. I. — et barn på to år bidt.

Senere vil jeg give eksempler på store sår, der er dukket op på mennesker; men i dette kapitel overvejer jeg små punkteringer, der måske ikke var enten rottebid eller insektstik. En beretning i *Chicago Tribune*, 11. juli 1899, tyder på traditionelle vampyrhistorier. En kvinde var blevet bidt. "Mærkerne af to små fortænder kunne ses."

Jeg ved ikke, om jeg er grusom og blodtørstig eller ej. Det

er jeg højst sandsynligt, men ikke mere andre historikere. Eller, i overensstemmelse med betingelserne for vores eksistens, er jeg elskværdig-blodtørstig.

I mit ønske om vampyrer, som slet ikke er et særpræget begær, da jeg har en teori om, at der findes vampyrer, var jeg ikke tilfreds med "kyssebillen": det, jeg ønskede, var en redegørelse for hospitalstilfælde, ikke bare i agurketiden. Insekt-forklaringen, selvom den ikke blev støttet af tabu, hører for meget hjemme om sommeren. Jeg havde brug for en beretning, ikke i sommertiden, for at fuldstændiggøre min samling af data. Enhver samler vil forstå, hvor glad jeg var over at støde på — London *Daily Mail*, 20. april 1920 — en beretning om menneskelig lidelse. "En række mennesker på landet er blevet bidt af et mystisk væsen med en meget giftig hugtand. Det er sjældent, at der optræder eksempler på giftige bid eller stik før sommeren, og som regel er synderen kendt. Om foråret har læger konstateret tilfælde, hvor hævelserne har været pludselige og alvorlige, selvom der kun var få tegn på selve biddet." Jeg har registreret flere tilfælde af vinterbid. Se *La Nature*, (Supplement) 16. januar 1897 — at en portner, mens han fyldte kul på et komfur i et hus i Rue de la Tour, Paris, havde mærket en stikkende fornemmelse på sin arm, som svulmede op. Han blev bragt til hospitalet, hvor han døde. Folk i huset fortalte, at de havde set gigantiske hvepse komme ind i huset via komfurrør.

Men det mest mystiske tilfælde af insektbid eller påståede insektbid er det lille sår, der førte til Lord Carnarvons død, hvis det accepteres, at hans død og fjorten andre personers død på nogen særlig måde var relateret til åbningen eller krænkelsen af Tut-Ankh-Amons grav. Lord Carnarvon blev stukket af, hvad der skulle være et insekt. Det, der siges at være blodforgiftning, satte ind. Det, der siges at være septisk lungebetændelse, fulgte.

Historierne om "kyssebillen" adskiller sig fra vampyrhistorier, idet ofrene fik smertefulde sår. Men der var en hændelse i Upper Broadway, New York City, den 7. maj 1909, som måske var mere i overensstemmelse. Det lader til at være muligt, at en kvinde i en folkemængde på gaden ondskabsfuldt kunne stikke flere personer

55

med en hattenål uden at blive opdaget: men det virker usandsynligt, at hun kunne spadsere en ad en gade og stikke mindst fem mænd og én kvinde, før nogen greb ind. En politimand fra Broadway erfarede, at der var dukket et lille sår op på nogen, som om det var lavet med en hattenål. Fire andre mænd og en kvinde sluttede sig til mængden og viste, at de var blevet såret på samme måde. Politimanden anholdt som årsag til ophidselsen en kvinde, som fortalte, at hun hed Mary Maloney, og opgav falsk adresse. Måske havde hun ingen adresse. Hun kan have været skyldig, men måske var hun bare lurvet. Hvis nogen skal anholdes, er det klogt at udvælge en, der ikke ser særlig selvsikker ud. "Erkend dig skyldig, og du slipper med en mild dom." Det er farligt at være hvor som helst i nærheden af et hvilket som helst gerningssted, i betragtning af den måde, hvorpå detektiver udplukker "mistænkte", selv en time eller deromkring senere, og åbenbart argumenterer for at, når nogen begår en forbrydelse, bliver vedkommende hængende i nærheden for at blive mistænkt.

Jeg er aldrig blevet stukket med en hattenål, men jeg har siddet på spidse ting, og mine reaktioner var så energiske, at jeg har mistanke om, at mindst seks personer ikke blev stukket med en hattenål, før stikkeren blev fanget. Se data, der kommer senere, som indikerer, at folk kan være — på en eller anden måde i øjeblikket ikke forstået — sårede og først ved det senere. Også det, at en kvinde blev anklaget, får mig til at tvivle på, at røveren blev fanget. Kvinder gør ikke den slags ting. Jeg har en lang liste af knægte, lige fra riverne og kvælerne til æggekasterne og blæksprøjterne: men Mary Maloney er den eneste påståede *høne* i min kurv. Kvinder gør ikke den slags ting. De har deres egne dæmoner.

Den 4. december 1913 mærkede fru Wesley Graff, som sad i en loge i Lyric Theatre, New York City, noget der kradsede på hendes hånd. Hun følte en smerte som et stik fra en hveps, og, vaklende op fra sin stol, besvimede hun efter først at have anklaget en ung mand i nærheden af hende. Teatrets leder holdt den unge mand fast og ringede til politiet. Politifolk søgte og fandt på gulvet en almindelig stoppenål. Det var deres teori, at den unge mand var en hvid slavehandler, som ved hjælp af en hypodermisk indsprøjtning havde søgt at gøre et offer ufølsomt; sandsynligvis havde han en taxi ventende udenfor, en taxi, som han ville bære hende ud til med en forklaring om, at han var hendes ledsager. Der var mærker på fru Graffs arm, men det lod ikke til, at de stammede fra en stoppenål.

Med tanken om, at nålen kunne være dyppet i et stof, sendte politiet den til en kemiker. Til min forbavselse registrerer jeg, at denne rapporterede, at han hverken havde fundet bedøvelsesmiddel eller gift på den. En mærkelig omstændighed er, at på dette sted, hvor en kvinde blev såret som af en stoppenål, fandt man denne forbistrede stoppenål, hvilket kunne tyde på en normal forklaring.

Så opstod historien om, at en bande hvide slavehandlere opererede i byen. Men i aviserne blev der trykt interviews med læger, som udtalte, at de ikke kendte noget lægemiddel, som kvinder kunne blive påvirket af for at gøre dem let bortførbare, fordi smerten ved en indsprøjtning ville give flere minutters varsel, før et offer kunne afleveres hjælpeløs. Men det kan være, at noget eller nogen var færde og sårede kvinder på mystisk vis. I *Brooklyn Eagle,* den 6. december, blev det sagt, at Komitéen mod Prostitution i New York City i løbet af en periode på to uger havde fået et dusin klager over mystiske, mindre angreb på kvinder: de havde undersøgt dem, men været ude af stand til at drage konklusioner i noget tilfælde.

Se tilbage til historien om Chicago-kvinden og "mærker af to små fortænder". På fru Graffs arm var der to små punkteringer. 29. december — pige ved navn Marian Brindle sagde, at noget havde stukket hende. På hendes arm var der to små punkteringer.

Det kan være, at en vampyr var på spil i perioden med panikken i New York City, hvis første forekomst var i november 1913. Det kan være, at vi finder sporet mere end et år før dette tidspunkt. I oktober 1912 boede Miss Jean Milne, 67 år, alene i sit hjem i West Ferry, Dundee, Skotland. *London Times*, 5. november 1912 — fundet af hendes lig. Kvinden var blevet slået, formentlig med en ildrager, som blev fundet ifølge beretningen i Times. Men det blev sagt, at selvom hun var blevet slået i hovedet, var hendes kranie ikke knust, så hendes død var ikke helt klarlagt. Der var mere om denne historie i London *Weekly Dispatch*, 24. november 1912. På dette lig blev der fundet perforeringer, som om de var lavet med en gaffel.

Sent om aftenen, den 2. februar 1913, blev liget af en kvinde fundet på sporene af Londons undergrundsbane nær Kensington High-street stationen. Liget var blevet kørt over, og hovedet var kørt af. Liget blev identificeret som frøken Maud Frances Davies, som alene havde rejst rundt i verden og tidligere på dagen var ankommet til London med et skibstog. Hun havde venner og slægtninge i South Kensington, og formentlig var hun på vej for at besøge dem. Men forklaringen ved ligsynet (London *Times*, 6. februar 1913) var, at hun sandsynligvis havde begået selvmord ved at lægge sin hals på en skinne.

"Dr. Townsend sagde, at han over hjertet fandt en række små, punkterede sår, hvoraf over et dusin var trængt ind i musklerne; og ét var kommet ind i hjertets ventrikelhulrum. Disse punkteringer var blevet forårsaget i live med et skarpt instrument, såsom en hattenål. De var ikke nok til at forårsage døden, men var blevet lavet et par timer tidligere."

Den 29. december samme år, 1913, blev en kvinde, kendt som "Skotske Dolly", fundet død på sit værelse, 18 Etham Street, S. E., London. En mand, som havde boet sammen med hende, blev anholdt, men blev løsladt, fordi han kunne vise, at han inden hendes død havde forladt kvinden. Hendes ansigt var forslået, men hun havde sjældent været ædru, og manden, Williams, havde slået hende, inden han forlod hende. Dommen lød på, at hun var død af hjertesvigt, "af chok".

På det ene af denne kvindes ben blev der fundet en række på 38 små dobbelte sår. De blev ikke forklaret. "Ligsynsmanden: "Har De selv nogensinde haft et lignende tilfælde?" Dr. Spilsbury: "Nej, ikke noget, der ligner.""

Kapitel 9

Den 16. april 1922 blev en mand bragt til Charing Cross Hospital, London, med et sår i nakken. Det blev sagt, at han intet ville fortælle om sig selv, bortset fra, at han, da han rundede et gadehjørne ved Coventry Street, var blevet stukket. Nogle timer senere kom en anden mand, som var blevet såret i nakken, ind på hospitalet. Han fortalte med en fremmed accent, at han på et gadehjørne ud for Coventry Street, var blevet såret. Han skrev sit navn i sygehusregistret som Pilbert, men ville, blev det sagt, ikke give andre oplysninger om overfaldet på sig. Sidst på dagen blev en anden såret mand bragt til dette hospital, hvor han ifølge optegnelserne nægtede at fortælle noget om, hvad der var overgået ham, bortset fra, at han var blevet stukket i nakken, da han gik rundt om et gadehjørne på Coventry Street.

I lommerne på disse mænd blev der fundet væddeløbskuponer. Politiet forklarede, at de sandsynligvis alle var ofre for en spilleruenighed. Det er, i betragtning af mange andre data, ret tænkeligt, at i stedet for at nægte at fortælle, hvordan de var blevet såret, var disse mænd ude af stand til at fortælle det, men at denne manglende evne var så mystisk, at hospitalsmyndighederne registrerede det som en benægtelse. Se London *Daily Express*, 17. april, og *People*, 23. april 1922.

På et hospital i London er der ikke store chancer for, at ukonventionelle optegnelser forekommer, og der ville næppe i nogen London-avis være blevet offentliggjort nogen journalists forestilling om en usynlig og morderisk ting, der lurede på et gadehjørne ved Coventry Street. Men i London *Daily Mail*, den 26. september 1923, var der en beretning om noget, der minder om dette, men langt borte. Det var en skæv beretning. Morderiske ting er altid et eller andet sted blevet betragtet som humoristiske eller omfattet med venlige tanker. Ingen adresse blev offentliggjort, ellers ville denne sikkert have modtaget breve fra giftelystne kvinder. Historien var, at der i september 1923 var en *mumiai*-forskrækkelse i Indien. *Mumiaier* er usynlige væsener, der griber folk. De har ingen sans for det mystiske, dvæler ikke i fortryllede skove, og rækker heller ikke ud efter ofre fra gamle tårne eller ruiner; de har ingen forkærlighed for midnatstimen. I fuldt dagslys, i byernes gader, griber de folk. Kulier i byen Lahore troede, at en *mumiai* var på spil. Der var panik i Lahore, og den næredes af skrig fra rickshawmænd, som troede, at de blev grebet.

Sandsynligvis offentliggjorde *Daily Mail* denne historie på grund af de bølger af interesse, den fremkaldte ved Londons morgenmadsborde. Man tror normalt, at værdien af kulier kun ligger i deres villighed til at arbejde for nogle få øre om dagen, men jeg har en forestilling om, at de har en anden funktion; eller at hvis det ikke var for kulier og deres fjollede overtro, der giver os andre en vis overlegenhedsfølelse til at blive ved, ville millioner af os andre lægge sig ned og dø af ærgrelse. På et tidspunkt vil jeg udvikle en evolutionsteori i aristokratiske termer, der viser, at ting sandsynligvis af sig selv har lavet østers og løver og hyæner, bare for glæden ved at kunne sige, at de i det mindste ikke var elefanter, orme eller menneskelige væsener. Jeg ved selv, hvordan det er, og har kompensation, når jeg tænker på dumme, godtroende mennesker, der tror, at en hund nogensinde sagde "Godmorgen!" og forsvandt i en tynd, grønlig damp.

Allerede tilbage i år 1890 var japanerne kulier. Så begyndte de at vise sådanne talenter for at slagte, at de nu respekteres overalt. Men i året 1890 mentes japanerne ikke at være meget andet end en nation af kunstnere. En historie om panik i Japan var noget, man kunne smile skadefro over. Jeg tager en historie fra *Religio-Philosophical Journal*, 17. maj 1890, som kopieret fra aviserne. Folk i Japan troede, at en usynlig ting angreb dem, nogle gange på gaderne, og nogle gange i deres huse. Der dukkede sår op på personer i form af flænger omkring én tomme lange. Det anførtes, at ved hvert et overfald føltes kun lidt smerte.

Muligvis har en japser, uddannet i henhold til, hvad der formodes at være en uddannelse, med sine ideer om identiteten og den geografiske fordeling af kulier, kigget i arkiver fra amerikanske aviser og er stødt på beretninger om en række hændelser i New York City i vinteren 1891-92, og har moret sig over at bemærke det mysterium, som New York-reportere indlagde i deres beretninger om sår på mænd i gaderne i New York. Journalisterne fortalte om en "forsvindende mand". Morderen "forsvandt forunderligt". Som nævnt i *New York Sun,* den 14. januar 1892, var fem mænd blevet stukket ned af en ukendt overfaldsmand. Der var andre angreb. Politiet fik skylden, og på byens politistationer var den vigtigste parole hver dag, at fange knivstikkeren. 17. januar — "Knivstikker fanget." Betjente var ude for at få lede efter ham, og en af dem fik fat i en uskadeligt udseende lille fyr ved navn Dowd. Det blev sagt, at han var blevet pågrebet mens han stak en mand.

I en blanding af alle situationer er det umuligt at være ude af stand til at udvælge grunde til med rimelighed at tro eller ikke tro noget. Antag, at det er vores præference at tro — eller at acceptere — at det ikke var den "forunderligt forsvindende" knivstikker, der blev fanget, men en anden, der ville gøre det lige så godt. Så bemærker vi, at en anden politimand tyve minutter tidligere havde fanget en mand, som, sagde denne politimand, havde grebet nogen og var ved at stikke ham. Eller juni 1899 — og to mænd var ude for at fange "kyssebillen" — og den ene fangede en bille, og den anden fangede en sommerfugl. Politimanden fra den første arrestation blev ignoreret, pågriberen af Dowd blev udnævnt til overbetjent.

Dowd nægtede sig skyldig. Han sagde, at han ikke havde haft noget med de andre overfald at gøre og kun havde trukket kniv i dette ene tilfælde, som havde været et skænderi. Hans advokat plæderede for skyldig, men sindssyg. Han blev fundet sindssyg og blev sendt til asyl for sindssyge kriminelle i Auburn, N.Y.

Uhyrlighederne i New York ophørte. *Brooklyn Eagle,* 12. marts 1892 — telegram fra Wien, Østrig — "Denne by bliver ved med at være i chok over mystiske mord. Det seneste offer er Leopold Buchinger, der blev stukket i hjertet af en uopdaget snigmorder på et af de mest offentlige steder i Wien. Dette får listen over sådanne tragedier til at vokse til fem, og der er en voksende følelse af rædsel blandt offentligheden."

Sig, at det er et gammelt slot, gemt væk i en skov på Balkan — og nogen blev såret om natten — men følte ingen smerte, som lullet af en vampyrs vinger. Dette ville bare være en almindelig utrolig historie.

I november 1901 fortalte en kvinde en politimand i Kiel, Tyskland, at hun mens hun gik på en gade i Kiel, opdagede, at hun var blevet uforklarligt såret. Hun havde ingen smerte mærket. Hun kunne ikke forklare.

Politiet har formentlig forklaret det. Hvis en læge blev konsulteret, forklarede han det sikkert på en lærd måde.

En ny kvinde — henved tredive kvinder — "besynderlige og uforklarlige angreb". Så blev mænd tilsvarende skadet. Omkring firs personer blev åbenlyst i gaderne stukket ned af en ufangelig — en usynlig — eller det er måske den mest passende beskrivelse at sige, at der dukkede sår op på kroppene hos folk i Kiel. Se London *Daily Mail*, 7. december 1901 — "Det ekstraordinære ved mysteriet er, at der må være brugt et eller andet forunderligt skarpt instrument, for ofrene ser ikke ud til at vide, at de er sårede, før flere minutter efter et angreb."

Og alligevel tror jeg, at man kan finde noget af en forklaring på disse snurrigheder i enhver mands erindringer om sin egen barndom — ringen på dørklokker, bare for at genere folk — at strække en snor ud over fortove for at slå hatte af — andre skadelige tricks. Det er ikke kun "bare for sjov"; der er en fantasi engageret i disse løjer. Det vil være mit udtryk for, at når et voksent menneskes stærkere og mere bestemte fantasi på samme måde engagerer og koncentrerer sig, udvikles der fænomener, der vil blive betragtet som umulige at tro på eller acceptere af læsere, som ikke er klar over, hvilke almindelige begivenheder de er.

Vi har haft historier om serier af ulykker, og måske er min mistanke om, at de ikke blot var tilfældigheder, blevet betragtet i det mindste tolerant. Jeg har data om tre bilulykker, der engang fandt sted ikke langt fra hinanden; og med hensyn til denne serie bemærker jeg en tilsyneladende sammenhæng med mindre angreb på andre biler og på mennesker, der antyder en forbryders handlinger. Hvis det er tilfældet, må han kaldes *okkult*, uanset om vi accepterer eller føler os frastødt af dette udtryk.

Om natten den 9. april 1927 kørte Alexander Nemko og Pearl Devon gennem Hyde Park i London, da deres bil styrtede ned ad en skråning og ramte Serpentine-søen. Bilen sank ned til femten fods dybde. Skønt rædselsslagen og druknende, havde Nemko åndsnærværelse nok til at åbne døren til bilen, bringe sin ledsager op til overfladen og bære hende i land.

Der var intet i stedets topografi, der kunne forklare ulykken. Aviserne bemærkede, at der aldrig havde været en ulykke her før. "Styretøjet svigtede tilsyneladende," var Nemkos forsøg på at forklare. Måske er det mærkeligt, at styretøjet svigtede lige på dette tidspunkt så tæt på en vandmasse, men i betragtning af, hvordan mysterier normalt betragtes, er der ikke meget, der taler imod Nemkos måde at forklare på.

To nætter senere styrtede en taxi ned i Themsen ved Walton. Passageren svømmede i land, men chaufføren var tilsyneladende druknet. Hans lig blev eftersøgt, men blev ikke fundet. Passageren, som må være blevet kastet ud og ikke havde nogen klar erindring om, hvad der skete, forklarede, at på kanten af floden var bilens baghjul røget ned i et dybt spor, og bilen var væltet ned i floden.

Den 3. maj — se London *Evening Standard*, den 6. maj — kørte William Farrance og Beatrice Villes fra Linomroad, Clapham, London, nær Tunbridge Wells, da bilen pludselig styrede mod en hæk til venstre for vejen. Det lykkedes Farrance at tvinge bilen tilbage på vejen. Igen drev noget den mod hækken. Farrance var magtesløs til at stoppe den, og den brød igennem hækken, væltede og dræbte pigen.

En skolepige, Beryl de Meza, blev skudt af en ukendt og uset mens hun legede på gaden nær sit hjem i Hampstead, London.

I Sheffield var der en hændelse, der var grusom, men måske

ikke uhyggelig, men den tiltrækker min opmærksomhed på grund af det djævelske ved noget andet, som den forbinder sig med. På Soho Grinding Works blev det konstateret, om morgenen den 29. april, at der var blevet hugget i nogle slibeskiver, og at remmene var blevet fjernet fra remskiver. Søm var blevet slået, med spidsen opad, i de arbejdsstole, som sliberiarbejderne sad på. Værktøj var blevet smidt ind i motorer, og strømmen var blevet tændt, hvilket forårsagede stor skade. Alt dette ligner sabotage, ondsindet, men næppe "djævelsk"; men i en bygning ved siden af havde der været handlinger, der godt kan beskrives sådan. Kyllinger var blevet pint; kamme skåret af, ben brækket, hovedet på én brændt; andre lemlæstet, og deres sår smurt ind i hvid maling.

London *Evening Standard*, 5. maj — "Mysterie om fire skud-affærer." En dreng, der legede i Mitcham Park, London, blev skudt i hovedet med en luftpistol, mente man, selvom der ikke blev fundet nogen luftpistol. På Tooting Bec-fælleden passerede et "luftpistol-hagl" — selvom det ikke blev sagt, at der blev fundet nogen luftpistol — gennem forruden på en bil. I Stamford blev to mænd skudt af en ukendt overfaldsmand. London *Sunday Express*, 8. maj — Hr. George Berlam fra Leigh-on-Sea, der kørte bil på vejen fra London til Southend — han hørte en hvislen, og hans forrude blev splintret. I beretninger om den punkterede forrude på Tooting Bec-fælleden blev føreren af bilen citeret for at sige, at han havde hørt en hvislen og samtidig en latter, "selvom der ikke var nogen i nærheden på det tidspunkt".

Sår er dukket op på mennesker. Normalt er forklaringen, at de er blevet stukket. Genstande er blevet smadret. Vinduesruder og vindspjle på biler er blevet gennemboret som af kugler, men af kugler, der ikke kunne findes. Sådan handlede "fantom-snigskytten fra Camden" (N. J.). Han dukkede op første gang i november 1927, men det første klip, som jeg har om ham, er fra *New York Evening Post*, 26. januar 1928 — et butiksvindue gennemboret af en kugle — den ottende rapporterede hændelse. Senere handlede historierne med sikkerhed om en "fantom-snigskytte" og hans "fantomkugler".

New York Herald Tribune, 9. februar, 1928 — Collingswood, N. J., 8. februar — ""Fantom-snigskytten", hvis det også var South Jerseys mystiske skytte, der var på spil her, foretog sit mest sensationelle angreb i aften, da et vindue i Williams T. Turnbulls hjem blev knust af, hvad der så ud til at være en skudladning."

"Politiet troede først, at det var et attentatforsøg, men som i alle de andre tilfælde blev der ikke fundet noget missil."

"Turnbull, en børsmægler i Philadelphia og tidligere formand for Collingswood Borough Council, som sad ved vinduet og læste, blev sprøjtet til med glas. Han sagde, at en bil var stoppet foran huset et par minutter før. Fraværet af rester af projektiler gjorde kun mysteriet større."

Jeg har sendt breve til alle personer nævnt i de forskellige rapporter. Jeg har ikke modtaget ét svar. Nogle læsere vil foretrække at tro, at der ikke findes sådanne personer. Alligevel mærker jeg mig, at ikke ét af disse breve kom tilbage til mig med "modtager ukendt".

Angrebene fortsatte indtil den 28. februar, 1928. Vinduesruder og vindspejle på biler blev gennemhullet af noget, der ikke rapporteredes som en pistol, og som var ufindeligt. Noget eller nogen, der var uset, vakte furore i et halvt dusin byer fra Philadelphia til Newark. Selv hvis jeg kunne overbevise mig selv om, at jeg er over-fantastisk i mine egne forestillinger, ville de tilsyneladende veritable historier om eksistensen af en missilfri pistol være interessante. Myndigheder i Jersey-byer, der bemærkede ondsinderens rækkevidde, var især opmærksomme på bilister; men det er min opfattelse, at han ikke havde brug for noget på hjul til at foretage sin rejse i. Jeg lagde mærke til en lignende rækkevidde i foretagsomheden i England i april og maj 1927.

Snigskyttevirksomheden hos "Camden-fantomet" var bemærkelsesværdig, og ingen kom til skade på grund af ham; men en mere skadelig fyr opererede i Boston, begyndende omkring 1. november 1930. Jeg tror, at disse sportsmænd, som muligvis er sentimentale modstandere af skydning af fuglevildt og hjorte, og praktiserer deres grusomheder på måder, der forekommer dem mindre fordømmelige, kan opdeles i de uokkulte, og de mere fantasifulde fyre, der har fundet ud af at praktisere okkult. I Boston blev der brugt et lydløst våben, men denne gang, på to uger, blev to mænd og en kvinde alvorligt såret, og kugler af en lille kaliber blev fjernet fra deres sår. Disse angreb gjorde folk så opskræmte, at politifolk, bevæbnet med urovåben, stod langs vejene syd for Boston med ordre til at fange den "tavse snigskytte". Angrebene fortsatte indtil omkring midten af februar 1931. Ingen blev pågrebet I denne periode (12. november 1931) fortalte et telegram til aviserne, fra Bogota i Colombia, om en "forvirrende kriminalitetsbølge". På hospitalerne var der 45 personer, der led af knivstik. "Politiet var ikke i stand til at forklare, hvad der så ud til at være et generelt angreb, men de arresterede mere end 200 personer."

En anden forekomst af "fantomkugler", i staten New Jersey, blev fortalt i *New York Herald* den 2. februar 1916. Hr. og fru Charles F. Repp fra Glassboro, N. J., var blevet beskudt med "fantomkugler". Dette var et angreb specielt på et hus. Der var lyde af knusende glas, og der blev fundet skudhuller i ruder, men intet ud over ruderne var ramt. Det er sådan en omstændighed, som der også blev fortalt om i beretninger om "Camden-snigmorderen". Det er, som om nogen skød, ikke kun med en missilfri pistol eller med usynlige kugler, men i den hensigt kun at perforere vinduer og med virkninger kontrolleret af og begrænset af hans hensigter. I stedet for at tænke på at skyde mod ruder, har jeg derfor en tendens til blot at tro, at der opstod huller i vinduesglas. Ingen i huset kom til skade, men hr. og fru Repp var rædselsslagne, og de flygtede. Medlemmer af byrådet undersøgte sagen, og de rapporterede, at selvom der ikke var nogen kugler at finde, blev vinduerne "knust på samme måde, som et vindue normalt bliver, når en kugle farer igennem det".

Det er historien. Blandt vidner blev I. C. Soddy og Howard R. Moore nævnt. Jeg sendte forespørgselsbreve til alle personer, hvis navne var oplyst, og modtog ikke ét svar. Der er flere måder at forklare det på. Den ene er, at det er sandsynligt, at personer, der har oplevelser som dem, der fortælles om i denne bog, modtager så mange "tossebreve", at de ikke orker at svare. Ak ja — der var engang, hvor jeg nød en følelse af morskab og overlegenhed over for "tosser". Og nu er jeg her, selv en "tosse". Som de fleste forfattere har jeg moralisten et sted i min komposition, og her advarer jeg — pas på, åh, læser, hvem du morer dig med, medmindre du nyder at grine af dig selv.

Det forekom mig tvivlsomt, at en kvinde kunne gå langs Upper Broadway og stikke fem mænd og en kvinde med en hattenål, før hun blev fanget. Der har været en samling af forslag om ikke almindelige sår. I *Lloyd's Weekly News* (London) den 21. februar 1909 var der en beretning om en panik i Berlin. Mange kvinder i byens gader var blevet stukket. Det blev sagt, at overfaldsmanden var blevet set, og han blev beskrevet som "en ung mand, der altid forsvinder". Hvis han blev set, er han en anden af de "ufangelige". I samme avis af 23. februar hed det, at 73 kvinder var blevet stukket, alle, med undtagelse af fire, ikke alvorligt.

Vi har haft data, der tyder på, at der eksisterer andre vampyrer end mennesker, af typen som den portugisiske orlogsmand; men de frække og gentagne — nogle gange morderiske, men nogle gange smålige — overgreb på mænd og kvinder er af en anden orden og forekommer mig at være værket af fantasifulde kriminelle, der stikker folk for at vække mystik og skabe røre. Jeg føler, at jeg kan forstå deres motiver, for engang var jeg selv en fantasifuld kriminel. Engang var jeg en dreng. En gang, da jeg var dreng, fangede jeg mange fluer. Der var intet af det kriminelle eller det ondsindede i det jeg gjorde den gang, men det lader til at give mig en forståelse af "fantom"-stikkerne og snigskytterne. Jeg malede ryggene på fluerne røde, og slap dem løs. Der var en fantasifuld fornøjelse ved at tænke på fluer med mit præg tiltrække opmærksomhed, få folk til at undre sig, brede sig vidt omkring og dukke op på fjerne steder.

I nogle af vores historier er der meget, der tyder på, at der ikke var nogen "forsvindende mand" — at der dukkede sår op på mennesker, som der dukkede op — eller som der siges at være dukket op — et sår på hovedet af en sømand. Se tilbage til historien fortalt af kaptajnen på *Brechsee*. Eller, at der kom sår på folk, og at ofrene, undersøgt af politiet, mere eller mindre blev presset til at give en form for beskrivelse af en overfaldsmand. Nogle af historierne om den "forsvindende mand" ser dog ud, som om han også *kan* have været det. Der kan være flere måder at gøre disse ting på. Tidligt på året 1907 blev en "forsvindende mand" rapporteret fra byen Winchester, England. Jeg tager fra *Weekly Dispatch* (London), den 10. februar 1907. Kvinder i Winchester klagede over en "ufangelig", som begik små overgreb på dem, såsom at slå dem over fingrene. "Et mystisk træk ved sagen er, at manden forsvinder som ved et trylleslag."

"Phantom-stikkeren" i Bridgeport, Connecticut, dukkede op første gang den 20. februar 1925, og det sidste af hans angreb, som jeg har registreret, var den 1. juni 1928. Det var lang tid at operere upågrebet. Om dagen, for det meste, dog nogle gange om natten, blev piger stukket i gaderne, på offentlige steder som et stormagasin og indgangen til et bibliotek. Beskrivelserne af gerningsmanden var svævende. I næsten alle tilfælde var sårene ikke alvorlige. En af historierne, som fortalt i *New York Herald Tribune*, 27. august 1927, er typisk for omstændighederne omkring offentlighed eller for en overfaldsmands tillid til, at han ikke kunne fanges. Hvis mine historier bliver betragtet som spøgelseshistorier, er en nyhed ved dem uhyggen ved overfyldte færdselsårer — et lureri nær Coventry Street, London, og en usynligs snigen omkring på Broadway, New York. Jeg forventer engang at høre om en hjemsøgt metro i myldretiden. Edgar Allan Poe ville sige om mig, at jeg ikke er nogen kunstner og ikke ved, hvordan jeg skal fremkalde atmosfære. Man skulle tro, at jeg aldrig havde hørt om mørke nætters uhygge på ensomme steder. Nogle af historierne handler om desperate skuespil for at opnå opmærkomhed. Jeg har en historie nu, ikke om hvad der sker på en kirkegård, men i et stormagasin. I Bridgeport, Connecticut — iscenesat på en trappe, med et publikum på hundredvis af personer, var der en meget teatralsk forestilling. En anmeldelse af dette melodrama blev offentliggjort i *Herald Tribune* —

"Den knivstikker, der har terroriseret Bridgeport i de sidste tredive måneder, dukkede pludselig op i eftermiddags og krævede sit treogtyvende offer i et overfyldt stormagasin i byen. Offeret var Isabelle Pelskur, fjorten, 539 Main Street, stik-i-rend-pige ansat i D. M. Reads stormagasin. Pigen blev stukket ned i butikken, hvor hun er ansat."

"Overfaldet fandt sted klokken 4:50, kort før butikkens lukketid. Nogle af butikkens døre var allerede blevet låst, og den store skare af kunder blev ledt ud af butikken. De ansatte var ved at forlade deres diske, og offeret var på vej op ad trappen fra arkadesiden af første sal til kvindernes omklædningsrum."

"Pigen var næppe nået længere end et halvt dusin trin, da hun blev angrebet af overfaldsmanden, der jagede sit skarpe blad ind i hendes side og forårsagede et alvorligt sår."

Han slap væk. Ingen rapporterede at have set ham flygte. Pigen kunne kun give en "vag" beskrivelse af ham.

Kapitel 10

I henhold til principperne for moderne videnskab kan varulve ikke være til. Men jeg kender ikke noget sådant princip, der er andet end tautologi eller tilnærmelse. Det er myte-stof. Så hvis varulve i forhold til en gruppe af fantomer ikke kan være til, er der i det mindste negative grunde til at tro, at de er ret sandsynlige.

I henhold til principperne, eller mangelen på principper, for ultramoderne videnskab, er der ikke noget, der ikke *kan* være til, selvom det heller ikke er klart, hvordan noget *kan* være til.

Så min accept eller pseudo-konklusion er, at varulve er ret sandsynlige-usandsynlige.

Engang, hvor sind blev doseret med pille-teorien om stof, blev varulve sagt at være fysisk umulige. Meget små kloder blev sagt at være den yderste nedre grænse for materien og formodedes at være til at forstå, og folk troede, at de forstod, hvad materie var. Men pillerne er trillet væk. Nu får vi at vide, at det ultimative er bølger. Det er umuligt at tænke på en bølge. Man må tænke på *noget*, der bølger. Hvis nogen kan tænke på kriminalitet, dyd eller farve, uafhængig af nogen, der er kriminel, dydig eller farvet, kan denne tænker — eller hvad han nu er — sige, at han ved, hvad han taler om, ved at benægte eksistensen af noget af fysiske grunde. At sige, at de "ultimative bølger" er elektriske, kommer ikke tættere på at sige noget. Hvis der ikke er nogen bedre definition af elektricitet end at sige, at det er en form for bevægelse, får vi ikke andet at vide end, at de "ultimative bølger" er bevægelser, der bevæger sig.

Min mistanke er, at vi har fået alt vendt på hovedet; eller at alle ting, der har videnskabsmænds godkendelse, eller som er i overensstemmelse med deres myter, er spøgelser, og at de ting, der kaldes "spøgelser", kommer virkeligheden nærmere, fordi de ikke er i overensstemmelse med videnskabens spøgelser. Jeg formoder nu, at spiritisterne har omvendt ret — at der er en spøgelsesverden — men at den er vores eksistens — at, når ånder dør, bliver de til mennesker.

Jeg har nu en teori om, at vi engang var virkelige og levende, men gik over til denne tilstand, som vi kalder "eksistens" — at vi har medbragt fra den virkelige eksistens, som vi døde fra, ideerne om sandhed og om aksiomer og principper og generaliseringer — ideer, der virkelig betød noget, da vi virkelig levede, men at det selvfølgelig nu, i vores fantomeksistens — hvilket kan påvises af ethvert røntgenfotografi af enhver af os — kun kan have fantombetydning — deraf vores evige, men altid frustrerede, søgen efter vores tabte virkelighed. Vi støder på kimærer og mystifikationer, men har stadig overbevisninger, som vi bevarer fra en erfaring, hvor der var ting at tro på. Jeg vil ikke sige, at vi alle direkte er spøgelser; de fleste af os er måske efterkommere af de afdøde fra en virkelig tilværelse, som i vores spøgelsesverden pseudo-formerede sig.

Engang — men i vores egen tid — var der to påståede mirakler, der var kilder til ualmindelig foragt eller morskab for videnskabsmænd: de var forvandlingen af elementer til andre elementer og forvandlingen af menneskedyr til andre dyr.

Videnskabens historie er en optegnelse over transformationerne af foragt og morskab.

Jeg synes, at tanken om varulve er yderst tåbelig, umulig og overtroisk: derfor hælder jeg respektfuldt til den. Den er så latterlig, at jeg mener det seriøst.

Hærgende dyr er ofte uforklarligt dukket op i eller i nærheden af menneskesamfund. Forklaringen om en flugt fra et menageri har mange gange været utilfredsstillende eller har ikke haft noget at basere sig på. Jeg har samlet noter om disse hændelser som teleportationer, men der kan også være tale om lykantropi.

Ingen har nogensinde været hundrede procent fornuftige, og det er umuligt for mig, at være hundrede procent ufornuftig. Jeg kan ikke se nogen skrøne, der udelukkende er en skrøne, hvis det er mit indfald eller inspiration at slå et slag for eksistensen af varulve.

Hvad er det, der absolut adskiller historien om en mand, der blev til en abe eller en hyæne, fra historien om en larve, der blev til en sommerfugl? Eller slyngler, der næsten er ved at sulte ihjel, og så lærer at iføre sig filantropers klædedragt? Der er lurvede unge læger og præster, som bliver så slanke, efter at de har lært altruisternes sprogbrug, at de kommer til at ligne vidt forskellige dyr. Eller rækken af portrætter af Napoleon Bonaparte — og så meget af hans tanker om klassiske modeller — og forvandlingen af en udslidt ung mand til forbløffende lighed med den romerske kejser Augustus.

Det er den almindelige overbevisning, at mennesker er kommet fra dyr, der kaldes "lavere", ikke nødvendigvis fra aber, selvom abeteorien synes at passe bedst og er mest populær. Hvorfor kan et menneske så ikke engang imellem gå baglæns? Data om tilbagegang, ikke af individer, men af arter, er almindelige i biologien.

Jeg er stødt på mange hentydninger til "leopardmænd" og "hyænemænd" i afrikanske stammer, men den mest specifikke historie jeg kender til, er en artikel af Richard Bagot i *Cornhill Magazine*, oktober 1918, om en påstået evne hos indfødte i det nordlige Nigeria til at påtage sig former for lavere dyr. Der fortælles om en oplevelse, der tilskrives kaptajn Shott, DSO. Det siges, at omstrejfende hyæner var kommet til skade i våbenfælder, og i hvert enkelt tilfælde var blevet sporet til et punkt, hvor hyænesporene var ophørt og var blevet efterfulgt af menneskelige fodspor, som førte til en af de indfødtes byer. Et træk ved den traditionelle varulvehistorie er, at når en varulv bliver såret, opstår skaden på en tilsvarende del af det menneske, den kommer fra. Bagot fortalte om kaptajn Shotts oplevelse, påståede oplevelse, uanset hvad, med "et enormt dyr", der var blevet skudt, og som var stukket af og havde efterladt spor, der blev fulgt. Jægerne kom til et sted, hvor de fandt dyrets kæbe liggende i en blodpøl. Sporene gik videre mod en indfødt by. Dagen efter døde en indfødt. Hans kæbe var blevet skudt væk.

Der har været mange tilsynekomster af dyr, der var uforklarlige — i hvert fald indtil jeg dukkede op i horisonten af dette datafelt. Det forekommer mig, at mine tilkendegivelser om *tele-portationer* er nogenlunde tilfredsstillende i de fleste tilfælde — det vil sige, at der er en kraft, der er distributør af livsformer og andre fænomener, og som kan flytte et dyr, f.eks. fra en jungle på Madagaskar til en baghave et sted i Nebraska. Men mine teorier er ikke så gud-lige, at de nægter at give plads for alle andre teorier. Jeg ville ikke være dogmatisk og sige positivt, at en lemur engang på magisk vis blev transporteret fra Afrika til Nebraska: muligvis var det nogen i Lincoln, Nebraska, der var blevet forvandlet til en lemur eller en var-lemur.

Uanset hvad forklaringen måtte være, stod historien i *New York Sun*, den 12. november 1931. Dr. E. R. Mathers fra Lincoln, Nebraska, havde i sin have set et underligt, lille dyr, der opførte sig mærkeligt. Dagen efter fandt han væsenet dødt. Liget blev bragt til dr. I. H. Blake fra University of Nebraska, som identificerede det som en afrikansk lemur fra *Galaga*-gruppen. En lemur er et abelignende dyr med en lang tryne; størrelse omtrent som en abe.

Jeg skrev til dr. Mathers om dette, og til min store overraskelse, fordi for det meste bliver mine "tosse"-breve meget korrekt ignoreret, modtog jeg et svar dateret den 21. november 1931. Dr. Mathers bekræftede historien. Lemuren, udstoppet og monteret, er nu udstillet i museet ved State University i Lincoln. Hvor den var kommet fra, var ikke blevet lært. Der var ingen historie om en flugt nogen steder, der kunne matche denne tilsynekomst i en baghave. Beretninger var blevet spredt med illustrationer i *Lincoln State Journal*, 23. oktober, og i *Sunday State Journal*, 25. oktober: men ikke engang i en anden baghave var dette dyr blevet set, ifølge fravær af erklæringer. Jeg undlod at spørge, om der på tidspunktet for lemurens fremkomst var rapporteret om forsvinden af nogen indbygger i Lincoln.

Antag, at jeg på et møde i National Academy of Sciences ville oplæse en rapport om forvandlingen af et menneske til en hyæne. Der ville kun være én måde at gøre det på. Jeg anbefaler det til miskendte genier, som ellers ikke kan skaffe sig ørenlyd. Det måtte ske via et baghold.

Men uden at behøve at trække en pistol foreslog dr. Richard C. Tolman på et møde i National Academy of Sciences, i New Haven, Conn., 18. november 1931, at energi kan forvandles til stof.

Hvis man ikke kan tænke på en mand, der forvandler sig til en hyæne, så lad os prøve at forestille os, at en tings bevægelser bliver til en ting.

Mit udtryk er, at i vores bindestregs-eksistens, eller i mellemtilstanden mellem såkaldte modsætninger, er der ingen energi, og der er ingen materie: men, at der er stof-energi, der manifesterer sig i forskellige grader af betoning på den ene eller den anden måde:

At det ikke er tænkeligt, at energi kunne blive til stof: men at det er tænkeligt at energi-stof ved en forskel i betoning kunne blive til stof-energi —

Eller at der ikke er noget menneske, der er uden hyæne-elementet i sin komposition, og at der ikke er nogen hyæne, der ikke er i det mindste rudimentært menneskelig — eller at det i det mindste kan begrundes, at ved ingen absolut transformation, men ved et skift i betoning, kan en mand-hyæne blive til en hyæne-mand.

Året 1931 — og der var overalt, men mest bemærkelsesværdigt i USA, sådanne forskydninger eller tilbagevendinger fra den tilstand, der kaldes "civilisation", at der var tale om at ophæve love mod at bære våben og om bevæbning af borgere til beskytte sig selv, som om byer som New York og Chicago var grænsebyer. Ud af politifolk — i alt undtagen af fysisk fremtræden — var der blevet ulve, der havde forgrebet sig på natlige kvinder. Den vilde jagt rasede gennem gaderne i New York City. Sjakal-juryer opsamlede drabsstumper fra større dyr og snerrede deres sjakal-domme.

New York Times, 30. juni 1931 — "Politiet i Mineola jager et abelignende dyr — behåret væsen, omkring fire fod højt."

Ud af dommere var der kommet svin.

Amtsdommer W. Bernard Vause fundet skyldig i at bruge breve til at bedrage og idømt seks år i Atlantas forbedringshus.

74

Forbundsdommer Grover M. Moscowitz blev afsat af Repræsentanternes Hus. Domsmændene som, stående over for anklager om korruption, trak sig tilbage, var Mancuso, Ewald, McQuade, Goodman, Simpson. Vitale blev fjernet. Crater forsvandt. Rosenbluth trak sig tilbage af helbredsmæssige grunde.

Og nær Mineola, Long Island, blev der rapporteret om en gorilla.

Den første ophidelse var i Lewis & Valentines børnehave — en historie fortalt af et halvt dusin personer — en abe, der var kommet ud af skoven, havde kigget på dem og havde trukket sig tilbage. Det ser ud til, at politiet ikke havde hørt om "massepsykologi", så de var nødt til at give en mindre lærd forklaring. Flere dage senere var de så imponerede over gentagne historier, at et dusin medlemmer af Nassau County Police Department blev bevæbnet med haglgeværer og tildelt abetjeneste.

Intet cirkus var dukket op nogen steder i nærheden af Mineola på dette tidspunkt; og fra hverken nogen zoologisk have eller fra nogens mindre menageri var der rapporteret om flugt af et dyr. Lad normalt intet undslippe, eller lad intet stort, vildt og behåret dukke op, men lad det alligevel blive kaldt en abe — og når en abe-forskrækkelse opstår, forventer man at høre om køer, der er rapporteret som gorillaer: træer, skygger, øde steder antager abe-former. Men — *New York Herald Tribune*, 27. juni — fru E. H. Tandy, fra Star Cliff Drive, Malverne, rapporterede noget, som om hun ikke havde hørt om abe-forskrækkelsen. Hun ringede til politiet og sagde, at der var en løve i hendes baghave. Politimanden, som vantro modtog denne besked, ventede på, at en anden politimand skulle vende tilbage til stationen og tage del i morskaben. Begge ventede på ankomsten af en tredje vantro. De tre vantro politifolk tog af sted flere timer efter telefonopkaldet, og på det tidspunkt var der ikke noget, der kunne forstyrre nogens konventionelle overbevisninger i fru Tandys baghave.

Der var ingen plyndring. Alle historierne var om et stort og behåret dyr, der dukkede op og forsvandt —

Og noget, der dukkede op og forsvandt i de store jungler ikke

langt fra Mineola, Long Island, var stinkdyr, der kom fra advo-
kater. Nogle af dem blev fanget og gjort harmløse ved afvisning.
Der var en fangst af adskillige dusin medicinske hyæner, som hav-
de ernæret sig i kølvandet på smuglere. Det kunne være, at en
hændelse i New Jersey slet ikke var speciel, men repræsenterede
en generel tilbagegang mod en tilstand af omtrentlig abe-udvik-
ling. Der var en undersøgelse af ansøgere til stillinger i skolerne
i Irvington. I matematik blev der ikke stillet noget spørgsmål ud
over aritmetik: i stavning blev der ikke angivet noget usædvanligt
ord. Et hundrede og seksten ansøgere gik op til eksamen, og alle
bestod ikke. Gennemsnitskarakteren var 31,5. Junglelivets kryb
fjernede tøj fra folk. Nudister optrådte mange steder. Og det var
først senere på året, at den stærkeste modstander af blottelser ud-
talte sig i anstændighedens eller indhylningens navn — eller da
pave Pius XI nægtede at modtage Mahatma Gandhi, medmindre
han ville tage bukser på.

Den 29. juni blev abehistorien taget så alvorligt i Mineola, at
politikaptajn Earle Comstock udkommanderede et dusin speciel-
le motorpatruljer, bevæbnet med revolvere og oversavede hagl-
geværer, med gas og patroner, ledet af sergent Berkley Hyde. Et
korps af borgere blev organiseret, og de fik følgeskab af tyve ha-
vemænd, som var bevæbnet med segl, køller og høtyve. Der blev
fundet talrige fodspor. "Aftrykkene så ud til udelukkende at være
af bagfødder og var omtrent på størrelse med en mands hånd,
selvom tommelfingeren sad længere tilbage, end det ville være til-
fældet med en mands hånd." Der blev dog ikke set nogen abe.
Med hensyn til tidligere observationer rapporterede politimand
Fred Koehler, som havde fået til opgave at efterforske, udtalelser
fra ti personer.

Dyret forsvandt sidst i juni. Den 18. juli blev det rapporte-
ret igen, og af personer, der ikke havde noget at gøre med hin-
anden. Det var i nærheden af Huntington, L. I. En gartner ved
navn Stockman ringede til politiet og sagde, at medlemmer af
hans familie havde set et dyr, der ligner en gorilla, løbe gennem et
buskads. Så ringede en landmand ved navn Bruno tre miles bor-

te, at han havde set et mærkeligt dyr. Politifolk gik begge steder hen og fandt spor, men mistede dem i skoven. Dyret blev ikke rapporteret igen.

Og jeg formoder, at jeg får et brev fra nogen på Long Island, der beder mig om ikke at offentliggøre hans navn, medmindre jeg anser det for nødvendigt, men som forsikrer mig om, at af alle teoretikere, der havde forsøgt at forklare Aben i Mineola, har kun jeg haft indsigt og evne til at gennemskue.

Eller en tilskyndelse, der var kommet over ham, i juni 1931, til at klatre i træer og at snakke og at fordreje hovedet på sine naboer — og så tomhed. Han var vågnet fra en trance og havde på sit gulvtæppe fundet spor af "tommelfinger-fodspor". Et ejendommeligt, grønligt mudder. Han var gået til Lewis & Valentines børnehave, og dèr havde han set en plet af dette mudder, som man ikke vidste fandtes andre steder.

Og hvis jeg ikke tager dette brev seriøst, som jeg nok vil modtage fra nogen på Long Island, vil det være, fordi jeg nok også vil høre fra en anden, der fortæller mig, at han først og fremmest viger tilbage fra berømmelse, men at personlige hensyn må fejes til side på videnskabens alter — at nogen, som fortalt i aviserne, havde slynget en mursten og ramt aben på tilbagetog, og at han ikke havde været i stand til at sidde ned næste morgen.

Men jeg føler en ny idé spire. Jeg har undret mig over okkult at stjæle en pengesæk fra en bank. Men det er så sølle sammenlignet med evner, der ikke betragtes som okkulte, hvor respektable operatører røver banker. Eller psykisk rykken nogens skulder af led, i en smålig hævn — hvorimod hele nationer politisk og efter de ædleste idealistiske principper kan blive rykket af led. Men, når det kommer til Miraklet i Mineola, mærker jeg nyttighed røre på sig.

Eller skabelsen af en ny religion — funderet lige så solidt, som nogen religion nogensinde har været funderet —

Alle jer, der er trætte af verden — utilfredse med ren nøgenhed, som ikke vender tilbage langt nok — utilfredse med dekadence i nutidens trosbekendelser og politik, som kunne tænkes at være mere primitiv — som tror, at forvirringen i videnskaberne trods alt ikke er tomhed, og at hulekunsten i det mindste skribler *noget* — alle jer, der higer efter en mere drastisk degeneration — og et muligt svar på jeres bønner —

"Gør mig, åh, gør mig til en abe igen!"

Det, jeg har brug for, for at holde mig lidt glad og til en vis grad interesseret i mit arbejde, er modstand. Hvis ophøjet og akademisk, så meget desto bedre: hvis helliggjort, er jeg heldig. Jeg mistænker, at det kan være beklageligt, men selvom jeg er noget af en bygmester, kan jeg ikke være nogenlunde glad som forfatter, medmindre jeg også er ved at maltraktere noget. Mest sandsynligt er dette varulven i min konstitution. Men videnskaben om fysik, som på et tidspunkt for evigt troede at havde fjernet varulve, vampyrer, hekse og andre af mine kæledyr, er i dag et sådant forsøg på at systematisere principperne for magi, at jeg savner eminente professorer at være uenig med. Ud fra kvantemekanikkens principper kan man gøre næsten ethvert mirakel rimeligt, såsom at komme ind i et lukket rum uden at trænge gennem en væg, eller hoppe fra et sted til et andet uden at krydse mellemrummet. Den eneste grund til, at eksponenterne for ultramoderne mekanik bliver taget mere højtideligt, end jeg bliver, er, at læseren ikke behøver at lade, som om han ved, hvad jeg skriver om. Der er forskrækkede videnskabsmænd, som forsøger at begrænse deres ideer om magi til handlingerne af elektroniske partikler eller bølger: men i *Physical Review*, april 1931, blev der offentliggjort breve fra professor Einstein, professor R. C. Tolman og dr. Boris Podolsky, der indikerer, at denne skillelinje ikke kan opretholdes. Professor Einstein anvender princippet om usikkerhed ikke kun i atomare anliggender, men ved sådanne hændelser som åbning og lukning af en lukker på et kamera.

Der kan ikke være nogen videnskab, eller foregivet videnskab, undtagen på grundlag af ideel sikkerhed. Alt andet er til en vis grad gætværk. Som gætter vil jeg ikke indrømme min underlegenhed over for nogen videnskabsmand, imbecil eller kanin. Stillingen i dag af det, der siges at være fysikkens videnskab, er så desperat og så forvirret, at dens eksponenter forsøger at inkorporere både tidligere principper og benægtelsen af dem i ét system. Selv i den moderne religions anæmi og sprødhed er der ingen værre tilstand af desperation eller nedbrydning. Forsøget på at tage princippet om usikkerhed — eller princippet om principløshed — ind i videnskaben er omtrent det samme, som hvis teologer forsøgte at forkynde Guds ord og samtidig inkluderede ateisme i deres doktriner.

Som intermediatist finder jeg usikkerhedsprincippet utilfredsstillende udtrykt. Mine egne udtryk går på det principielt-principløse styre-vanstyre af vor pseudo-eksistens af sikkerhed-usikkerhed —

Eller mens det virker utvivlsomt, at intet menneske nogensinde er blevet forvandlet til en hyæne, kan vi ikke være mere end sikre-usikre på dette.

Omkring den første januar 1849 stødte en mand, der arbejdede på en kirkegård i Paris, på dele af en menneskekrop, strøet ud på gangstierne. Oppe i de bladløse træer dinglede dele af en krop. Han kom til en nylig tildækket grav, hvorfra man i nattens løb havde opgravet liget af en kvinde. Dette lig var blevet flået fra hinanden og, som i vanvid, blevet spredt rundt omkring. For detaljer, se *Galignani's Messenger* (Paris) 10., 23., 24. marts 1849.

Flere nætter senere, på en anden kirkegård i Paris, var der en lignende hændelse.

Kirkegårdene i Paris blev bevogtet af mænd og hunde, men spøgelset undgik dem alle og gravede flere kvindelig op. Om natten den 8. marts så vagter uden for kirkegården i St. Parnasse nogen, eller noget, klatre op ad en væg på kirkegården. En ulvs ansigt eller en påklædt hyæne — de kunne ikke give nogen beskrivelse. De skød mod den, men den slap væk.

I nærheden af en nygravet grav ved St. Parnasse opsatte de en haglbøsse. Den var tilsluttet en udløser og fyldt med søm og jernstumper. En morgen senere i marts blev det konstateret, at denne bøsse var blevet udløst i løbet af natten. En del af en soldateruniform, der var blevet skudt væk, blev fundet.

En graver hørte om en soldat, der var blevet bragt til et hospital i Paris, hvor han havde fortalt, at han var blevet beskudt af en ukendt overfaldsmand. Det blev sagt, at han var blevet såret af en ladning af søm og jernstumper.

Soldatens navn var Francis Bertrand. Mistanken mod ham blev betragtet som absurd. Han var en ung mand på femogtyve, som var avanceret til stillingen som oversergent i infanteriet. "Han bar et godt navn og blev anset for en mand med mildt sind og en fremragende soldat."

Men hans uniform blev undersøgt, og det stykke stof, der var blevet fundet på kirkegården, passede ind i et hul i ærmet på den.

Ligrøverens forbrydelse var ukendt eller ikke anerkendt efter fransk lov. Bertrand blev fundet skyldig og blev idømt fængsel i et år, den maksimale straf for den eneste anklage, der kunne rejses mod ham. Han kunne faktisk ikke fortælle noget, bortset fra at han havde givet efter for en "uimodståelig impuls". Men der er en detalje i hans beretning om sig selv, som jeg især bemærker. Det er, at der efter hver vanhelligelse kom en anden uimodståelig impuls over ham. Den betod i at søge et ly eller et skjul — en hytte, en fure eller rende i en mark, hvor som helst — og dèr ligge i en trance, for så at rejse sig fra ligrøver til soldat.

Jeg har fundt et andet emne. Det er fra *San Francisco Daily Evening Bulletin*, 27. juni 1874 — "Ligrøveren Bertrand er stadig i live: han er helbredt for sin afskyelige sygdom og anføres som et mønster på mildhed og properhed."

Kapitel 11

Ad pokker til med partiklen, men der er frelse for aggregatet. Et vindstød er vildt og frit, men der er håndjern på stormen.

Under verdenskrigen kunne intet forløb af en enkelt kugle være forudsagt absolut, men enhver kompetent matematiker kunne have skrevet ligningerne for konflikten som helhed. Dette er videnskabsteologernes forsøg på at indrømme usikkerhedsprincippet og at ophæve det. Tilsvarende ræsonnerer teologiens videnskabsmænd:

Bibelens enkelte optegnelser er måske ikke helt nøjagtige, men den gode, gamle bog er som helhed udødelig sandhed.

Dr. C. G. Darwin siger i *New Conceptions of Matter*:

"Vi kan ikke sige præcist, hvad der vil ske med en enkelt elektron, men vi kan trygt estimere sandsynligheden. Hvis et eksperiment udføres med tusind elektroner, bliver det, der var en sandsynlighed for én, næsten en sikkerhed for alle. Fysisk teori forudsiger med sikkerhed, at de millioner af millioner af elektroner i vores kroppe vil opføre sig endnu mere regelmæssigt, og at for at finde et tilfælde af mærkbar afvigelse fra gennemsnittet, skal vi vente en tid, der er fantastisk meget længere end den anslåede alder af universet."

Dette ræsonnemet er baseret på den videnskabelige illusion om, at der findes afsluttede kroppe eller helheder.

Arthur B. Mitchell, 472 McAllister Avenue, Utica, N. Y., går ud om aftenen. Det kan ikke siges præcist, hvad der vil ske med en enkelt celle af hr. Mitchells konstitution, men hvert blink med øjnene eller kløen i øret af dette legeme som hele kan forudsiges.

Men nu ændrer vi syn på dette legeme, der blev betragtet som en helhed. Nu betragtes hr. Mitchell som en af mange enheder i dette samfund, kendt som Utica. Nu indrømmes det, at hr. Mitchells opførsel kan være en smule uregelmæssig, mens påstanden er, at Uticas politik som helhed aldrig kan overraske.

Men overraskende ting, i Utica, er rapporteret. Og Utica er kun et af de mange samfund, der udgør staten New York. Men staten New York —

Mit eget udtryk er, at vores tilværelse er en mellemeksistens, balancerende eller svingende frem og tilbage mellem to urealiserbare yderpunkter, der kan kaldes *positivitet* og *negativitet*; en bindestregs-tilstand af godhed-ondskab, kulde-varme, ligevægt-uligevægt, vished-uvished. Jeg opfatter vores eksistens som en organisme, hvor positiviserende og negativiserende manifestationer eller konflikter er metaboliske. Sikkerhed eller regelmæssighed forekommer i høj grad i planeternes bevægelser, men ikke absolut, på grund af små, uformulerbare digressioner: og negativitet eksisterer i høj grad i en cyklons uregerligheder, dog ikke absolut, fordi der altid kan tænkes på en endnu mere vanvittig tilstand af excentricitet.

Mit udtryk er, at der er ting, væsener og begivenheder, der påfaldende stemmer overens med regulariserede generaliseringer, men at der også er skandaløse, fjollede, djævelske, bizarre, idiotiske, monstrøse ting, væsener og begivenheder, der illustrerer lige så slående universel imbecilitet, kriminalitet eller uformulerbarhed eller fantasi.

I London-aviserne blev der sidst i marts 1908 fortalt en historie, som, da den startede, blev kaldt "det, som retsmedicineren for South Northumberland beskrev som den mest ekstraordinære sag, han nogensinde havde undersøgt." Historien handlede om en kvinde ved Whitley Bay nær Blyth, England, som ifølge hendes eget udsagn havde fundet sin søster brændt ihjel i en ubrændt seng. Dette var ækvivalensen af de gamle historier om "spontan forbrænding af menneskekroppe". Det blev sagt, at retsmedicineren først var forundret over denne historie, men at han, da han erfarede, at kvinden, der fortalte den, havde været beruset, snart tvang hende til at indrømme, at hun havde fundet sin søster, der led af forbrændinger, i en anden del af huset og havde båret hende til hendes soveværelse.

Men i min erfaring med tabu har jeg så mange notater om

retsmedicinere, som har sørget for, at vidnesbyrd var, hvad de skulle være; og så mange optegnelser om brande, der ifølge alt, hvad der formodes at være kendt om kemisk affinitet, ikke burde have været mulige, at jeg, mellem hvad der burde, og hvad der ikke burde, er så forvirret, at alt, hvad jeg kan sige om en historie om en kvinde, der brændte ihjel i en ubrændt seng, er, at det er muligt-umuligt.

Når jeg gennemgår mine data, bemærker jeg en sag, der ikke har nogen betydning for historien om den brændende kvinde i den ubrændte seng, men det er en historie om mærkelige brande, eller om brande, der ville være mærkelige, hvis historier om lignende brande ikke var så almindelige. Det er en sag, der interesserer mig, fordi den flugter med historierne om Emma Piggott og John Doughty. Der var en hændelse, og den blev efterfulgt af noget andet, der syntes relateret: men med hensyn til almindelig viden kan det ikke fastholdes, at der mellem den første hændelse og de følgende hændelser var nogen sammenhæng. Det meste af historien blev fortalt i *London Times*, 21. august 1856: men når det er muligt for mig, at gøre det, går jeg til lokale aviser efter det jeg kalder data. Jeg tager fra forskellige numre af *Bedford Times* og *Bedford Mercury*.

Den 12. august 1856 var en beboer i Bedford, ved navn Moulton, borte hjemmefra. Han var på forretningsrejse i Irland. Hjemme var fru Moulton og stuepigen, Anne Fennimore. For at desinficere huset brændte pigen svovl i en lerkrukke på gulvet. Det brændende svovl løb ud på gulvet og satte huset i brand. Denne brand blev slukket.

En time senere blev en madras fundet brændende i et andet rum. Men ilden fra svovlet havde ikke bredt sig ud over ét rum, og denne madras befandt sig i en anden del af huset. Røg blev set komme fra en kiste. Senere så man røg komme fra et skab, og her fandt man linned brændende. Andre, isolerede, brande brød ud. Moulton blev kaldt hjem og vendte tilbage om aftenen den 16. Han tog noget fugtigt tøj af og smed det på gulvet. Næste morgen blev tøjet fundet i brand. Så kom en række på omkring fyrre brande i gardiner, i skabe og i skuffer. Naboer og politifolk kom til og blev snart bange for deres sikkerhed. Ikke kun genstande omkring dem flammede op; også deres lommetørklæder brød i brand. Der var så mange vidner og så megen snak i byen, at sagen blev efterforsket. I betragtning af, at ingen kom til skade, virker det underligt at læse, at efterforskningen var en ligsynsundersøgelse: men ligsynsmanden var den embedsmand, der overtog efterforskningen. Vidner fortalte om sådanne hændelser som at tage en pude op og lægge den fra sig — puden i flammer. Der var et forsøg på at forklare med normale årsager: men der blev ikke fundet noget, der kunne tyde på brandstiftelse, og Moulton havde hverken forsikret huset eller møblerne. Den herskende opfattelse var, at en almindelig brand på en eller anden måde så ud til at være relateret til de brande, der fulgte efter, men det kunne på ingen måde afgøres. Juryens dom var, at branden fra det brændende svovl var hændelig, men at der ikke var beviser for, hvad der havde forårsaget de efterfølgende brande.

Denne historie vakte opmærksomhed i London. Efter den første beretning i *Times* var der betydelig korrespondance. Ved efterforskningen havde to læger givet som deres opfattelse, at svovlbranden måtte have været årsagen til de andre brande — eller at brændbare, svovlholdige dampe sandsynligvis havde spredt sig i hele Moultons hus. Men juryen havde nægtet at acceptere denne forklaring på grund af vidnesbyrd om, at stole og sofaer, der var blevet båret ud gårdspladsen, også var flammet op. Brandene varede i en periode på fem dage, og det er sandsynligt, at der i så lang tid ville være blevet opdaget enhver gennemsivning af dampe. I diskussionen i *Times* blev det påpeget, at svovlholdige dampe er oksider og ikke er brandfarlige.

Jeg kommer dog nu til en anden brand, og måske kan jeg forklare denne.

Det var om natten den 21. januar 1909. Denne nat irriterede en kvinde fra en lille by en hotelansat i New York. Måske forklarer jeg hendes usædvanlige opførsel ved at tænke, at hun, da hun kom fra en lille by, begyndte at forestille sig farerne ved storbyen og udviklede sine fantasier til en besættelse. Kvinden var fru Mary Wells Jennings fra Brewster, N. Y. Place — det Græske Hotel, 30 E. 42nd Street. Se *Brooklyn Eagle*, 22. januar 1909. Fru Jennings bad natportieren om at måtte skifte værelse og sagde, at hun frygtede brand. Portieren anviste hende et andet værelse. Ikke længe efter — ville han ikke lade hende få et andet værelse? Så et andet værelse. Igen irriterede hun portieren. Værelse skiftet igen. Et par timer senere, i et ubeboet rum, hvor der under reparationer blev opbevaret maling, udbrød der brand.

St. Louis Globe-Democrat, 16. december 1889. — "På en eller anden mystisk måde startede en brand i mahogniskrivebordet i midten af krigsministerens kontor i Washington, D. C. Adskillige officielle papirer blev ødelagt, men det blev sagt, at de ikke var af nogen særlig betydning og kunne erstattes. Sekretær Proctor kan ikke forstå, hvordan branden opstod, da han ikke ryger og ikke har tændstikker på sit skrivebord."

Det kan være, at der har været andre sager, hvor der "på en eller anden mystisk måde" er blevet ødelagt papirer, der ikke var af særlig betydning og kunne erstattes. Den 16. september 1920 fortalte London-aviserne om tre brande, der var brudt ud samtidigt i forskellige afdelinger af regeringskontoret i Tothill Street, Westminster, London. Det blev ikke sagt, at papirer uden særlig betydning var blevet ødelagt, men det blev sagt, at disse samtidige brande ikke var blevet forklaret. London *Sunday Express*, 2. maj, 1920 — "Natten til den 28. april udbrød brand af mystisk oprindelse på krigskontoret i Konstantinopel, hvor arkiverne opbevares. Jerndørene var låst, og det var umuligt at få adgang til bygningen før om eftermiddagen. Mange vigtige dokumenter blev ødelagt."

Liget af en pige — og liget af en krage — og en aviskorrespondents vage følelse af et ukendt forhold — En kvinde, der var borte hjemmefra.

Om natten den 6. april 1919 — se *Dartford* (Kent) *Chronicle*, den 7. april — Hr. J. Temple Thurston var alene i sit hjem, Hawley Manor nær Dartford. Hans kone var borte. Oplysninger om hans hustrus fravær eller noget, der førte til hans hustrus fravær, mangler. Noget var brudt ind i dette hjem. Tjenestefolkene var blevet sendt væk. Thurston var alene.

Klokken 2:40, morgenen den 7. april, blev brandvæsenet kaldt til Hawley Manor. Rundt om Thurstons værelse brændte huset, men i selve værelset var der ingen ild. Thurston var død. Hans krop var svedet, men på hans klæder var der intet spor af ild.

Kapitel 12

Fra historien om J. Temple Thurston erfarer jeg, at denne mand, med sit tøj på, var så forbrændt, at han døde af hjertesvigt af en brand, der ikke påvirkede hans tøj. Dette lig var fuldt påklædt, da det blev fundet omkring klokken tre om morgenen. Thurston havde ikke siddet oppe og drukket. Der var ingen antydning af, at han havde læst. Det blev ved efterforskningen kommenteret som sært, at han skulle have været oppe og fuldt påklædt omkring klokken tre om morgenen. Dommen lød på dødsfald på grund af hjertesvigt som følge af indånding af røg. Der var store røde pletter på lårene og nederste del af benene. Det virkede, som om manden havde stået bundet til en pæl i et ikke ret højt bål.

I dette brændende hus brændte intet i Thurstons værelse. Der blev ikke fundet noget — såsom forkullede fragmenter af nattøj — der tydede på, at Thurston omkring klokken tre, vækket af en brand et andet sted i huset, hade forladt sit værelse, var blevet brændt og derpå var vendt tilbage til sit værelse, hvor han havde klædt sig på, men så var omkommet.

Det kan være, at han var død få timer, før huset brød i brand.

Det har forekommet mig mest passende at betragte alle beretninger i denne bog som "historier". Der har været et gennemgående træk af det fantastiske, eller hvad vi nu tror, vi mener med "usandhed". Vores historier har ikke været realistiske. Og der er noget ved historien om J. Temple Thurston, der for mig giver den udseende af en revideret historie. Det er, som hvis en forfatter i en forestillet scene havde dræbt en karakter ved at brænde vedkommende, og så, efter at have tænkt over det, som nogle forfattere gør, havde han bemærket uoverensstemmelser, såsom en brændt krop og ingen omtale af en brand nogen steder i huset — så da som en efterrationalisering branden i huset — men alligevel en så amatøragtig forsømmelse i forfatterskabet af denne historie, at branden ikke blev forklaret.

For brandmændene var denne brand i huset lige så uforklarlig, som det forbrændte lig i det ubrændte tøj var for ligsynsmanden. Da brandmændene brød ind i Hawley Manor fandt de ilden, der rasede uden for Thurstons værelse. Det var ingen pejs i nærheden; heller ingen elektriske ledninger, der kunne kortsluttes. Der var ingen lugt af paraffin, og der var heller ikke andet, der tydede på pyromani eller normal brandstiftelse. Der havde ikke været noget tyveri. I Thurstons lommer var hans penge og ur. Ilden, af ukendt oprindelse, virkede rettet mod Thurstons værelse som for at ødelægge denne brændte krop i det ubrændte tøj. Udenfor stod døren til dette rum i lys lue, da brandmændene ankom.

Vi har haft andre historier om uforklarlige skader. Ifølge dem er mænd og kvinder blevet stukket, men har først senere opdaget, at de var blevet ramt. Der var ingen beviser for, at Thurston kendte til sin forbrændte tilstand, forsøgte at flygte eller kaldte på hjælp.

Der er historier om personer, der er blevet fundet døde med skudsår under tøj, der ikke viste tegn på passage af kugler. Politiets forklaring har været, at de blev dræbt, mens de var klædt af, og derefter blev klædt på igen af morderne. *New York Times*, 1. juli 1872 — mystisk mord i Bridgeport, Conn., af Capt. Colvocoresses — skudt gennem hjertet — tøj ikke perforeret. *Brooklyn Eagle*, 8. juli 1891 — Carl Gros fundet død nær Maspeth, L. I. — ingen mærker i tøjet, der svarer til sår på kroppen. Mand fundet død i Paris, 14. februar 1912 — skudsår — intet tegn på, at en kugle er passeret gennem tøjet.

Jeg er stødt på så mange historier om byger af sten, der er kommet ind i lukkede rum uden at efterlade tegn på indgang i hverken lofter eller vægge, at jeg ikke har megen følelse af noget mærkeligt ved tanken om, at kugler eller en kniv kunne trænge igennem en krop under ubeskadiget tøj. Der er historier om kugler, der er kommet ind i lukkede rum uden at forstyrre materialerne i vægge eller lofter.

Telegram, dateret 3. marts 1929, til *San Francisco Chronicle* — udklip sendt mig af Miriam Allen de Ford fra San Francisco

— "Newton, N. J. — Amtets anklagemyndighed her er forbløffet over det største mysterium i sin historie. I dagevis er der med mellemrum faldet en byge af hagl i kontoret til et bilværksted i Newton, et lille rum med én dør og ét vindue. Der er ingen mærker på væggene eller i loftet, og der er ingen huller i rummet, hvorigennem haglene kunne trænge ind."

Omkring to år senere, da jeg ikke var særlig hurtig med at komme rundt til dette, skrev jeg til amtsanklageren i Newton og modtog et svar, underskrevet af hr. George R. Vaughan: "Denne hændelse viste sig at være et fupnummer, begået af nogle lokale spøgefugle."

Der er en historie i *Charleston* (S. C.) *News and Courier*, 12. november 1886, ikke om hagl, der falder i et lukket rum, men ikke desto mindre om uforsvarlige kugler — to mænd på en mark nær Walterboro, Colleton Co., S. C. — små skud falder omkring dem. De troede, at det var en udladning fra en sportsmands pistol, men blyregnen fortsatte. De samlede prøver, som de tog med til *Colleton Press'* kontor.

Religio-Philosophical Journal, 6. marts 1880 — kopieret fra *Cincinnati Inquirer* — at folk i byen i Lebanon, Ohio, var i en tilstand af ophidselse: at byger af fuglehagl faldt ned fra loftet i John W. Lingos byggemarked. En komité var blevet nedsat, og ifølge dens rapport var fænomenet troværdigt: langsomt faldende byger af hagl, der ikke var på størrelse med dem, der sælges i butikken, dukkede op fra et ikke sporbart oprindelsessted. Der var en anden omstændighed, og det kan have haft noget at gøre med fænomenet: omkring fem år før var nogen om natten gået ind i denne butik; han var blevet skudt af Lingo og flygtede uden at blive identificeret.

I *R. P. J.*, den 24. april 1880, skrev en journalist, J. H. Marshall, efter at have læst om Lingo-sagen, om sine oplevelser i sommeren 1867. Hagl faldt i alle rum i hans hus, kraftige, men ikke med skudhastighed — store fuglehagl — ved dagslys — korte intervaller og derefter nedfald, der varede en time eller mere. Mange hagl dukkede op, men da sheriffen påtog sig at indsamle dem, kunne han aldrig finde mere end et halvt dusin. Omtrent samtidig hørtes der små slag.

Hvordan kugler kunne trænge ind i lukkede rum, er ikke mere mystisk end, hvordan Houdini kunne flygt fra fængselsceller, selvom det ifølge alt det, der burde vides om fysiske indespærringer, var umuligt. I Rusland foretog Houdini fra en fængselsvogn en flugt, der ikke involverede nogen ekspertviden eller fingerfærdighed i spørgsmål om låse. Han blev sat ind i denne vogn, og døren blev loddet til. Han dukkede op udenfor, og politiet kaldte det en uretfærdig konkurrence, fordi han må have været en ånd for at komme igennem solide vægge. Denne historie fortælles i hvert fald af Will Goldston, præsident for tryllekunstnernes klub i London.

Jeg har en historie om en hest, der dukkede op i, hvad der for enhver almindelig hest ville være et lukket rum. Det gør én nervøs, måske. Man ser sig omkring, og ville i det mindste ikke være vantro, når man ser en eller andet forbandet ting sidde i en stol og stirre på en. Jeg vil gerne have læsere, som anser sig selv for overlegne i forhold til sådanne forestillinger, til at mærke om de kan modstå blot et kort blik. Historien om hesten blev fortalt i London *Daily Mail*, 28. maj 1906. Hvis nogen vil hævde, at det hele er fantasi og løgne, tror jeg selv, at det er mere behageligt at argumentere således. En morgen i maj 1906, ved Furnace Mill, Lambhurst, Kent, England, gik mølleren J. C. Playfair til sin stald og fandt heste vendt rundt i deres båse, og en af dem savnedes. Det er almindeligt, at en, der har mistet noget, søger alle rimelige steder, og derpå i desperation kigger ind på steder, hvor der slet ikke med rimelighed kunne være det, der mangler. Ved siden af stalden var der et rum hø: døren var knap bred nok til, at en mand kunne komme ind. Hr. Playfair, der ikke var i stand til at finde et spor af sin forsvundne hest, gik hen til hørummets døråbning og følte sig sandsynligvis lige så irrationel som, hvis en, der havde mistet en elefant, kiggede ind i et køkkenskab. Hesten stod i hørummet. En skillevæg skulle væltes for at få den ud.

Der var andre hændelser, der ikke kunne lade sig gøre. Tunge tønder med kalk, hvor ingen sås i nærheden af dem, blev slynget ned ad trappen. Dette var i dagtimerne. Selvom jeg indimellem smyger mig rundt om natten med vores data, er vores for det meste dagslysmysterier. Møllen var en isoleret bygning, og ingen — i hvert fald ingen, der kunne ses — kunne nærme sig den uset. Der var to vagthunde. En stor vandbeholder, så tung, at det var over menneskelig styrke at flytte den, blev væltet. Låste og boltede døre åbnede sig. Jeg nævner, at mølleren havde en lille søn.

I midten af marts 1901 — at en kvinde blev stukket ihjel, i en fiktion — eller i en scene, som en forestillet scene, der ikke tilhørte det, vi kalder "virkeligheden". Det ser ud, som om historien om Lavinia Farrar er, at den også blev "revideret", og det af en amatøragtig eller uagtsom eller på en ukendt måde hæmmet "forfatter", som, i et forsøg på at dække over sin forbrydelse, klokkede i det — eller at denne kvinde var blevet dræbt på uforklarlig vis, i almindelige vendinger, og at der senere blev anvendt midler, men akavet eller næsten blindt, der kun tjente til at øge mysteriet, for at mordet kunne synes forståeligt i forhold til almindelig menneskelig erfaring.

Cambridge (England) *Daily News*, 16. marts 1901 — at Lavinia Farrar, 72 år, en blind kvinde, "af uafhængige midler", var blevet fundet død på sit køkkengulv, ansigtet madret, næsen brækket. Tæt på liget lå en blodplettet kniv, og der var bloddråber på gulvet. Liget var påklædt, og før obduktionen blev der ikke set noget sår, der kunne forklare dødsfaldet. Ved ligsynet bevidnede to læger, at kvinden var blevet dolket i hjertet, men at der ikke var nogen punkteringer i hendes klædningsstykker, hvoraf der var fire. Kvinden, afklædt, kunne ikke have stukket sig selv og derefter have klædt sig på igen, fordi døden var kommet til hende næsten øjeblikkeligt. En kniv kunne ikke være blevet indført gennem åbninger i beklædningsstykkerne, fordi deres fastgørelser var langs rande langt fra hinanden.

En kniv lå på gulvet, og der var blod på gulvet. Men det så ud til, at dette blod ikke var kommet fra kvindens sår. Dette sår var næsten blodløst. Kun et af hendes klædningsstykker, det inderste, var blodplettet, og kun lidt. Der havde ikke været noget røveri. Juryen afsagde en åben afgørelse.

Om aftenen den 9. marts 1929 — se *New York Times* den 10. og 11. marts 1929 — var Isidor Fink fra 4 East 132nd Street, New York City, ved at stryge noget. Han var indehaver af et vaskeri på Fifth Avenue. Et varmt strygejern stod på gaskomfuret. På grund af de røveriske overfald, der var så hyppige på det tidspunkt, var han nervøs; vinduerne i hans lokale var lukkede, og døren var boltet til.

En kvinde, der hørte skrig og lyde som af slag, men ingen lyd af skud, underrettede politiet. Betjent Albert Kattenborn gik til stedet, men kunne ikke komme ind. Han løftede en dreng ind gennem trækruden. Drengen låste døren op. På gulvet lå Fink med to skudsår i brystet og ét i venstre håndled, som var mærket af krudtslam. Han var død. Der var penge i hans lommer, og kasseapparatet var ikke blevet rørt. Der blev ikke fundet noget våben. Manden var død øjeblikkeligt eller næsten øjeblikkeligt.

Der var en teori om, at morderen var kravlet gennem trækruden. Et hængsel på denne rude var knækket, men der var ingen rapport om udseendet af dette brud, som indikerede om det var sket for nylig eller ej. Trækruden var så smal, at betjent Kattenborn måtte løfte en dreng igennem den. Man skulle tro, at morderen, efter at have smøget sig lydløst gennem denne trækrude, med stort besvær forlod lokalet samme vej, i stedet for blot at låse døren op indefra. Man kunne også tro, at morderen var klatret op udenfor og havde skudt ind gennem trækruden. Men Finks håndled var mærket af krudtslam, hvilket tydede på, at han ikke var blevet beskudt på afstand. Mere end to år senere kaldte politikommissær Mulrooney i en radiointerview dette mord i et lukket rum for et "uløseligt mysterium".

Kapitel 13

Hvis en mand blev forbrændt, selvom der ikke var tegn på ild på hans tøj, kunne det være, at kvinden fra Whitley Bay, som fortalte, at hun havde fundet sin søster brændt ihjel på en ubrændt seng, rapporterede nøjagtigt. Hvis kvinden tilstod, at hun havde løjet, forklarer det mysteriet, eller det stimulerer interessen. Udsagnet om, at nogen, under indflydele af politiet eller af en ligsynsmand, tilstod, har samme betydning som et udsagn om, at et æble under pres producerer cider. Denne analogi holder dog ikke. Jeg har nemlig aldrig hørt om et æble, der, hvis det blev presset rigtigt, ville give cider, selv om det var ønsket; eller ingefærøl, hvis det krævedes; eller hjemmebryg, hvis det var det, der forventedes.

Engang, hvor min egen mistænksomhed var mindre udviklet, og jeg lod dogmatikere trække deres pedanterier hen over mine opfattelser, samlede jeg alligevel lejlighedsvise notater om, hvad der forekom mig at være uforklarlige fænomener. Jeg gør ikke tingene med let hånd, men hygger mig samtidig i høj grad på forskellige måder: jeg opfører mig, som om jeg forsøger at skabe helhed ud af dele. En søgen efter det uforklarede blev en besættelse. Jeg påtog mig arbejdet med at gennemgå alle videnskabelige tidsskrifter, i det mindste ved hjælp af indholdsfortegnelser, udgivet på engelsk og fransk fra år 1800 tilgængelige på bibliotekerne i New York og London. Mens jeg gik videre med mine små mistanker i deres spæde vorden, dukkede nye emner op for mig — noget underligt ved nogle haglstorme — det mærkelige og det uforklarede i arkæologiske opdagelser og i arktiske udforskninger. Da jeg var kommet til ende med "den store tur", som jeg kaldte denne søgning i alle tilgængelige tidsskrifter, for at skelne den fra andre særlige undersøgelser, havde jeg fattet interesse for så mange emner, der var dukket op undervejs, eller som jeg havde oversprunget tidligere, at jeg måtte gøre turen om igen — og så igen havde den samme oplevelse og skulle på turné igen — og så videre — at det indtil nu er min erkendelse, at der inden for ethvert fænomenområde — og i senere år har jeg mangedoblet mine emner ved i høj grad at skifte til aviserne — et eller andet sted findes det uforklarlige eller det uforenelige eller det mystiske — i alle planeters uformulerbare bevægelser; vulkanudbrud, mord, haglstorme, beskyttende farvninger af insekter, kemiske reaktioner, forsvindinger af mennesker, stjerner, kometer, juryer, sygdomme, katte, lygtepæle, nygifte par, katodestråler, fup, bedragerier, krige, fødsler, dødsfald.

Overalt findes det tabuiserede eller det tilsidesatte. Videnskabens munke bor i selvtilfredse huler, der er afsondret fra begivenhedernes jungler. Eller nogle af dem gør. I dag er mange af dem på vej til at blive indfødte. Der er videnskabelige derviser, der hvirvler amok og slynger om sig med overraskende udtalelser; men for det meste hvirvler de ikke langt fra deres oprindelse, og deres begejstring er overdrivelser af gammeldags selvtilfredshed.

På grund af adskillige tilfælde, som jeg har bemærket, tiltrak emnet brande min opmærksomhed. Man læser hundredvis af beretninger om brande, og mange af dem er mystiske, men éns herskende tanke er, at det uforklarlige ville kunne gengives i form af ulykker, skødesløshed eller mordbrand, hvis man kendte alle omstændighederne. Men husk dette emne, og som på ethvert andet fænomenområde støder man på sager, der er uforenelige.

Glasgow News, den 20. maj 1878 — hændelser på John Shattocks gård nær Bridgewater. Brande var startet uforklarligt. En politiinspektør undersøgte dem og mistænkte en tjenestepige, Ann Kidner, på 12 år, fordi han havde set en høstak flamme op, da hun gik forbi den. Der blev hørt høje slag. Ting i huset, såsom fade og brød, flyttede rundt. Politimanden ignorerede alt, hvad han ikke kunne forklare, og arresterede pigen og anklagede hende for at kaste med tændte tændstikker. Men en dommer frikendte hende og sagde, at beviserne var utilstrækkelige.

Der er en historie om "djævelske manifestationer" i *Quebec Daily Mercury*, 6. oktober 1880. I to uger havde møblementet i

Hudson Hotel i byen Hudson ved Ottawa-floden opført sig ureglementeret: sengene havde været særligt urolige. Der var udbrudt brand i en bås i stalden. Denne brand blev slukket, men en ny brand brød ud. Der blev sendt bud efter en præst, og han bestænkede stalden med vievand. Stalden brændte ned.

Der er flere registrerede tilfælde af sådanne brande, der ender med afbrænding af bygninger; men et fællestræk, der går gennem de fleste af historierne, er brande lokaliseret på særlige steder, og som ikke strækker sig udover dem. De sker oftest i nærværelse af en pige i alderen fra 12 til 20 år; men sjældent forekommer de om natten, hvor de ville være farligst. Det er en ejendommelighed. Se tilbage til sagen om brandene i huset i Bedford. Det ser ud til at, hvis disse brande havde været almindelige brande, ville huset være brændt ned. Sagerne drejer sig om brande, i ubrændte omgivelser.

New Zealand Times, 9. december 1886 — kopieret fra *San Francisco Bulletin* omkring den 14. oktober — at Willie Brough, 12 år gammel, som havde skabt furore i byen Turlock, Madison Co., Cal., ved at sætte ild til ting "med sit blik," var blevet bortvist fra Turlock-skolen på grund af sine ejendommeligheder. Hans forældre havde smidt ham ud og troede, at han var besat af en djævel, men en bonde havde taget sig af ham og sendt ham i skole. "Den første dag var der fem brande på skolen: én midt i loftet, én på lærerindens kateder, én i hendes garderobeskab og to på væggen. Drengen opdagede dem alle og græd af skræk. Skolebestyrelsen holdt møde og bortviste ham samme aften." For en anden beretning, se *New York Herald*, 16. oktober 1886.

At sætte ild til lærerindens kateder eller til hendes garderobeskab, er forståeligt, og ville have været endnu mere forståeligt for mig, da jeg var 12 år gammel; men ingen kendte kræfter hos drilske unge kan give en forklaring på at sætte et loft eller vægge i brand. Det forekommer mig, at ingen mytoman ville have tænkt på noget sådant, eller ville have fået sin historie til at se usandsynlig ud, hvis han havde fået tanken. Jeg har andre beretninger, hvor lignende udsagn forekommer. Denne detalje om brand på vægge er ukendt i standardiserede historier om uhyggelige handlinger.

Hvis forfattere af påfølgende beretninger aldrig havde hørt om Willie Brough, er det usandsynligt, at de kunne opfinde eller ville opfinde noget så usandsynligt. Det lader til, at min begrundelse er, at under visse omstændigheder, hvis noget er højst usandsynligt, *er* det sandsynligt. John Stuart Mill gik glip af det.

Den 6. august 1887, i et lille to-etagers bindingværkshus i Victoria Street, Woodstock, New Brunswick, beboet af Reginald C. Hoyt, hans kone, hans egne fire børn og to niecer, brød der ild ud. Se *New York World*, 8. august 1887. Inden for få timer var der omkring fyrre brande. Der var tale om brande i usvedne omgivelser. De bredte sig ikke til deres omgivelser, fordi de straks blev slukket, eller fordi en ukendt faktor begrænsede dem. "Brandene kan spores til ingen menneskelig instans, og selv de mest skeptiske er forbløffede. Snart ville et gardin, højt oppe og uden for rækkevidde, bryde i flammer, derefter et sengetæppe i et andet rum: en kurv med tøj på et skur, en barnekjole, hængende på en krog."

New York Herald, 6. januar 1895 — brande i Adam Colwells hjem, 84 Guernsey Street, Greenpoint, Brooklyn — at der i løbet af 20 timer, før middag den 5. januar, da Colwells bindingsværkshus brændte ned, havde været mange brande . Politifolk var blevet sendt ud for at undersøge sagen. De havde set møbler bryde i brand. Politifolk og brandmænd havde rapporteret, at brandene var af ukendt oprindelse. Brandmajoren sagde: "Det kunne tænkes, at pigen Rhoda startede to af brandene, men hun kan ikke anses for skyldig i de andre, fordi hun var ved blive afhørt, da nogle af dem brød ud. Jeg ønsker ikke at blive citeret, som om jeg tror på det overnaturlige, men jeg har ingen forklaring at komme med, hvad angår årsagen til brandene eller til at kaste rundt med møblerne."

Colwells historie var, at der om eftermiddagen den 4. januar, i nærværelse af hans kone og hans steddatter Rhoda, på 16 år, hørtes et styrt. En stor, tom stueovn var faldet om på gulvet. Fire billeder faldt ned fra væggene. Colwell havde været ude. Da han vendte tilbage, lugtede han røg, mens han lyttede til en beretning om, hvad der var sket. En seng stod i flammer. Han tilkaldte en politimand, patruljebetjent Daly, som kom og slukkede ilden, og, uvist hvorfor, forblev han i huset. Det blev sagt, at patruljebetjenten så tapet nær skulderen på Colwells søn Willie bryde i brand. Kriminalbetjent Dunn ankom. Der var endnu en brand, og en tung lampe faldt ned fra en krog. Huset brændte ned, og familien Colwell, som sad i dårlige forhold, mistede alt andet end det tøj, de gik og stod i. De blev bragt til politistationen.

Kaptajn Rhoades fra Greenpoint-distriktet sagde: "De mennesker, vi arresterede, havde intet at gøre med de mærkelige brande. Jo mere jeg ser på det, jo dybere bliver mysteriet. Indtil videre kan jeg ikke tilskrive det nogen anden årsag end en overnaturlig instans. Brandene brød ud for øjnene af de mænd, jeg sendte for at undersøge dem."

Sergent Dunn — "Der var ting, der skete lige foran mine øjne, som jeg ikke troede var mulige."

New York Herald, 7. januar — "Politifolk og brandfolk snedigt narret af en smuk, ung pige."

Mr. J. L. Hope fra Flushing, L. I., havde ringet til kaptajn Rhoades og fortalt ham, at Rhoda havde været tjenestepige i hans hjem, hvor der mellem 19. november og 19. december var opstået fire mystiske brande. "Nu var kaptajnen sikker på Rhodas skyld, og han sagde det til hende." "Hun blev bange og blev rådet til at sige sandheden."

Og Rhoda fortalte, hvad hun blev "rådet" til at fortælle. Hun fortalte "hulkende", at hun havde startet brandene, fordi hun ikke brød sig om det kvarter, hun boede i, og ville væk derfra: at hun havde slået billeder ned fra væggene, mens hendes mor var i en anden del af huset, og havde smidt brændende tændstikker i sengene og var fortsat med sine numre, efter at politifolk, detektiver og brandmænd var kommet til stede.

Colwells var fattige folk og beboede kun øverste etage af det hus, der brændte ned. Colwell, en tømrer, havde været uden arbejde i to år, og familien levede af hans søns lille løn. Forsikring kom ikke på tale.

Politikaptajnens konklusion var, at de brande, der havde virket "overnaturlige" på ham, naturligvis nu kunne forklares, for hvis Rhoda, da hun var i Flushing, satte ild til ting, kunne brande i hendes eget hjem også forklares sådan. I stedet for at starte en lang efterforskning af årsagen til brandene i Flushing, gav politikaptajnen pigen, hvad der blev anset for sunde og kloge formaninger. Og — selv om det ser mærkeligt ud i dag — så lyttede pigen til formaningerne. "Smukke, unge piger" har narret andre end politifolk og brandmænd. Muligvis kunne et dusin mandlige modtagelige personer have set mere på denne smukke, unge pige, og ikke set hende stryge en tændstik og kaste den ind i møblementet; men ingen kastet tændstik kunne sætte tapet i brand. Sagen minder om Emma Piggotts sag. Kun én persons motiver kunne tilskrives brande: men på ingen kendt måde kunne hun have startet nogle af disse brande.

Dr. Hastings H. Hart fra Russell Sage Foundation udtalte, som rapporteret i aviserne den 10. maj 1931: "Idioter kan for det meste være de mest nyttige borgere, og en stor del af det værdifulde arbejde, der udføres i USA, bliver udført af sådanne mentalt retarderede personer."

Dr. Hart fik rigtig god spalteplads til denne udtalelse, som viste sig at være populær. Man kan ikke fornærme nogen med et udsagn, der tolkes som gældende for alle andre. Fordi min egen nytte ikke er blevet anerkendt særlig bredt, er jeg selv lidt smigret. At benægte, latterliggøre eller med rimelighed bortforklare hændelser, der er dataene i denne bog, er, hvad jeg kalder nyttigt. En generel accept af, at sådanne ting er til, ville være foruroligende. Jeg er en ond person, ligesom alle andre tidligere, der indsamlede data, der var i modstrid med in tids ortodoksi. Noget af det mest nyttige arbejde bliver gjort til støtte for tabu. Brydningen af tabu i enhver vild stamme ville medføre måske fatale lidelser. Hvad angår de vildes tabuer, er mit udtryk, at det er deres tabuer, der forhindrer dem i at blive civiliserede; at én fetich derfor er hundrede missionærer værd.

Jeg vil tage en beretning om "mystiske brande" fra *St. Louis Globe-Democrat*, 19. december 1891. Jeg vil fortsætte med at citere fra en canadisk avis med tanken om at støtte dr. Harts observationer. Journalister, videnskabsmænd, politifolk, spiritister — alle har undersøgt fænomenet "poltergeistpiger" på en måde, der i det væsentlige er den samme som en canadisk avismands måde — og det har været at udvælge, hvad der stemte overens med deres forudfattede meninger eller med deres mentale mangler eller deres sociale nytte, og at se bort fra alt andet.

Ifølge historien i *Globe-Democrat* var der foregået "ekstraordinære" hændelser i hjemmet hos Robert Dawson, en landmand i Thorah nær Toronto, Canada. I hans husstand var der hans kone og en adoptivdatter, en engelsk pige, Jennie Bramwell, på 14 år. Adopterede døtre og stuepiger tiltrækker sig min opmærksomhed i disse tilfælde. Pigen havde været syg. Hun var faldet i trance og havde udbrudt: "Se lige der!" og peget op på loftet. Loftet brændte. Snart forskrækkede pigen hr. og fru Dawson ved at pege på en anden brand. Næste dag brød der mange brande ud. Så snart én var slukket, startede en ny op. Mens fru Dawson og pigen sad vendt mod en væg, blussede tapetet op. Jennie Bramwells kjole flammede op, og fru Dawsons hænder blev forbrændt, da hun ville slukke ilden. I en uge brød der brande ud. En killing brændte. En omstændighed, der er ulig en bestemt i Bedford-sagen, er at møbler båret udenfor og anbragt i gården ikke brændte.

En beretning i *Toronto Globe* den 9. november kom meget belejligt fra en journalist. Han fortalte om de forkullede tapetpletter, der så ud, som om en tændt lampe var blevet holdt hen til stederne. Forholdene var forvirrede. Alle møbler var flyttet ud i gården. Pigen var blevet sendt tilbage til det asyl for forældreløse, hvorfra hun var blevet adopteret, fordi brandene blev tilskrevet hende. Med hendes afgang var fænomenerne stoppet. Journalisten beskrev hende som "en svagt begavet pige, der havde gået rundt og havde sat ild til ting". Han var i tvivl om, hvad han skulle mene om den rapporterede brændende killing, og bad om at se den. Han skrev, at det ikke var andet end en killing med et par let svedne hår på ryggen. Men den største vanskelighed var at forklare ilden i loftet og ilden på væggene. Jeg vil ikke eksperimentere, men jeg går ud fra, at jeg kunne stryge tændstikker hele dagen ved en væg uden at sætte tapet i brand. Journalisten spurgte fru Dawson, om pigen havde nogen viden om kemi. Ifølge ham var svaret, at denne lille pige på 14 år, som var blevet opdraget på et børnehjem, var "velbevandret i videnskabens begyndelsesgrunde". Baseret på dette resultat af sine undersøgelser, og glemmende, at han havde kaldt den velbevandrede, lille kemiker "svagt begavet", eller måske mere sofistikeret end man skulle tro, og uden at se nogen uoverensstemmelse mellem videnskabelig viden og imbecilitet, behøvede den nyttige journalist kun nogle yderligere data for at løse mysteriet. Han besøgte byen og erfarede, at den velbevandrede og småt begavede lille kemiker også var "en uforbederlig lille tyv". Han gik til apoteket og fik at vide, at pigen flere gange var blevet sendt dertil i ærinder. Mysteriet var løst: Pigen havde stjålet "et kemikalie", som hun havde påsmurt forskellige dele af Dawsons hus.

Hændelser af nyere dato. Historie i London *Daily Mail*, 13. december 1921, om en dreng i Budapest, i hvis nærhed møbler flyttede sig. Drengen var omkring 13 år gammel. Siden omkring hans 12 års fødselsdag var der ofte udbrudt brande i hans nærvær. Alarmerede naboer, eller "overtroiske" naboer, som de blev beskrevet i beretningen, havde drevet ham og hans mor fra deres hjem. Det blev sagt, at når han sov, flakkede flammerne over ham og sved hans pude.

I *New York Times* blev den 25. august 1929 offentliggjort en historie om uro på den vestindiske ø Antigua. Dette er en historie, der vender detaljerne om i forhold til nogle af de andre historier. Det er en beretning om en pige, hvis tøj brændte og efterlod hendes krop ubeskadiget. Denne pige, en negerinde ved navn Lily White, der bor i landsbyen Liberta, flammede op, mens hun gik på gaden. Men også derhjemme brød denne piges tøj ofte i brand. Hun blev afhængig af sine naboer for at skaffe tøj at tage på. Når hun lå i sengen, brændte sengetøjet omkring hende, tilsyneladende uden at skade hende, ifølge historien.

Tidligt i marts 1922 ankom en ekspedition, sammensat af

avisreportere og fotografer, ledet af dr. Walter Franklin Prince, til et øde hus, der var omgivet af snedriver, hvorfra de afsvedne rester af brændte møbler stak ud. Aviserne havde fortalt om, hvad der foregik i dette hus nær Antigonish, Nova Scotia, og havde understreget den omstændighed, at Alexander MacDonald og hans familie var blevet fordrevet fra deres hjem af "mystiske brande" "i vinterens mulm", uforklarlige lyde og kasten omkring med service. Fænomenerne havde samlet sig omkring Mary Ellen, MacDonalds adoptivdatter. Overbevist om, at huset var hjemsøgt, rykkede ekspeditionen ind og slog sig ned, alle forsynede med notesblokke og kameraer. For det meste, i tilfælde af poltergeister, ser jeg intet, der tyder på, at pigerne — nogle gange drengene — er medier eller bliver styret af ånder; fænomenerne synes at være okkulte kræfter hos de unge selv. I MacDonalds hus fandt efterforskerne intet, der tydede på tilstedeværelsen af ånder. Mary Ellen og hendes far, eller adoptivfar, blev opfordret til at vende tilbage til huset, men intet skete. Normalt, i tilfælde af poltergeistpiger, er fænomenerne ikke af lang varighed. Dr. Prince interviewede naboer og optog deres vidnesbyrd om, at snesevis af brande var brudt ud i denne piges nærværelse: men mere slående end noget vidnesbyrd fra vidner var synet uden for dette hus af de sorte møbelrester, der stak ud af snedriverne.

New York Sun, 2. februar 1932 — et telegram fra Bladenboro, North Carolina. "Brande, som tilsyneladende udspringer ingen steder fra, og som fortærer C. H. Williamsons husholdningsredskaber her, har sat dette samfund i en tilstand af ophidselse og fortsætter med at brænde. Lørdag brændte et rullegardin og et gardin i Williamsons hjem. Siden er der udbrudt ild i fem rum. Fem rullegardiner, sengeklæder, duge og andre effekter er pludselig brudt i brand for næsen af iagttagerne. Williamsons datter stod midt på gulvet uden ild i nærheden. Pludselig gik der ild hendes kjole. Det var for meget af det gode, og husholdningsartikler blev fjernet fra huset."

I *New York Sun*, 1. december 1882, er der en beretning om de okkulte kræfter hos A. W. Underwood, en neger på 24 år fra

101

Paw Paw, Michigan. Beretningen, gengivet fra *Michigan Medical News*, blev skrevet af dr. L. C. Woodman fra Paw Paw. Dr. Woodman erklærede, at han var overbevist om, at Underwoods fænomener var ægte. "Han vil tage enhvers lommetørklæde og holde det til munden, gnide det kraftigt, mens han ånder på det, og straks bryder det i flammer og brænder, indtil det er fortæret. Han vil rense og skylle sin mund grundigt og underkaste sig den mest strenge undersøgelse for at udelukke muligheden for enhver humbug, og derefter ved sin ånde, blæst på ethvert stykke papir eller klæde, indhylle det i flammer. Han vil, når han er ude på jagt, lægge sig på knæ efter at have samlet tørre blade, og ved at ånde på dem starte en ild."

I *New York Sun*, 9. juli 1927, er der en beretning om et besøg af vicepræsident Dawes i Memphis, Tennessee. I denne by boede en bilmekaniker, som også var tryllekunstner. "Han tog general Dawes' lommetørklæde og åndede på det, og det brød i brand."

Ud fra tilfældet med negeren, der blæste tørre blade i brand, aner jeg grundprincipperne for et generelt udtryk, som jeg forventer at udvikle senere. Fænomenerne ser for mig ud som en overlevelse af en magt, der kan have været almindelig på primitive menneskers tid. At blæse tørre blade i brand, ville engang have været et mirakel af højeste karat. Jeg spekulerer på, hvordan det kan være opstået. Der har højst sandsynligt aldrig været menneskelig intelligens, der var snedig nok til at forestille sig brugen af ild i tider, hvor brugen af ild ikke var en konventionel kundskab. Men hvis vi kan tænke på vores eksistens som en helhed — måske kun en af utallige eksistenser i kosmos — som en organisme i udvikling, kan vi tænke os en ildfremkaldende kraft, der automatisk dukker op hos nogle mennesker på et tidspunkt, hvor det er nødvendigt i udviklingen af menneskelige fænomener. Så ild-geniusser dukkede op. Med en genius mener jeg en, der ikke kan undgå at kende til ild, fordi han ikke kan lade være med at sætte ting i brand.

Jeg tænker på disse ild-agenter som de mest værdifulde medlemmer af et vildt samfund i primitive tider: sandsynligvis begyndende ydmygt, betragtet som særlinge; højst sandsynligt forfulgt til at begynde med, men i færd at blive etableret, og derefter så krævende for deres tjenester, at man lærte, hvordan man ved at gnide pinde mod hinanden, kunne undvære dem. Så fulgte deres fald fra indflydelse og deres hensygnen til deres nuværende sjældne forekomst — men bevarelsen af dem som lejlighedsvise naturforekomster, som en forsikring, fordi man ikke ved, hvornår vi alle vender tilbage til vildskaben igen, vender tilbage til en uvidenhed om, hvordan man starter ild — altså en genoplivning af ild-agenterne, og civilisationen, der starter op igen — kun for atter at blive vældtet af krige og griskhed, læger, advokater og andre kvaksalvere, korrupte dommere og feje juryer — igen på vej ned ad bakke, måske denne gang uden at standse af mangel på orme. Af og til bidrager jeg til den ikke særlig progressive videnskab biologi, og mens jeg forklarer atavistiske personer i samfund, kommer jeg nu med forslag til rudimentære organer og strukturer i menneskekroppe — at rudimentet måske ikke blot er et levn, men kan være en forsikring — at et menneskes rudimentære hale ikke blot er en funktionsløs rest, men er en forsikring mod tider, hvor vi kan vende tilbage til den lodne tilstand og har brug for midler til at logre vores følelser. Tænk på et kraftigt skridt bagud, og man forestiller sig udseendet, blot ved en accentuering af det eksisterende, af horder af varulve og varstinkdyr og varhyæner i New York Citys gader.

For det meste tyder vore data på, at mennesker lejlighedsvis besidder kraften til at påføre ild. Men det ser ud, som om det ikke var blot det, der i negerinden Lily Whites tilfælde startede brandene: det ser ud, som om disse brande var angreb på hende. Mænd og kvinder er fundet brændt til døde, og forklaringerne ved ligsynsforhørene har ikke været tilfredsstillende. Der er optegnelser om folk, der er blevet angrebet med vildskab af flammer. *Annual Register*, 1820-13 — at Elizabeth Barnes, en pige på 10 år, var blevet stillet for retten anklaget af John Wright, en linnedhandler fra Foley-place, Mary-le-bon, London, for gentagne gange og "med nogle usædvanlige midler" at have sat ild til Wrights mors tøj, hvorved hun var blevet forbrændt så alvorligt, at hun ikke forventedes at overleve. Pigen havde gået til hånde i Wrights husstand. Den 5. januar var der udbrudt en uforklarlig brand. Den 7. sad fru Wright og pigen ved ildstedet i køkkenet. Der siges intet i beretningen om forholdet mellem disse to. Fru Wright rejste sig fra sin stol og gik væk, da hun så, at hendes tøj brændte. Igen, den 12. januar, var hun sammen med pigen i køkkenet omkring otte meter fra ildstedet, hvor "en meget lille ild" brændte. Pludselig flammede hendes tøj op. Dagen efter hørte Wright skrig fra køkkenet, hvor hans mor var, og hvor pigen havde været. Han løb ind i rummet og fandt sin mor i flammer. Kun et øjeblik før havde pigen forladt køkkenet, og denne gang anklagede Wright hende. Men det var fru Wrights overbevisning, at pigen intet havde at gøre med hendes ulykker, og at "noget overnaturligt" havde angrebet hende. Hun sendte bud efter sin datter, som ankom for at passe på hende. Hun fortsatte med at tro, at pigen ikke kunne have haft noget med brandene at gøre, og gik til køkkenet, hvor pigen var, og igen "på en ukendt måde brød hun i brand". "Hun blev så frygteligt forbrændt, at hun blev lagt i seng." Da hun var kommet i seng, forlod hendes søn og datter værelset — og blev straks kaldt tilbage af hendes skrig og fandt hende omgivet af flammer. Så fik pigen besked på at forlade huset. Hun gik, og der var ikke flere brande. Dette virkede afgørende, og Wrights fik hende arresteret. Under retsmødet sagde dommeren, at han ikke var i tvivl om, at pigen var skyldig, men at han ikke kunne afsige dom, før fru Wright kunne komme sig, så hun kunne vidne.

I *Cosmos*, 3-6-242, er der en læges rapport om en sag. Det er en meddelelse fra dr. Bertholle til Societé Medico-Chirurgicale:

At politiet i Paris den 1. august 1869 havde sendt bud efter doktor Bertholle i sagen om en kvinde, som var blevet fundet brændt ihjel. Under det brændte lig var gulvet brændt, men der var intet, der antydede brandens oprindelse. Sengetøj, madrasser, gardiner, alle andre ting i værelset, viste ikke et spor af ild. Men dette legeme blev brændt, som om det havde været midt i en ovns hede flammer. Dr. Bertholles rapport var teknisk og detaljeret:

venstre arm helt fortæret; højre hånd brændt til aske; ingen spor tilbage af indre organer i thorax, og organer i maven uigenkendelige. Kvinden havde ikke gjort anskrig, og ingen anden lyd var blevet hørt af de andre beboere i huset. Det er lokalisering, eller specialisering, igen — en brændt krop i et næsten ubrændt rum.

Om natten den 23. december 1916 — se *New York Herald* den 27. og 28. december 1916 — blev Thomas W. Morphey, indehaver af Lake Denmark Hotel syv miles fra Dover, N. J., vækket af jamrende lyde. Han gik ned ad trapperne og fandt sin husholderske, Lillian Green, forbrændt og døende. På gulvet under hende var en lille, forkullet plet, men intet andet, bortset fra hendes tøj, der viste spor af ild. På hospitalet kunne kvinden tale, men det lader til, at hun ikke kunne forklare. Hun døde uden at forklare.

En af mine metoder, når jeg søger efter det, jeg kalder data, er at notere i overskrifter eller i kataloger eller indekser sådanne nøgleord eller nøglesætninger, som jeg kalder dem, som "mysterium løst" eller en sikkerhed for, at noget er blevet forklaret. Når jeg læser, at sund fornuft har sejret, og at en anden overtro er blevet anet i jorden, er det en stimulans for mig til at være på mærkerne —

Eller historien om den berusede kvinde fra Whitley Bay, nær Blyth, som fortalte, at hun havde fundet sin søster brændt ihjel på en ubrændt seng, og havde tilbagekaldt det. Efter at have læst, at dette mysterium var blevet tilfredsstillende forklaret, fik jeg fat i et eksemplar af *Blyth News*.

Historien i den lokale avis er stort set i overensstemmelse med historien i London-aviserne: ikke desto mindre er der grund til en tvivl, der får mig til at synes, det er umagen værd at genfortælle historien.

Beretningen handler om to pensionerede skolelærerinder, Margaret og Wilhelmina Dewar, som boede i byen Whitley Bay nær Blyth. Om aftenen den 22. marts 1908 løb Margaret Dewar ind i et nabohus og fortalte, at hun havde fundet sin søster brændt ihjel. Naboerne gik tilbage til huset med hende. På en seng, der ikke viste spor af ild, lå det forkullede lig af Wilhelmina Dewar. Det var Margarets udsagn, at sådan havde hun fundet liget, og sådan vidnede hun ved ligsynet. Og der var ingen tegn på brand i nogen anden del af huset.

Så denne kvinde vidnede. Ligsynsmanden sagde, at han ikke troede på hende. Han ringede til en politimand, som sagde, at kvinden på tidspunktet for fundet af liget var så beruset, at hun ikke kunne have vidst, hvad hun selv sagde. Politimanden blev ikke opfordret til at oplyse, hvordan han skelnede mellem tegn på ophidselse og rædsel og beruselse. Men der var ingen beskyldning om, at denne kvinde, mens hun stod i vidneskranken, var beruset, og her fortalte hun den samme historie. Ligsynsmanden opfordrede hende til at trække sit vidneudsagn tilbage. Hun sagde, at hun ikke kunne ændre sin historie.

En så absurd historie, som historien om en kvinde, der var brændt ihjel på en ubrændt seng, ville, hvis den blev lyttet til, eller hvis den fik lov til at blive fortalt, være at lukke ”sort magi” eller hekseri ind i engelsk retssal. Ligsynsmanden forsøgte vedholdende at få kvinden til at ændre noget. Hun blev ved med at nægte. Ligsynsmanden udsatte til sidst sagen til 1. april.

Den 1. april tilstod Margaret Dewar. Nogen grund til, at hun i første omgang fortæller en løgn, kan ikke findes. Men der var stærke grunde til, at hun fortalte, hvad man ønskede, hun skulle fortælle. Den lokale avis var imod hende. Sandsynligvis har retsmedicineren skræmt hende. Mest sandsynligt var, at alle hendes naboer var imod hende, og hun var bange for alle i en lille by omgivet af fjendtlige naboer. Da efterforskningen blev genoptaget, tilstod Margaret Dewar, at hun havde været unøjagtig, og at hun havde fundet sin søster brændt, men i live, i en lavere del af huset og havde hjulpet hende op på hendes værelse, hvor hun var død. I denne nye historie var der intet forsøg på at redegøre for branden; men ligsynsmanden var tilfreds. Der var ikke tegn på brand nogen steder i den nederste del af dette hus. Men det korrekte vidnesbyrd var blevet optegnet. Hvorfor Margaret Dewar skulle have fortalt historien, der blev betegnet som en løgn, blev der ikke spurgt ind til. Der er tusindvis af forhør, hvor vidnesbyrd er rigtige historier.

Madras Mail, 13. maj 1907 — en kvinde i landsbyen Manner nær Dinapore — flammer, der havde fortæret hendes krop, men ikke hendes tøj — at to konstabler havde fundet liget i et rum, hvor intet andet viste tegn på brand, og havde båret det ulmende lig i det ubrændte tøj til landsdommeren. *Toronto Globe*, 28. januar 1907 — telegram fra Pittsburgh, Pa. — at Albert Houck havde fundet liget af sin kone, "brændt til sprødhed", liggende på et bord — intet tegn på ild på bordet eller andre steder i huset. *New York Sun*, 24. januar 1930 — retsmedicinerens undersøgelse i Kingston, N. Y., vedrørende fru Stanley Lakes død. "Selvom hendes krop var alvorligt forbrændt, var hendes tøj ikke engang svedet."

Kapitel 14

Historien om de "gale flagermus på Trinidad" er, at opdageren af dem havde løst et mysterium med mange dødsfald blandt mennesker og kvæg. "Dr. Pawan, en videnskabsmand på Trinidad, havde opdaget, at infektionen var forårsaget af gale vampyrflagermus, ramt af rabies, som de overførte i en ny form for snigende hydrofobi."

Men eksistensen af hydrofobi er så tvivlsom, eller er så sjældent forekommende selv hos hunde, at historien om de "gale flagermus på Trinidad" mere ligner den sensationalisme i videnskaben, der er så påtrængende i dag, og sammenlignet med hvilken, jeg selv er kun lidt vild nu og da. Det er sandsynligt, at der ikke er redegjort for menneskers og kvægs død på Trinidad. Engang ville forklaringen have været "hekseri". Nu er det "rabiate vampyrer". Den gamle heks på sit kosteskaft er af ringere teatralsk interesse sammenlignet med den vanvittige blodsuger.

Kim-teorien om sygdom er sandsynligvis ligesom alle andre teorier, lige fra Mose og Newtons og Einsteins og Broder Volivas teorier og nedefter, eller måske opefter, eller måske på kryds og tværs, til min eller nogen andens. Mange tilfælde kan være korreleret under én forklaring, men der må være undtagelser. Ingen ren eller homogen sag af nogen art kan findes: så hver sag kan klassificeres forskelligt. Der har været mange tilfælde af lidelser og dødsfald blandt mennesker, som ikke er blevet tilfredsstillende forklaret i de medicinske termer, der lige nu er på mode, men de vil nok være gået i glemmebogen efter et stykke tid. I vore dage er man selvtilfreds med, hvad man tager for fremskridt, og tænker på gamle tiders læger, der udskrev tørrede tudser mod lidelser. Her er noget til glæde for fremtidig selvtilfredshed. Aviser af 14. januar 1932 — vigtig medicinsk opdagelse — tørrede grisemaver som en kur mod anæmi. Jeg har nu en teori om det, der kaldes evolution i modetermer — at der et eller andet sted, måske i det høje, er et Paris — hvor man engang dikterede moden hos biller og orme og dragten hos fugle og pattedyr; grotesk strakte halsen på giraffer, og så lige så urimeligt reagerede ved at fortryde med flodheste; gå videre til et mentalt felt af vekslende udskejelser og puritanisme, nogle gange pæne og smagfulde, men ofte komplicerede og rokokoagtige, med religioner, filosofier og videnskaber, der påtvinger denne jords modeslaver det nyeste inden for teorier. I *New York Sun,* den 17. januar 1930, fortalte dr. E. S. Godfrey fra staten New Yorks sundhedsministerium i et interview om mystiske dødsfald på et fartøj. I løbet af en periode på fire år var syvogtyve officerer og sømænd blevet ramt af det, der blev kaldt "tyfusfeber". Ved at tage sin videnskab fra søndagsaviser, som bragte helsidesartikler om "Tyfus-Mary", gik en videnskabelig detektiv med sit mikroskop ombord på dette fartøj og meddelte naturligvis snart, at han havde "opsporet" en af sømændene som en "tyfusbærer". Den slags efterforskning er blevet en moderniseret form for heksejagt. Der er i staten New York i dag forfølgelser, der i nogle tilfælde er lige så dødelige som fortidens hekseforfølgelser. "Der er 188 kvinder og 90 mænd registreret som tyfusbærere i staten New York." Hvorfor der skulle være dobbelt så mange kvinder som mænd, er tydeligt nok: bærer-finderne gik, med "Tyfus-Mary" i tankerne, sandsynligvis på udkig efter kvinder. Det kan være et spørgsmål om vanskeligheder, eller det kan være umuligt i tider med generel arbejdsløshed for nogen i købmands- eller mejeribranchen at skifte til et andet erhverv: men disse 278 "tyfusbærere", opsporet af medicinske Sherlock Holmes'er, der havde læst om "tyfusbærere", har forbud mod at arbejde i fødevarebranchen og skal rapportere til distriktets sundhedsofficerer én gang hver tredje måned. Men dette er for at beskytte os andre. Det plejede heksejægerne også at sige. Ridderskab kan ikke dø, så længe der er tyranni: enhver tyran har altid været optaget af at beskytte nogen eller noget. Det hører til vor tids velsignelser, at vi plages af så mange vederstyggeligheder, uhyrligheder og skadelige, mindre plager, at vi ikke kan koncentrere os om de bakterieforskrækkelser, som de medicinske "findere" ville sprede, hvis ikke det var for så meget konkurrence. De spredte med en vis succes deres papegøjeforskrækkelse i år 1929. Forladte papegøjer i deres bure blev fundet frosne ihjel i parker og døråbninger. Sandsynligvis nåede *psittakose*-forskrækkelsen fra 1929 ikke samme højder som hysteriet af tidligere forskrækkelser, fordi læg-alarmister blev hæmmet af deres manglende evne til at udtale navnet på den. Der må være noget i vejen med kimteorien om sygdom, ellers ville sygepleje- og lægefaget ikke være så overfyldt. Der må være noget i vejen med kimteorien om sygdom, hvis der er noget i vejen med enhver teori.

Jeg så nærmere på sagen om "Tyfus-Mary". Med en forudfattethed som hos alle, der ser nærmere på sager, gik jeg på udkig efter noget at tage hænge min hat på. Det var umuligt for mig at undlade at finde det, jeg ville betragte som et tilfælde af uretfærdighed, hvis vores er en eksistens af retfærdighed-uretfærdighed. Jeg fandt selvfølgelig ud af, at tilfældet med "Tyfus-Mary" som bakteriebærer ikke var så ligetil, som nutidens "findere" antager.

I år 1906 blev det bemærket, at der i flere hjem i New York City, hvor Mary havde været ansat som kok, havde været sygdomme, der sagdes at være tilfælde af tyfus. Sagen blev undersøgt, efter hvad der skulle være videnskabelig viden, i år 1906. Kimteorien om sygdomme var den dominerende idé. Der blev ikke skænket en tanke på forholdet mellem denne kvinde og hendes ofre. Havde der været skænderier, før der opstod sygdomme hos personer, der boede i samme hus med hende? Hvad var kvindens indstilling? Der er millioner af mænd og kvinder med lange arbejdsdage og ringe løn, som i deres sindstilstand kan være farligere end bakterier. Der er kokke med klager, såvel som kokke med bakterier. Men Marys onde hensigter blev ikke undersøgt. Det blev "fundet", at selvom hun var immun selv, var hun en spreder af tyfusbaciller. I tre år blev hun "tilbageholdt" på et hospital af de offentlige sundhedsmyndigheder i New York City.

Og hvad blev der så af Marys bakterier? Ifølge én undersøgelse havde hun dem. Ifølge en anden undersøgelse havde hun dem ikke. Efter tre år blev Mary undersøgt igen, og ifølge alle prøver havde hun dem ikke. Hun blev løsladt mod at love at melde sig jævnligt til sundhedsmyndighederne. Sandsynligvis på grund af levede indtryk af "tilbageholdelse" holdt Mary ikke sit løfte. Under forskellige alias'er fik hun arbejde som kok.

Omkring fem år senere blev femogtyve personer på Sloane Maternity Hospital, New York City, ramt af, hvad der sagdes at være tyfus. To af dem døde. Se *Outlook*, 109-803. Og det var Mary, som lavede maden på hospitalet. Sundhedsmyndighederne "tilbageholdt" hende igen af, som de sagde, "indlysende" grunde. Jeg kender masser af sager, der er indlysende på én måde, og lige så indlysende på en anden måde; uladsiggørlige ifølge nogle teoretikere, og positivt fastslået ifølge teoretikere af en modsat opfattelse.

Hun havde dem, når hun, for at understøtte én teori, burde have dem. Hun havde dem ikke, når hendes eget underhold som "tilbageholdt" var ved at blive for bekosteligt. Hun havde — hun havde ikke — men det ser i hvert fald ud til, at denne kvinde på en eller anden måde havde forbindelse til forekomsten af sygdomme, nogle gange dødelige.

Af alle kim-distributører var den mest berygtede dr. Arthur W. Waite, som i år 1916 var en hovedpine for lægevidenskaben. I sit bakteriologiske laboratorium havde han milliarder af tyfusbakterier. Waite planlagde at dræbe sin svigerfar, John E. Peck, 435 Riverside Drive, New York City. Han fodrede den gamle mand med difteritisbakterier, men uden resultat. Han fik Peck til at bruge en næsespray, hvori han havde plantet kolonier af tuberkulosebakterier. Ikke et host. Han fodrede den gamle mand med kviksølv for at svække hans modstandskraft. I desperation mistede han alt håb om en plads i annalerne om karakteristiske forbrydelser, og gik den normale vej og brugte arsenik. Den gammeldags metode var en succes. Man får det indtryk, at diæter og indånding af bakterier, om noget, kan være sundt.

Det er ikke sådan, at jeg angriber kimteorien om sygdomme som absolut nonsens. Jeg angriber ikke nogen teori som absolut nonsens, for jeg opfatter ingen teori som mere end delvist meningsløs. Jeg har en vis tolerance. Lad konventionalisterne have deres teori om, at bakterier forårsager sygdomme, og lad deres modstandere have deres teori om, at sygdomme forårsager bakterier, eller at syge tilstande tiltrækker bakterier; der er også plads til snesevis af andre teorier. Under overskriften "invalidisme" har jeg noteret 43 tilfælde af mennesker, der var syge, nogle gange midlertidigt og nogle gange døende, på tidspunktet for uhyggelige — omend ret almindelige — hændelser i deres hjem. Ingen konventionel teori passer til disse tilfælde. Men historierne, som jeg har samlet, er kun brudstykker.

En dag i juli 1890 i hr. Piddocks hjem i Haferroad, Clapham, London — se London *Echo*, 16. juli 1890 — var denne husstands datter døende. Salver af sten, af en oprindelse som ikke kunne findes, brød igennem udestuens glas. Det er sandsynligt, at ikke én læge i London i år 1890 — og heller ikke i år 1930 — hvis der er tale om en velrenommeret læge — ville indrømme nogen mulighed for relationen mellem en døende pige og sten, der knuste vinduer.

Men hvorfor skulle en læge i London i år 1890 eller et hvilket som helst andet år acceptere eksistensen af et forhold mellem et bombardement af et hus og en piges døende tilstand? Han ville være lige så berettiget til at forklare, at det kun var tilfældigheder, som tidlige palæontologer ville være til at forklare, når de stødte på knogler af en enorm krop og et stykke væk et relativt lille kranium — og forklarede, at kraniet kun ved et tilfælde befandt sig i nærheden af de andre knogler. De havde aldrig hørt om dinosaurer. Hvis de mange gange stødte på lignende kranier i forbindelse med andre tiksvarende knogler, ville nogle af dem i det mindste nægte længere at tro på blot en tilfældighed; men de mere akademiske, fornærmede over en ny tanke, ville fortsætte i deres tankespor og forkaste alle rapporterede tilfælde som skrøner, falsknerier, bedrageri, nonsens.

Den døende pige — byger af sten —

New York Sun, 22. og 30. december, 1883 — at der i et lukket rum i et hus i Jordan, N. Y., hvor en mand lå døende, faldt sten. I Alexander Urquharts hjem, Aberdeen, Skotland, var der en invalid dreng. Historier om, hvad der foregik i dette hus, blev fortalt i London-aviserne tidligt i januar 1920. Drengen blev simpelthen betegnet som "en invalid dreng", og lægerne var formodentlig ikke mystificerede over hans lidelse. Ingen havde mistanke om andet end et sammenfald mellem, hvad der måtte have været i vejen med ham, og fænomenerne, der var centreret omkring ham mens han lå i sin seng. Det var, som om han blev bombarderet med usynlige bomber. Eksplosive lyde, der rystede huset, opstod over hans seng, og ifølge rapporter fra politifolk blev sengen rystet voldsomt. Politifolk rapporterede, at genstande på drengens værelse bevægede sig —.

London *Daily News*, 10. januar 1920 — "Aberdeen-spøgelse manet i jorden — prosaisk forklaring på mærkelige lyde — blot et stykke træ, som vinden havde slået mod en side af huset."

Det overbeviste sandsynligvis London-læserne, der foretrak noget i stil med "mus-bag-panelet"-konklusionen på sådanne historier. Men *Glasgow Herald*, den 13., fortsatte med at fortælle om "dunkende lyde, der rystede huset og fik opvasken til at klirre".

Dataene springer ud fra begravelser. Liget af en pige — liget af en krage. En døende — og fjendtlige demonstrationer, der ikke kan forklares konventionelt. Men hvis der var sammenhængende omstændigheder, er de nu uopdagelige. Det siges, at der er en videnskab om sammenlignende anatomi, hvorved hele skelettet kan rekonstrueres, når man kender en enkelt knogle fra et dyr. Så sagt, dette er en af videnskabens store historier. "Faderen" til videnskaben om sammenlignende anatomi rekonstruerede aldrig andet end noget konventionelt. Palæontologerne har rekonstrueret bunker af skeletter, der er udstillet som beviser på evolution: men Cuvier rekonstruerede ikke blot aldrig noget nyt, men er nu berygtet som en grum forfølger af evolutionister. Der kan ikke være rekonstruktion, medmindre der er en model. Vi kan have en komparativ anatomi af vores fragmentariske omstændigheder, hvis vi kan tilpasse brikkerne til en situationsmodel. Og det kan være, at vi langsomt bygger den op. Naturligvis er alt, der smager af gammeldags, absolut videnskab, ingen drøm for mig.

Fra *Port of Spain* (Trinidad) *Mirror* og *Port of Spain Gazette* tager jeg en historie om fænomener, der begyndte 12. november 1905 i fru Lorelheis pensionat i Queen Street, Port of Spain. Huset blev overdænget med sten. En ondsindet nabo var mistænkt, men så, inde i huset, var der hændelser, som i det mindste fysisk ikke kunne tilskrives nogen. Genstande blev kastet rundt. Stole væltede, rejste sig og hvirvlede rundt. Ud af en kurv med kartofler fløj kartoflerne. Sten faldt fra usynlige oprindelsessteder i værelser. En læge blev citeret for at sige, at han havde set nogle af disse handlinger. Han havde været på besøg hos en pige, som her i huset var syg.

I *Religio-Philosophical Journal*, 15. juli 1882, citeret fra *New York Sun*, er der en pensionatshistorie. Fru William Swifts pensionat, Willoughby Street 52, Brooklyn — beboeren af den bageste stue var syg. Banken blev hørt. Flere gange dukkede et svævende, tåget legeme op af form som en fodbold. På den skrantende pensionær virkede effekten af dette objekt som et elektrisk stød.

I *Religio-Philosophical Journal*, 31. marts 1883, og *New York Times*, 12. marts 1883, er der beretninger om forhekselse af huset 33 Church Street, New Haven, Conn. Trampelyde — genstande, der flyver omkring. En kvinde i dette hus var syg. Mens hun tilberedte medicin i en kop, fløj skeen væk. Lyde som *Hey, diddle, diddle!* Så var det, som om en okkult fjende rettede et skud mod hende. En ufindelig kugle lavede hul i et glas.

I *Bristol* (England) *Mercury*, 12. oktober 1889, og i *Northern Daily Telegraph*, 8. oktober 1889, er der beretninger om høje lyde af ukendt oprindelse i et hus i landsbyen Hornington nær Salisbury. Her blev et barn, Lydia Hewlett på ni år, "ramt af en mystisk sygdom, lå i sengen, talte aldrig, bevægede sig aldrig, tilsyneladende på tærskelen til døden". Det blev sagt, at dette barn havde pådraget sig fjendskab fra en sigøjner, som hun havde overrasket i at stjæle grøntsager i en nabos have.

Et af tilfældene af "mystiske familiesygdomme" ledsaget af

poltergeistforstyrrelser, blev rapporteret af *Guernsey Star* den 5. marts 1903. I hjemmet til en beboer på øen Guernsey, hr. B. Collinette, var flere medlemmer af familien blevet sygemeldt. Tingene fløj omkring dem.

Tidligt på året 1893 — som fortalt i *New York World*, 17. og 19. februar 1896 — dukkede en ældre mand ved navn Mack op sammen med sin invalide hustru og sin datter Mary i byen Bellport, Long Island, N. Y., og indrettede i stueetagen i deres hus en lille slikbutik. Beretningen i *World* omhandler starten på forfølgelser af denne familie, som blev tilskrevet fjendtligheder fra andre næringsdrivende, som ikke kunne lide dem, "sandsynligvis på grund af deres foretagsomhed". Sten blev kastet mod huset "af gadedrenge". Flere drenge blev anholdt, men der var ingen beviser imod dem. På tidspunktet for et af bombardementerne var Mary på husets veranda. En stor hund dukkede op. Den løb imod hende, væltede hende omkuld og beskadigede hendes rygsøjle, så hun blev krøbling. Alle detaljer i denne historie drejer sig om forfølgelser fra naboer: i fortællingen er der ingen antydning af noget okkult. Uidentificerede personer kastede med sten.

Den skrækslagne pige krøb i seng. Sten dunkede på taget over hende og kastede hende ud i spasmer af skræk. I en af disse kramper døde hun. Der mangler i denne historie alt, der vedrører Macks oplevelser, før han ankom til Bellport. Hans datter blev invalid og døde af skræk. Han ankom med en invalid kone.

I sin biografi om biskoppen af Zanzibar (*Frank, biskop af Zanzibar*) — jeg tager fra en anmeldelse i London *Daily Express*, 27. oktober 1926 — har dr. H. Maynard Smith, provst af Gloucester, fortalt om poltergeistforfølgelser nær missionsstationen ved Weti. Jordklumper af uopdagelig oprindelse bombarderede et hus, hvori der boede en mand og hans kone. Der faldt klumper inde i huset. Biskoppen undersøgte sagen, og han blev ramt af en klump. Inde i huset så han en muddermasse dukke frem på et loft. Døren var åben, men dette punkt på loftet befandt sig på et sted, der ikke kunne rammes af nogen, der kastede noget udefra. Der var ikke noget åbent vindue.

Biskoppen kom i fuldt ornat næste morgen og uddrev højtideligt den formodede ånd. At disse historier indikerer eksistensen af ånder, er hvad jeg ikke tror. Men det lader til, at biskoppen gjorde indtryk. Mudderkastningen ophørte. Men så blev kvinden i dette hus syg.

Om natten den 9. august 1920, som fortalt i London *Daily Mail* den 19. august 1920, knuste en byge af små sten vinduerne i den øverste etage af Villa Wellington, Grove-road, South Woodford, London, beboet af hr. H. T. Gaskin, en amerikaner, opfinderen af Gaskin-redningsbåden. Der var mange byger af sten af uopdagelig oprindelse. Natten til den 13. tog politifolk opstilling i huset, på gaden, på tagene og i træerne. Husets øverste etage blev bombarderet med sten, men hvor de kom fra, kunne man ikke forstå. Den 14. om natten — en procession. Fyrre politifolk, nogle af dem lokale, og nogle af dem fra Scotland Yard, marcherede ned gennem Grove-road og steg op på tagene eller klatrede i træerne. Stensalver ankom, men de fyrre politifolk lærte ikke mere end det mindre antal af de foregående undersøgelser. Ikke desto mindre ser det ud til, at de gjorde indtryk. Fænomenerne ophørte.

Klapren af sten — og politifolk på tagene og politifolk i træerne og gaden spækket med nysgerrige — og dette er et sted med spænding — men det har intet miljø. Jeg kan ikke opfange spor af relationer mellem nogen i dette hus og nogen udenfor.

I et af værelserne lå en invalid. Hr. Gaskin led af, hvad der siges at være iskias. I et interview sagde han, at han ikke kunne redegøre for angrebet på ham eller på huset: at han, ham bekendt, ikke havde nogen fjender.

I nogle af disse tilfælde har jeg forsøgt at grave i det bare ingenting. Jeg har skovlet tomhed en masse. Jeg har skrevet til hr. og fru Gaskin, men har ikke fået svar. Jeg har kigget på indekset for London *Times* før og efter august 1920 i håb om at støde på en optegnelse om en retssag eller en anden fremkalder af fjendskab, som hr. Gaskin kunne have været involveret i, men er ikke stødt på noget.

Kapitel 15

Nu har jeg en teori om, at vores eksistens er en hermafrodit —
Eller dens uproduktivitet, i den forstand, at væsenerne og ha-
vene og husene og træerne og træernes frugter, dens "udødelige
sandheder" og "tidernes klipper", som den synes at frembringe,
kun er en flagren og flimren, der synes at være rigtige frembringel-
ser for os, fordi vi ser dem i meget langsom bevægelse.

Min fortolkning af teologi er, at selvom den er mytologisk me-
get forvirret, er den en bevidsthed om helheden af én eksistens —
måske en af utallige eksistenser i kosmos — og at dens forvræng-
ninger er baseret på intuitiv viden om den uproduktive tilstand
af denne ene eksistens som helhed — og derfor dens visioner om
en guddommelig sterilitet, som er illustreret med skikkelser af
blonde hermafroditter. Selvfølgelig er der iblandet legender om
mandlige engle, men sådanne historier er symboler på den in-
konsekvens, der eksisterer sideløbende med sammenhængen i alle
fænomener —

Eller at parthenogenese er det væsentlige princip i alle ting,
væsener, tanker, tilstande, fænomener.

Jeg ville blive betvivlet, hvis jeg ville sige om fuldbyrdelsen af
enhver menneskelig romance, at den er parthenogenetisk: men
menneskeheden, betragtet som en helhed, opretholdes af selvbe-
frugtning. Bortset fra lejlighedsvise, vage historier om berigelser
udefra, er der ingen optegnelser om tilskud givet til den men-
neskelige art fra gorillaer, hyæner eller svin. Elefanter befrugter
elefanter. Jeg kan ikke forestille mig nogen bizar, lille kærligheds-
historie, med et frugtbart resultat, om et næsehorns tiltræknings-
kraft på en kolibri. Selv om jeg har en ærværdig, lille historie —
beretning sendt til mig af hr. Ernest Doerfler, Bronx, N. Y. — om
en videnskabsmand fra det attende århundrede, hvis teori det var,
at menneskelige hunner kunne bestøves, og som eksperimente-
rede ved at udsætte en livlig hunkøn for påvirkningen fra østen-

117

vinden, og selvfølgelig havde succes med at etablere sin teori, har jeg intet andet belæg for menneskelige og vegetabilske foreninger: så denne rapporterede begivenhed må betragtes som et af de mirakler, som denne bog om ikke ualmindelige begivenheder tager afstand fra.

Det menneskelige intellekts parthenogenetiske triumfer er cirkulære dumheder. Matematikerne har i deres intuitioner om en helhedstilstand repræsenteret, hvad der for de fromme er guddommelighed, med cirklen som, for dem den "perfekte figur", symboliserer at komme ingen vegne.

Meget af argumentationen i denne bog vil afhænge af vores accept af, at intet i vores eksistens er virkeligt. Helheden kan være virkelighed. Ud fra sine fænomener kan den være ikke-fænomenalt producerende afkom-virkeligheder. Det er ikke vores nuværende emne. Men der melder sig spørgsmålet: hvis intet fænomenalt er virkeligt, er alt fænomenalt så virkelig uvirkeligt? Men hvis jeg accepterer, at intet er virkeligt i en fænomenal eksistens, kan jeg ikke acceptere, at noget deri er virkelig uvirkeligt. Så min accept, i overensstemmelse med vores generelle bindestregs-filosofi, er, at alle ting, der kan opfattes af os, er virkelige-uvirkelige, varierende fra retningen af den ene yderlighed til den anden, alt efter hvad der måtte være graden af deres udseende af individualitet. Hvis nogen har den forestilling, at han er et virkeligt væsen — og med virkelighed mener jeg individualitet, eller kald det entitet eller uafhængighed — så lad ham prøve at forklare, hvorfor han tror, han eksisterer i en virkelig forstand. Husk det mest berømte af de parthenogenetiske forsøg på at foretage denne påvisning:

Jeg tænker: derfor er jeg til.

Vi er nødt til at acceptere, at for at tænke, skal den tænkende eksistere forud for tanken.

Hvorfor tænker jeg?

Fordi jeg er til.

Hvorfor er jeg til?

Fordi jeg tænker.

De ædleste triumfer for det menneskelige intellekt er omtrent lige så sublime, som beskrivelsen af et hus ville være i forhold til dets tag, hvorimod beskrivelsen ville være lige så sublim, hvis den gjaldt kælderen eller badeværelset. Det er newtonisme — eller en beskrivelse af ting i form af et af deres aspekter eller tyngde. Det er darwinisme — en beskrivelse af alt liv i form af udvælgelse, et af dets aspekter. Tyngde er kun et andet navn for tiltrækning. Sir Isaac Newtons bidrag til den menneskelige videns herligheder er, at et æble falder, fordi det falder. Alle levende ting er udvalgt af omgivelserne, sagde Darwin. Derefter, ifølge ham, når han skiftede aspekter, er alle ting, der udgør livsmiljø, udvalgte. Darwinisme — at udvælgelse udvælger.

Materialisterne forklarer alle ting, undtagen det, de benægter eller ignorerer, i forhold til det materielle. Immaterialisterne, som de absolutte og de subjektive idealister, forklarer alle ting ud fra det immaterielle. Mit udtryk er i form af kontinuiteten af det materielle og det immaterielle — eller at det ene af disse yderpunkter kun er en accentuering på den ene side, og det andet kun en accentuering på den anden side af det materielle-immaterielles bindestregs-tilstand.

Jeg er et væsen, der tænker: derfor er jeg et væsen, der tænker. I denne cirkulære dumhed er der en simpel enhed, som anbefaler den til konventionelle elskere af det gode, det sande og det smukke.

Jeg tænker ikke. Jeg har aldrig haft en tanke. Derfor dit eller dat. Jeg tænker ikke, men tanker opstår i det, der siges at være "mit" sind — selvom de i stedet for at være "i" det *er* det — ligesom indbyggere ikke er i en by, men *er* byen. Der er en styrende tendens blandt disse tanker, ligesom der er blandt mennesker i ethvert samfund eller som der er i planeternes bevægelser eller i de arrangementer af celler, der udgør en plante eller et dyr. For så vidt angår enhver bevidsthed om "mit" har "jeg" ingen sjæl, intet selv, ingen entitet, selvom "jeg" undertiden, ved den form for harmonisering af "mine" bestanddele, nærmer sig en tilstand af forenet væren.

Når jeg ser — for nemheds skyld vil "jeg" sige jeg, selvom der

ikke er noget jeg, der er andet end en meget ufuldkomment ko-
ordineret sammenlægning af erfaringstilstande, som nogle gange
voldsomt modsætter sig hinanden, men for det meste opretholder
en slags civilisation — men, når jeg altså ser, at mine tanker er
styret af tendenser, såsom at harmonisere, organisere eller koor-
dinere: at de har en tendens til at integrere, adskille, kernedan-
ne, ækvilibrere — er jeg bevidst om rene mekaniske processer,
der ikke betyder mere i arrangementerne af mine ideer, end de
betyder i arrangementerne af mine knogler. Jeg ville ikke tænke
mere på at tilbyde mine ideer som udødelig sandhed, end jeg ville
tænke på at offentliggøre røntgenfotografier af mine knogler som
evige. Men den organiserende tendens, implicit i alle ting — sam-
men med den disorganiserende tendens, implicit i alle ting — har
beundringsværdigt udtrykt sig i det design, der er mit skelet. Det
tænker jeg mig. Jeg har ingen grund til at tro, at mit skelet på
nogen måde er ringere end andres skeletter. Jeg føler, at hvis jeg
kunne arrangere mine ideer med den kunst, der har arrangeret
mine knogler, ville jeg have den begrundelse, som alle forfattere
føler behov for, når de søger en undskyldning for at skrive bøger.

Men jeg tror ikke, at mekanisme er alt, hvad der er i vores
eksistens. Kun den gammeldags absolutist opfatter, eller siger, at
han opfatter, vores eksistens som udelukkende mekanisk. Der er
en individualitet i ting, der ikke betår af mekaniske relationer, for-
di individualitet er lig uafhængighed. Jeg opfatter vores eksistens
som positiv-negativ eller som mekanisk-immekanisk.

Men mine metoder er i vid udstrækning mekaniske metoder
af alle og af alt, der harmoniserer eller organiserer. En af disse
metoder er klassificering. Jeg er tvunget til at arrangere mine ma-
terialer under overskrifter — ligesom en vind arrangerer faldende
blade af forskellige størrelser i grupper — som en magnet foreta-
ger udvælgelser fra en bunke af forskellige ting. Så, når jeg ser, at
mine tanker er tvunget af konventionelle processer, kan jeg tænke
på mine tanker som intet andet end produkter af tvang. Jeg ville
ikke gøre disse slaver den ære at tro på dem. De påvirker mig kun
i den grad, at jeg midlertidigt accepterer af nogle af dem.

Blot som et tankeeksperiment, eller kun intellektuelt, har jeg foretaget en samling noter under klassifikationen "eksplosioner".

Nogle af hændelserne ser ud, som om eksplosive angreb er blevet foretaget på mennesker af en okkult orden; eller som om psykiske bomber er blevet kastet usynligt mod mennesker eller på deres ejendom.

I *New York Tribune*, 7. januar 1900, er der en beretning om poltergeistforstyrrelser i et hus i Hyde Park, Chicago. Ifølge den nu velkendte måde, som stole og borde gebærder sig på, hoppede disse ting til tider rundt eller flyttede sig med mere værdighed. Det var, som om der ind i dette hus sneg sig en usynlig, men forgæves lejemorder. Se tilbage til beretninger om synlige, men forgæves kugler. Gang på gang lød der en lyd som affyring af en revolver. Det blev bemærket, at denne affyring altid fandt sted "omtrent på højde med en mands skulder". I et hæfte, *A Disturbed House and its Relief*, fortæller Ada M. Sharpe om et tilsyneladende psykisk bombardement af hendes hjem i Tackley, Oxen, England. Begyndende den 24. april 1905 og fortsat tre år blev der til tider hørt detonationer som af eksploderende bomber i dette hus. Den 1. maj 1911 (*Lloyd's Weekly News*, 30. juli; *Wandsworth Borough News*, 21. juli) udbrød uforklarlige brande i hr. J. A. Harveys hus, 356 York-road, Wandsworth, London. Forud for en af disse brande var der tre eksplosioner af ukendt oprindelse. I januar 1892 (*Peterborough Advertiser*, 10. januar 1892) blev et hus i Peterborough, England, som beboedes af en familie ved navn Rimes, gentagne gange rystet, som om det blev bombet, og som om det blev bombet forgæves. Ingen kom til skade, og der skete ingen skader.

I *Religio-Philosophical Journal*, 25. december 1880 — kopieret fra *Owatonna* (Minn.) *Review* — er der en historie om måske en psykisk bombe, som blev smidt gennem væggen i et hus i Owatonna og trængte igennem muren uden at efterlade tegn på sin passage gennem materialet. Det var i et hus beboet af en familie ved navn Dimant. Der havde tidligere været mindre forfølgelser fra en ufangelig, såsom vedvarende ringen på døren. En aften befandt medlemmer af denne familie sig i et af stuerne, da noget eksploderede. Fru Dimant blev slået bevidstløs. Fragmenter af en cylindrisk glasgenstand blev fundet. Men intet vindue havde været åbent, og var ikke nogen anden måde, hvorpå denne genstand med kendte midler kunne være kommet ind i dette hus.

Jeg bemærker en overensstemmelse mellem forestillinger, der nu udvikler sig — forestillinger, der vil blive kaldt forskellige navne, hvoraf et ikke er "praktisk" — og eksperimenter fra opfindere, der forsøger at være meget praktiske. Det siges, at opfindere ved hjælp af "stråler" har været i stand til på afstand at udløse sprængstoffer. Hvis de på andre måder eller ved hjælp af mere subtile "stråler" kan få eksplosioner på afstand til at ske, kan det, de praktiske forsøger at gøre, opnås langt mere effektivt — hvis dataene i dette kapitel betyder, at der har været eksplosioner, der var produkter af midler eller kræfter, der i øjeblikket er mystiske.

Der er historier om klart lysende ting, såkaldte "kuglelyn", der er dukket op i huse og har bevæget sig rundt, før de eksploderer, som om de var styret af deres egen intelligens, eller som om de var styret af en fjern kontrol. Disse historier er lette at finde i bøger, der behandler lyn og lyns afvigelser. Jeg vælger en beretning fra et tidsskrift. Der synes ikke at være nogen forbindelse med lyn. I *The English Mechanic,* 90-140, fortæller oberst G. T. Plunket om en oplevelse i juli 1909 i sit hjem i Wimbledon, London. Han og hans kone sad i en af deres stuer, da hans kone fik øje på en lysende ting, der bevægede sig hen mod dem. Den bevægede sig hen til en stol, på hvis ryg den syntes at hvile et øjeblik. Den eksploderede. Oberst Plunket så ikke selv denne ting, men han hørte eksplosionen. Med hensyn til lyn-forklaringen skriver han, at det var en klar aften.

London Daily Mail, 23. juli 1925 — "Eksplosionsgåde — mysteriet om en drengs sår." "Ramt af en mystisk eksplosion, som fandt sted i hans mors hus ved Riverhall-street, South Lambeth, S. W., i går morges, blev Charley Orchard, 5 år, bragt til hospitalet i kritisk tilstand. Han var såret i ansigtet og brystet, og nogle af hans fingre var blæst væk.

Hans mor havde lige kaldt ham til morgenmad, da eksplosionen indtraf.

Naboer, der hørte meldingen om eksplosionen, troede, at der var tale om et brandudbrud og tilkaldte brandvæsenet. En hel dags søgning formåede ikke at finde årsagen til eksplosionen."

London-aviserne, 26. september 1910, fortalte om en enorm, uforklarlig eksplosion i et hus i Willesden, London. Jeg citerer fra den lokale avis, *Willesden Chronicle*, 30. september — "en brand af en meget mystisk karakter … absolut ingen årsag kan tilskrives udbruddet, som blev efterfulgt af en forfærdelig eksplosion, der fuldstændigt ødelagde værelserne". Men på ingen måde er det gjort klart, at der først var en brand, og at eksplosionen fulgte. En politimand, der stod på et hjørne i nærheden, så dette hus, Walm-lane 71, Willesden, flamme op og briste i stykker. "Vinduer og døre på bagsiden af huset blev blæst 60 fod bort." "Ved undersøgelse af lokalerne viste det sig, at de to gasmålere under trappen var blevet lukket, så det var tydeligt, at eksplosionen ikke var forårsaget af gas. Repræsentanter for redningskorpset og indenrigsministeriet undersøgte sagen, men kunne ikke konkludere andet end, at kemikalier eller benzin kunne være eksploderet."

Beboerne i dette hus, ved navn Reece, var borte fra byen i weekenden. Hr. Reece blev kontaktet, og han udtalte, at der ikke i huset var noget, der kunne være eksploderet.

Willesden Chronicle, 7. oktober — "Mysteriet er opklaret. En forkullet sofa i stuen og andre beviser afslører årsagen til udbruddet." Inden han forlod huset lørdag morgen (24. september), havde hr. Reece, mens han røg en pibe, lænet sig ind over denne sofa, og gløder fra hans pibe var faldet på den. I 36 timer havde en sådan opstået brand ulmet, før den brød i flammer. Der var to almindelige petroleumslamper i rummet. I branden skal de være eksploderet samtidigt.

Forfatteren af denne forklaring plukkede resterne af en sofa ud af en bunke forkullede møbler. Han lænede Reece hen over sofaen, for det ville få hans forklaring til at fungere, som den skulle.

Reece kom ikke med en sådan udtalelse, og han blev ikke spurgt. Eksplosionen af to lamper kunne gøre megen skade, men denne eksplosion var enorm. Huset blev ødelagt. De vægge, der blev stående, var i en sådan væltende tilstand, at resterne blev revet ned. De takkede mure i dette ødelagte hus er flere af vores udslag af mangel på noget konkret. Vi visualiserer dem i et miljø af tomhed. Et eller andet sted kan der have været en heks eller en troldmand.

Den 13. juni 1885 sad en beboer i Pondicherry, Madras, Indien, i et lukket rum, da en tåge dukkede op i nærheden af ham. Samtidig skete der en voldsom eksplosion. Denne mand, M. André, sendte en beretning til det franske akademi. Jeg tager fra en rapport i *L'Astronomie*, 1886-310. M. André forsøgte at forklare sagen i konventionelle vendinger, idet han nævnte, at vejret på det tidspunkt var blæsende, og at der en time senere faldt en kraftig regn.

I en endnu fjernere fortid ville tågen være blevet fortalt som den delvist materialiserede form af en fjende, der havde udtrykt sine onde hensigter eksplosivt. I tider, stadig et sted ude i fremtiden, kan dette virke som den mest sandsynlige forklaring.

Eller tågen var noget i retning af den delvist synlige rygende lunte fra en usynlig bombe, der var blevet kastet af en fjern heks eller troldmand. Og det forekommer mig ikke at være meget mere af et vidunder, end det ville være, om nogen formåede at sprænge en mængde dynamit oppe i luften, skønt på afstand, og uden forbindende ledninger.

I *New York Herald Tribune*, 29. november 1931, er der en beretning om, hvad Kurt Schimkus fra Berlin gjorde da han var ankommet til Chicago for at demonstrere sin evne til på afstand at udløse sprængstoffer ved hjælp af, hvad han kaldte sine "anti-krigsstråler". Ifølge rapporter fra Tyskland havde Schimkus på samme måde detoneret ubådsminer og lagre af nedgravede patroner. Hr. Schimkus vil have succes og berømmelse, tror jeg: han ved, at intet stort og ædelt og til gavn for menneskeheden nogensinde er blevet udrettet uden meget smørelse. Han meddelte, at nedslagtning var fjernt fra hans visioner: at han var en agent for fred på jorden og af god vilje mod mennesker, fordi han ved at detonere en fjendes ammunition med sine "anti-krigsstråler" ville umuliggøre krig. Selv spekulerer jeg i al uskyldighed i den mulige brug af "psykiske bomber" til at sprænge træstubbe i luften for at skabe nye græsgange.

I *New York Herald Tribune*, 25. marts 1931, er der en historie om en eksplosion, der kan være blevet sat i gang af "stråler", som på nuværende tidspunkt ikke er forstået. Det er historien om eksplosionen, der ødelagde sælfangerskibet *Viking*, ud for Horse Island nord for New Brunswick. Det minder mig om kvinden, som på hotellet i New York frygtede brand. Dette skib var på en opgave med at optage film. Varrick Frissell, filmproducer, ombord på dette fartøj, kom i tanker om krudttønderne ombord, og han blev nervøs. Han begyndte at lave et advarselsskilt, der skulle hænge på døren til krudtkammeret. Lige i det øjeblik sprang skibet i luften.

New York Herald Tribune, 13. december 1931 — en beretning om katastrofer for en mands to hustruer — ikke data om hans forhold eller tidligere forhold til nogen anden. I år 1924 ramte sygdom konen til W. A. Baker, en oliemand, som boede i Pasadena, Californien. Det blev sagt, at hendes lidelse var kræft. Hun blev fundet hængt i sit hjem. Det blev sagt, at modløshed havde drevet hende til selvmord. I år 1926 giftede Baker sig igen. Om natten den 12. december 1931 skete der en eksplosion et sted under sengen til den anden fru Baker eller i værelset. Sengen blev slynget op mod loftet, og fru Baker dræbt. Det var en voldsom eksplosion, men ingen andre i huset kom til skade.

Bombeeksperter undersøgte stedet. De konkluderede, at der ikke var blevet brugt noget kendt sprængstof. De sagde, at der ikke var sluppet gas ud. "Eksplosionens fulde kraft syntes koncentreret næsten lige under fru Bakers værelse."

I årene 1921-22 og tidligt på året 1923 var der i England og andre lande eksplosioner af kul, som aldrig havde fundet sted før. Der var en voldsom eksplosion i en rist i et hus i Guildford, nær London, som dræbte en kvinde og væltede husets vægge (London *Daily News*, 16. sept. 1921). Der var andre eksplosioner af kul i løbet af dette år, men i 1922 blev opmærksomheden tiltrukket af særlig mange tilfælde.

I denne periode var der stor utilfredshed blandt britiske kulminearbejdere. Der var en mistanke om, at minearbejdere blandede dynamit i kul. Men uanset om vi tror, at minearbejderne havde noget at gøre med disse eksplosioner eller ej, blev mistankerne mod dem i England modsagt af den omstændighed, at der ikke blev rapporteret om fund af dynamit i kul, og at der ikke var nogen eksplosioner af kul under forsendelser.

Der kom rapporter fra Frankrig. Så eksploderede ovne, hvori der blev brændt britisk kul, i luften i Frankrig, Belgien og Schweiz. Klimaks kom omkring den første januar 1923, da der på én dag var flere af disse eksplosioner i Paris og eksplosioner i tre byer i England.

Omkring den første januar 1921 købte hr. T. S. Frost fra 8 Ferristone-road, Hornsey, London, et læs kul. I hans hjem var tre børn, Gordon, Bertie og Muriel. Jeg tager data fra London-aviserne, men især fra de lokale aviser, *Hornsey Journal* og *North Middlesex Chronicle*. I ristene i dette hus eksploderede kul. Også kul i spande eksploderede. En politimand blev tilkaldt. Hans rapport om kul, der ikke blot eksploderede, men hoppede ud af riste og slentrede langs gulve, var så bemærkelsesværdig, at en politiinspektør efterforskede. Ifølge en avis udtalte denne inspektør, at han havde samlet et stykke kul op, som var brækket i tre dele og derefter var forsvundet ud af hans hænder. Det blev sagt, at brændende kul sprang fra riste og faldt i byger i andre rum efter at have passeret gennem vægge uden at efterlade tegn på denne passage. Strygejern, kulspande og andre genstande "dansede". Ornamenter blev løsnet, men faldt til gulvet uden at knække. En gryde på et stativ svingede, selvom ingen var i nærheden af den. Fænomenerne opstod især i nærværelse af den ene af drengene, og nogle gange i nærværelse af den anden.

Aldrig har nogen poltergeistsag været bedre undersøgt. Jeg kender ikke nogen efterforsker, der har benægtet fænomenerne. Et af vidnerne var pastor A. L. Gardiner, præst i St. Gabriel's,

Wood Green, London. "Der kan ikke være tvivl om fænomenerne. Jeg har selv set dem." Et andet vidne var dr. Herbert Lemerle fra Hornsey. Dr. Lemerle fortalte om et ur, der på mystisk vis forsvandt. Den 8. maj blev der holdt et offentligt møde i Hornsey for at diskutere fænomenerne.

I aviserne var der en tendens til at forklare det hele som fortræd, voldt af børnene i denne husstand.

Pigen, Muriel, der var rædselsslagen over det, der skete, døde den 1. april. Drengen, Gordon, der var skræmt til et nervøst sammenbrud, blev bragt til hospitalet i Lewisham.

Kullet var i alle disse tilfælde kul fra britiske kulminer. De aviser, der fortalte om disse eksplosioner, fortalte om de britiske kulminearbejderes bitterhed og hævngerrighed, rasende over hårdt arbejde og lave lønninger, ualmindeligt i selv deres barske miljø

—

Eller se tilbage —

Der er et råb af hævnlyst i Hyde Park, London — langt borte, i Gloucestershire, bryder et gammelt palæ i flammer.

Kapitel 16

Men hvorfor dette evige forsøg på at løse noget? — når det nu er vores accept, at der i fænomenale anliggender i sidste ende ikke er noget — eller at der kun er tilstanden nogenting-ingenting — således at alle problemer kun er løselige-uløselige — eller at de fleste af de samfundsmæssige problemer, vi har i dag, på et tidspunkt blev opfattet som løsninger på tidligere problemer — eller at enhver Moses fører sit folk ud af Ægypten til måske et pokkers endnu værre syn — forjættede lande med vandet mælk og stærkt forfalsket honning — så hvorfor disse evige forsøg på at løse noget?

Men at foretage kirurgiske indgreb på vagterne i Sing Sing-fængslet og tabet af retskaffenhed grundet blondegardiner og den forsvindende mand fra Berlin; "Tyfus-Mary" og en kinesisk hårklipper og eksplosioner af kul og lig på bænke i en park —.

Robert Brownings idé var at tage tre lyde og lave, ikke en fjerde, men en stjerne.

Ud af syv farver, ikke for at lægge klatter på, men for at male et billede.

Ud af syv millioner amerikanere, russere, tyskere, irere, italienere og videre så længe geografien rækker, ikke for at ophobe en befolkning, men for at organisere dem — mere eller mindre — i New York City.

Svovl og lava på en gold slette, og en salt klippe, formet så den mindede om en kvinde — tegn på erosion af klipper langt over havets overflade — et meteor, der havde sat en busk i brand — forskellige folkeslags sprog — og alle de andre elementer, der organiserede sig i *Første Mosebog*.

Data om variationer og arvelighed og tilpasninger; om multiplikationer og om kontroller og om Malthus-læren; om erhvervede karakterer og om mutationer — og de organiserede sig i *Arternes Oprindelse* —.

Ligesom engang mineraler, der havde affinitet til hinanden, kom sammen og antog geometriske former. Men en krystal formodes ikke at være et argument hverken for eller imod et forbud. Jeg kender en krystal af kvarts, der vejer flere hundrede pund. Men den er ikke blevet forvekslet med propaganda —.

Eller alle teorier — teologiske, videnskabelige, filosofiske — og at de repræsenterer den samme organiserende proces — men at selvbevidste teoretikere, i stedet for at erkende, at tankeformer dukkede op i deres sind, ligesom krystallinske konstruktioner er optrådt i bredere tilværelse, har troet, at det var udødelig sandhed de undfangede.

Ilt og svovl og kulstof —.

Eller Emma Piggott og Ambrose Small og Rose Smith —.

Eller lad os bare have en lille, mindre udtryksmåde eller organisation, en lille sammensætning, der arrangerer data fra poltergeistpiger. Elementerne i denne syntese er objekter i bevægelse, brande, piger i fremmede omgivelser, ungdom og ungdommens atavisme.

Tilfældet Jennie Bramwell — hun var adoperet. Den Antigoniske pige var adoptivdatter. Se Dagg-sagen — adoptivdatter. "Adoption" kan være et bekvemt skalkeskjul for at få små piger til at arbejde for lidt mere end ingenting. Det er ikke så underligt, at så mange poltergeistpiger har været køkkenpiger eller "adoptivdøtre", og at så mange af dem ikke har været i deres eget hjem; fortabte og hjælpeløse unge; under hårde arbejdsgivere, i fremmede omgivelser —.

Eller de første usikre og spredte tilsynekomster af mennesker på denne jord — og et behov for dem, og en opfostring, en pleje, en beskyttelse, langt anderledes end forholdene i disse myldrende tider, hvor behovet er for at skille sig af med —.

Et fortabt pigebarn i urskoven — og værdien af hende, som ingen genier, konger eller deres konkurrenter har i dag —

At genstande bevægede sig i hendes nærvær — træers frugter, der kom ned fra træerne og anbragte sig ved hendes side — buskenes bæven, der kastede bær til hende — derefter nat og kulde

— bundter af kviste, der dansede omkring hende — hobede sig sammen — flammernes knitren for at varme hende —.

Eller at, den dag i dag, groteske krumspring af stole, sofaers hurlumhej og flammers tilsyneladende skødesløshed er rester af samarbejder, der engang bevægede selv træerne, da et barn gik vild i en skov.

De gamle matematikere havde denne æstetiske påskønnelse af deres tanker: de lavede sætninger og beregninger "for elegancens skyld", og havde kun hån til overs for deres nytte. Men stort set alt, hvad de producerede "for elegancens skyld", blev sat i gang af astronomer, navigatører, landmålere. Jeg samler kompositorisk det, jeg kalder data: men jeg er meget deprimeret, måske fordi jeg frygter, at de har mening uden for sig selv eller kan være nyttige.

Der er på denne jord i dag i det mindste én kunstner. Professor Albert Einstein sammensatte til det, han kaldte én organisk helhed, en sådan mangfoldighed af elementer som elektromagnetiske bølger og uregelmæssigheder i planeten Merkurs bevægelser; faldet af en sten fra et tog til en dæmning, hyperrummets geometri og accelererede koordinatsystemer og Lorentz-transformationer og stjernernes forskydninger under formørkelser —

Og udnyttelsen af alting af noget, eller mere eller mindre fjernt, af alt andet — astronomernes behov for einsteinisme, fordi det var så opmuntrende uforståeligt, mens skoledrenge begyndte at pille newtonismen i stykker — og i år 1918 blev det kundgjort — at den nyttige Einstein havde forudsagt forskydninger af stjerner, ifølge hans teori, og at hans forudsigelser var blevet bekræftet.

Med henblik på fornyet bekræftelse — eller måske i uskyld for at forsøge at bekræfte noget, eller i det mindste ikke bevidst at observere, hvad der var ønsket — blev en ekspedition udsendt af Lick Observatory for at rapportere om forskydningen af stjerner under solformørkelsen i oktober 1922. Astronomerne på denne ekspedition var enige om, at forskydninger af stjerner bekræftede profeten Einstein. Man sagde, at Einstein var nyttig, og i Californien sang skolebørn, klædt i hvidt, for ham beslægtede uforståeligheder. I New York holdt beredne politifolk med besvær folk tilbage fra ham, ligesom han, for at lave sit tankesystem, havde slået mange astronomiske data til ufølsomhed. Han havde taget uregelmæssigheder hos planeten Merkur ind i sit tankesystem, men havde udeladt uregelmæssigheder hos planeten Venus. Mennesker tog ham med i deres ferieplaner, men undlod at spørge, hvad det hele handlede om.

Den 12. juni 1931 rapporterede professor Erwin Freundlicher til fysikersammenslutningen i Berlin, at stjernerne ifølge hans observationer under formørkelsen den 9. maj 1929 ikke blev forskudt, som de ifølge Einstein burde blive — eller at einsteinismen, uden for sig selv, er meningsløs.

Der var ingen begejstring over denne tragedie eller komedie, fordi denne jords intellektuelle for det meste kun lægger mærke til noget, når de bliver bedt om at lægge mærke til det; og for ortodoksien virkede det klogest, at denne jords tænkere ikke skulle tænke over dette. Professor Freundlicher forklarede astronomerne fra Lick-ekspeditionen, ligesom jeg forklarer alle astronomer. Han gav sin mening om, at de havde bekræftet Einstein, fordi "de havde udeladt observationer, der ikke passede med de resultater, de ønskede at opnå". Hvis der er mange flere af sådanne overensstemmelser med mig, må jeg til at gå på jagt efter nye kætterier. For en beretning om professor Freundlichers rapport, se *New York Herald Tribune*, 14. juni 1931.

Uden for sig selv har ensteinisme ingen mening.

Som en værdiløs ting — som en ikke-relateret ting er dens tilstand den, som kunstnere har drømt om i deres søgen efter det absolutte — drømmen om "kunst for kunstens skyld".

Indtil 6. december 1931 tænkte jeg på professor Einsteins teorier som næsten alenestående, eller som repræsentant for næsten sublim værdiløshed. Men *New York Times*, 6. december 1931 — videnskabsmænd fra University of California, der eksperimenterede med en blanding af fosfor i svinefoder, udviklede lysende grise. "Hvad de vil være godt for, er endnu ikke blevet meddelt."

Jeg drømmer ikke om at være en forskudt stjerne af værdi for nogen. Jeg protesterer over, at mit eneste motiv med denne bogs elementer er kompositorisk — men har en mistanke om, at jeg protesterer for meget.

Der har været en samling af forslag — at der er mere subtile "stråler" end noget, der er kendt inden for radioaktivitet, og at de kan udvikles til noget nyttigt. Ascot Cup og Dublin-juvelerne — og hvis de blev skiftet bort med et transportmiddel, der nu ikke er almindeligt kendt, kan en fælles viden udvikles til enorm fordel i kommercielle og rekreative og udforskende transportformer.

I den periode, hvor jeg skrev denne bog, forsøgte californiske videnskabsmænd at få grise til at lyse om natten. En anden videnskabsmand, som endnu ikke kunne meddele meget nyttigt, fodrede blåbær med skummetmælk. For alt, hvad jeg ved, kan en af os revolutionere et eller andet.

Kapitel 17

London *Daily Chronicle*, 30. marts 1922 — "Det er utroligt, men man har ikke hørt noget om Holding." I tre uger havde en eftersøgning været i gang — cyklister, politi, bønder, folk fra landsbyer. Klokken halv elleve, morgenen den 7. marts 1922, havde luftkatajn B. Holding begivet sig ud fra en flyveplads nær Chester, England, på det, som han havde til hensigt skulle være en kort flyvetur i Wales. Omkring klokken elleve blev han set nær Llangollen, Wales, vende om og være på vej tilbage mod Chester. Holding forsvandt langt fra havet, og han forsvandt over et tæt befolket land. Et af mine jobs var at gennemse seks London-aviser for årene 1919-1926, og det er usandsynligt, at man senere fik noget at vide om, hvad der blev af Holding, uden at jeg vidste det. Jeg har ikke data at spekulere på i Holding-mysteriet: men nu har jeg en historie om to mænd, hvis spor på land stoppede lige så brat som Holdings spor på himlen: og denne gang bemærker jeg en yderligere omstændighed. Historien om disse mænd er lagt i hadefulde omgivelser af intens orientalsk fanatisme.

Den 24. juli 1924, på et tidspunkt med arabisk fjendtlighed, blev flyverløjtnant W. T. Day og pilotofficer D. R. Stewart sendt fra det britiske hovedkvarter på en almindelig rekognoscering over en ørken i Mesopotamien. Efter tidsplanen skulle de ikke være fraværende mere end nogle få timer. Jeg tager denne beretning fra London *Sunday Express*, 21. og 28. september, 1924.

Mændene vendte ikke tilbage, og de blev eftersøgt. Flyet blev hurtigt fundet i ørkenen. Hvorfor det skulle være landet, var et problem. "Der var en del benzin tilbage i tanken. Der var ikke noget galt med styretøjet. Den blev faktisk *fløjet* tilbage til flyvepladsen." Men mændene var væk. "Så vidt det kan fastslås, mødte de ingen meteorologiske forhold, der kunne have tvunget dem til at lande." Der var ingen mærker, der tydede på, at flyet var blevet

133

beskudt. Der kan være en metode, som på nuværende tidspunkt udelukkende er kendt af nogle få, til at plukke et ud af himlen. Ifølge resten af denne historie kan der være en sådan metode at plukke mænd ud af en ørken på. I sandet omkring flyet sås Days og Stewarts fodspor. "De blev sporet side om side til omkring fyrre yards fra maskinen. Så, lige så pludseligt som hvis de var kommet til kanten af en klippe, ophørte sporene."

Landingen af flyet var uforklarlig. Men ved at acceptere dette som et mindre mysterium, var den foreslåede forklaring på den bratte afslutning på fodsporene, at Day og Stewart var blevet fanget af fjendtlige beduiner, som havde fejet alle spor væk i sandet, startende ved punktet fyrre yards fra flyet. Men fjendtlige beduiner kunne ikke tænkes at blive ved med at feje i det uendelige, og der blev søgt efter en genoptagelse af spor.

Flyvemaskiner, pansrede biler og beredent politi ledte og søgte. Dusører blev udlovet. Stammepatruljer ledte uophørligt i fire dage. Ingen steder ud over det punkt, hvor sporene i sandet sluttede brat, blev der fundet andre spor. Den seneste beretning, som jeg har registreret, stammer fra London *Sunday News*, 15. marts 1925 — mysteriet om de forsvundne britiske flyvere stadig uopklaret.

London *Evening News*, 28. september 1923 — "Sekondløjtnant Morand, mens han var på skydetræning i Gadaux, Frankrig — selv skydende mod et mål på jorden, mens en sergent styrede maskinen — faldt pludselig bagover og råbte til piloten om at lande, da han var blevet såret. Det blev konstateret, at han havde et alvorligt sår i skulderen, og han blev bragt til Bordeaux med hospitalsfly." Det blev sagt, at han var blevet skudt. "Men der er ikke fundet noget spor af, hvor skuddet skulle være kommet fra."

Jeg bemærker især denne sag, fordi den foregik på et tidspunkt med andre "uheld" med franske flyvere. De andre "ulykker" var anderledes, idet de ikke fandt sted i Frankrig, og der var ikke tale om skyderier. Jeg kender intet tilfælde, som jeg i alle detaljer kan matche med Days og Stewarts forsvinden: men der er optegnelser om, at flyvere, der fløj over et land, hvor synet af dem rettede had mod dem, uforklarligt blev plukket ud af himlen.

I denne sommer 1923 fortalte franske flyvere om uforklarlige uheld og nødlandinger, mens de fløj over tysk territorium. Tilfældene var så hyppige, at der opstod en tro på, at tyskerne med "hemmelige stråler" øvede sig på franske flyvemaskiner. Ud fra et generelt indtryk af en eksistens af rationalitet-irrationalitet kan vi forestille os, at tyskerne øvede noget på franske flyvemaskiner, som de i særdeleshed forsøgte at holde hemmeligt for Frankrig — hvis de havde sådanne beføjelser. Men jeg tror, at de ikke havde — eller at de officielt ikke havde. Der kan have været en skjult eksperimentator, ukendt for de tyske myndigheder.

En artikel om dette emne blev offentliggjort i London *Daily Mail*, 1. september 1923. "To teorier er blevet fremsat. Den ene er, at flyets magnetiske system kan blive påvirket af en koncentration af trådløse stråler; og en anden er, at en ny stråle, som vil smelte visse metaller, er blevet opdaget. I den forbindelse er det bemærkelsesværdigt, at de fleste nødlandinger af de franske flyvemaskiner, når de flyver fra Strasbourg til Prag, har fundet sted i nærheden af en tysk flyveplads nær Furth." Det blev sagt, at der i nogen tid på den tyske trådløse station i Nauen havde været eksperimenter med retningsbestemte trådløse transmissioner med det formål at udsende stråler, koncentreret langs et bestemt spor, ligesom stråler rettet fra en projektør. Myndighederne i Nauen nægtede, at de havde kendskab til noget, der kunne have påvirket de franske flyvemaskiner på de måder, der blev rapporteret eller formodet. Biler kan stoppes ved trådløs kontrol, hvis de er forsynet med specielle magneter, ellers ikke. Sir Oliver Lodge blev citeret af *Daily Mail* for at sige, at han ikke kendte til nogen stråler, der kunne stoppe en motor, medmindre den var specielt indrettet til det. Professor A. M. Lows mening var, at en dag kan fjerne motorer blive stoppet — "Jeg føler mig overbevist om, at sådan noget vil være muligt om 50 eller 60 år." Professor Low sagde, at han kendte til laboratorieforsøg, hvor der over en afstand på to fod var blevet transmitteret stråler med tilstrækkelig styrke til at smelte en lille trådspiral. Men med hensyn til de rapporterede "ulykker" i Tyskland sagde professor Low: "Der er stor forskel på at overføre en sådan kraft over en afstand på én fod eller to, og en afstand på ét eller to tusinde yards."

I *Daily Mail*, 5. april 1924, var der en beretning om usynlige stråler, som var blevet opdaget af hr. H. Grindell-Mathews, kraftige nok under laboratorieforhold til at stoppe motoren på en motorcykel i en afstand af halvtreds fod.

Selvfølgelig rangerer regeringers ærefulde løgne højt blandt dyderne. Om det er dydigt sagt eller nøjagtigt rapporteret, ved jeg ikke: men det siges eller rapporteres, at den britiske regering i år 1929 brugte 500.000 dollars på at undersøge påståede "dødsstråler" på lang afstand, og ikke udviklede noget, der var effektivt. Det siges eller rapporteres, at den italienske flåde gav en opfinder mulighed for at demonstrere, hvad han kunne gøre med "dødsstråler", men at hans demonstrationer ikke førte til noget. Vi har ingen data til at tro, at nogen regering i år 1929 var i besiddelse af en hemmelighed om "dødsstråler" på lang afstand. De tvungne landinger af franske fly i sommeren 1923 forbliver uforklarede.

Der kan være kraftige stråler, som ikke er elektromagnetiske. Franske fly kan være blevet bragt til jorden af en magt, der ikke kaldes "fysisk" — selvom jeg ikke kender nogen reel afgrænsning mellem, hvad der kaldes fysisk, og hvad der kaldes mentalt. Se tilbage til rækken af "mystiske angreb" i England i april og maj 1927. Tre gange opførte biler sig uforklarligt, som om de blev påvirket af en ukendt indflydelse.

Vores data er om "ulykker", der ikke er blevet tilfredsstillende forklaret. Der har været hændelser, der lignede effekter, som opfindere med mekaniske midler stræber efter for at opnå militær effektivitet. Og disse eksperimentatorer er praktiske personer. Det kan være, at vi er på sporet af en mere subtil slagtemetode. Det ser ud, som om en ensom indehaver af en hemmelighed, en sådan, som kaldes "okkult", opererede hensynsløst eller i ondsindet magtudøvelse på biler i England i månederne april og maj 1927. Han var en forbryder. Men jeg er en praktisk tænker og en nyttig borger på sporet af megen effektivitet, som vil være til rådighed for Guds næste valg af mennesker — hvilket jeg tror, vi må være, at dømme efter de lidelser, der kommer over os i denne skrivende stund — en magt, som af denne store nation kun ville blive brugt retfærdigt, hvis nogen nogensinde kunne skelne mellem retfærdighed og udbytning og tyranni. Et af de engagerende paradokser i vores eksistens — som fratager matematikken mening — er, at en forbrydelse gentaget en million gange er patriotisme. Jeg er ude af stand til at forestille mig, at en magt til at plukke fly ud af himlen ville være så forfærdelig, at den stopper krig, for der opstår den forestilling, at modoperationer ville plukke plukkerne. Hvis vi kunne få nye vederstyggeligheder, så umiskendeligt afskyelige, at de tyssede de igangsættere, som planlægger mord for at stoppe slagteriet — men det er kun drømmeri her i vores bindestregs-eksistens, som er symbolet på hykleri.

New York Times, 25. oktober 1930 — at omkring fyrre biler var blevet standset i en time på vejen i Sachsen mellem Risa og Wurzen.

Omkring fyrre chauffører var nok ikke stemmeløse i denne sag; og hvis den tyske regering eksperimenterede med "hemmelige stråler", var det noget mere af dens offentlige hemmelighedsfuldhed. I *Times*, den 27. oktober, blev matematikeren og den tidligere franske premierminister Paul Painlevé citeret — "Intet eksperiment hidtil ville tillade os at skænke tiltro til en sådan rapport eller give nogen udsigt til at se det opnået i den nærmeste fremtid."

Den 26. maj 1925 — se *London Daily Mail*, den 28. maj 1925 — i Andover, Hampshire, England, blev en korporal fra RAF, der foretog et øvelsesspring i faldskærm, dræbt ved et fald på 1900 fod fra et fly. Der er ikke grundlag for at tro, at der var noget ved denne hændelse, der stemmer overens med andre hændelser, der fortælles om i dette kapitel. Men der er en forbindelse. På næsten samme tid som ulykken, og på samme sted, var flyversergent Frank Lowry og flyverofficer John Kenneth Smith, pilot, i et fly og lavede trådløse tests. De havde været i luften omkring femten minutter, da Smith, efter at have kaldt på sin kammerat uden at få svar, så sig omkring og så røg komme fra bageste cockpit, og så Lowry i en tilstand af kollaps. Lowry var død. "Flyverløjtnant Cyril Norman Ellen sagde, at der ikke var noget i maskinen, der kunne dræbe en mand, og at Lowry må være kommet i kontakt med en elektrisk strøm i luften. Der er ikke rapporteret om lignende tilfælde."

I *Daily Mail*, 14. oktober 1921, fortæller en forfatter (T. Gifford) om en scene med "ulykker" på et punkt på en vej i Dartmoor. Denne historie er ligesom beretningen om rækken af "ulykker" med biler i England i april og maj 1927, bortset fra at "uheldene" var strengt lokaliserede.

Historien fortalt af Gifford er, at en dag i juni 1921 råbte en læge, der kørte på motorcykel med sine to børn i en sidevogn, pludselig på dette tidspunkt på Dartmoor-vejen til børnene om at springe af. Maskinen svingede rundt, og lægen blev dræbt. Flere uger senere på dette sted svingede en bus pludselig rundt og flere passagerer blev kastet ud. Den 26. august 1924 blev en kaptajn M. — som jeg undskylder for — det er ikke ofte, at en hr. X. eller en kaptajn M. optræder i disse optegnelser — på dette sted på vejen kastet af sin motorcykel. Interviewet af Gifford fortalte han undvigende, at noget, der blev beskrevet af ham som "usynlige hænder", havde grebet hans hænder og tvunget maskinen bort fra kørebanen.

Flere detaljer blev offentliggjort i *Daily Mail* den 17. oktober samme år. Skuepladsen for "ulykkerne" var på vejen nær Dartmoor-landsbyen Post Bridge. I første omgang var offeret doktor E. H. Helby, læge i Princetown-fængslet.

I *Light*, 26. august 1922, bemærkede en korrespondent en ny "ulykke" på dette sted. Detaljer om denne fjerde "ulykke" blev fortalt i London *Sunday Express*, 12. september 1926. Offeret kom kørende på sin motorcykel. "Han blev pludseligt og voldsomt flået af sit køretøj og huskede ikke mere, før han kom til bevidsthed i en hytte, hvortil han var blevet båret efter et kollaps." Den tilskadekomne mand kunne ikke forklare.

Kapitel 18

Jeg registrerer, at der engang kom en byge af jomfruer ned fra himlen.

Selvfølgelig var de ikke rigtige jomfruer. Jeg kan ikke acceptere virkeligheden af noget i en så ubestemmelig tilværelse som vores. Se *English Mechanic*, 87-436 — en byge af store hagl i Remiremont, Frankrig, den 26. maj 1907. På nogle af disse genstande var der bestemt trykt gengivelser af Eremitternes Jomfru.

Det plejede at være mode simpelt og bryskt at benægte en sådan historie og kalde den et præstepåfund: men tendensen hos vantro i dag er ikke at være så frie og monotone med deres beskyldninger og at tro, at det var højst sandsynligt, at usædvanlige hagl faldt i Remiremont, og at fromme indbyggere på grund af uregelmæssigheder eller misfarvninger forestillede sig, at de fremstillede billeder. Jeg tror selv, at aftrykkene på disse hagl var af fantasifuld oprindelse, men i samme forstand som illustrationer i en bog er, og ikke blot var noget indbyggerne i Remiremont forestillede sig, ligesom nogle illustrationerne i nogle bøger kun er pletter, der er så fantasifuldt fortolket af læserne, at de tages for billeder.

Historien om haglene i Remiremont er unik i mine optegnelser. Og en erklæring fra mig har været, at vores data er af de ikke ekstremt ualmindelige. Men tidligt i denne bog påpegede jeg, at to afvigende farver kan bringes i harmoni ved hjælp af andre farver; og der er ingen data, som jeg kan tænke mig, der ikke kan koordineres mere eller mindre godt, hvis de behandles varsomt; eller som ikke kan bringes i overensstemmelse med det almindelige, hvis det er ønskeligt.

Jeg er jesuit. Jeg skifter aspekter fra hagl med billeder på til billeder på hagl — og fortsætter med historier om billeder på andre usandsynlige materialer.

Ifølge beretninger — kopieret fra aviser — i *Spiritual Magazi-*

139

ne, n.s., 7-360, og i *Religio-Philosophical Journal*, 29. marts 1873, var der mere ståhej i Baden-Baden den 12. marts 1872 end i Remiremont. Om morgenen denne dag så folk billeder, der på en eller anden uforklarlig måde var blevet trykt på ruder i huse, uden at beboerne vidste, hvordan de var kommet. Først var fremstillingerne kors, men så dukkede andre figurer op. Myndighederne i Baden beordrede, at ruderne skulle pudses, men billederne var uudslettelige. Der blev brugt syrer uden virkning. To dage senere dukkede kors og kranier op på vinduesglas i Rastadt.

Epidemien brød ud ved Boulley fem mil fra Metz. Her var myndighederne alarmerede på grund af følelsen, stadig intens, fra den fransk-preussiske krig. Kors og andre religiøse emblemer dukkede op på vinduesruder — billeder af mange slags — kranier, ørne, regnbuer. En afdeling preussiske soldater blev sendt til et hus for at knuse en rude, hvorpå der var afbildet en flok franske zouaver og deres flag. Det blev sagt, at om natten var billederne usynlige. Men soldaterne forpassede ikke muligheden: de smadrede en masse ruder alligevel. Næste morgen så det ud som om, der havde været kamp. Midt i ødelæggelsen viftede zouaverne stadig med deres flag.

Denne historie, vil jeg sige, blev så en standardiseret avisskrøne. Jeg har en samling historier om billeder, der dukkede op på vinduesglas, og som flittigt blev kolporteret i amerikanske aviser efter marts 1872, og som først forsvandt omkring år 1890.

Men det kan ikke siges, at alle historier fortalt i USA om dette fænomen, eller påståede fænomen, var ekkoer af de rapporterede europæiske hændelser, fordi historier, selvom de ikke optrådte i samme overflod som de efterfølgende, var blevet fortalt i USA før marts 1872. *New York Herald*, 20. august 1870 — en gengivelse af en kvindes ansigt, der viste sig på en vinduesrude i et hus i Lawrence, Mass. Husets beboer var så plaget af skarer af nysgerrige, at han, da det ikke lykkedes at vaske billedet af, fjernede hele vinduesrammen. *Human Nature*, juni 1871 — kopieret fra *Chicago Times* — hus i Milano, Ohio, beboet af to lejere ved navn Horner og Ashley. På ruderne viste sig pletter som af vand blandet med tjære eller råolie — ligheder af menneskeansigter, der tog form på disse steder. *New York Times*, 18. januar 1871 — at der i Sandusky og Cincinnati, Ohio, var dukket billeder af kvinder op på ruder.

Alligevel kunne man tro, at der var én oprindelse til alle historierne, og at det var den ånde-fotografi-kontrovers, som i begyndelsen af attenhundredehalvfjerdserne var genstand for intense overbevisninger og vantro i både Europa og Amerika. En pointe, der ikke er blevet taget op i denne kontrovers, som fortsætter den dag i dag, selv efter den skæbnesvangre udbredelse af kundskaben om dobbelteksponering, er, om den menneskelige fantasi kan påvirke en fotografisk plade. Jeg hælder til tanken om, at næsten alle ånde-fotografier har været bedrageri, men at nogle få måske ikke har været det — at ingen ånder var til stede, men at et ganske harmløst medie lejlighedsvist eller meget sjældent i en dyb tro på ånder, ud af visualiseringer har fremkaldt noget spøgelsesagtigt, der er blevet optaget af et kamera. Imod forklaringen om, at historier om billeder på vinduesruder sandsynligvis havde oprindelse i åndefotografi-dillen, nævner jeg, at lignende historier blev fortalt århundreder, før fotografiet blev opfundet. Se en beretning om gengivelser af kors, der dukkede op, ikke på vinduesglas, men på folks tøj, som fortalt af Joseph Grünpech i hans bog *Speculum Naturalis Coelestis*, udgivet i år 1508, se *Notes and Queries*, 2. april 1892.

"Efter at dekan Vaughan var død, dukkede der pludselig op på en mur i Llandaff-katedralen en stor fugtplet eller små svampe, der dannede et livagtigt omrids af dekanens ansigt" (*Notes and Queries*, feb. 8, 1902).

Gennem hele denne bog er mine synspunkter, eller forudfattetheder eller bigotterier, imod åndelige fortolkninger eller påstande om eksistensen af ånder som uafhængige langt fjernet fra menneskekroppe. Men jeg tænker på mentaliteters midlertidige adskillelse fra legemer, og det er meget som en accept af ånders eksistens. Min forestilling er, at dekan Vaughan drog derhen, hvor ethvert isbjerg går, når det smelter, eller hvor enhver flamme går hen, når den slukkes: at intense visualiseringer af ham af et medlem af hans menighed billedligt kan have markeret sig på kirkens mur.

Ifølge rapporter i *London Daily Express* den 17. og 30. juli og i *Sunday Express* den 12. august 1923 kunne enhver, der er tilbøjelig til at mene således, tro, at der i England i sommeren 1923 var en omrejsende kunstnerisk magiker, der udøvede sine talenter. Nogen eller noget påtrykte måske billeder på vægge og søjler i kirker. Den første rapport var, at der på væggen i Christ Church, Oxford, var opdukket et portræt af den berømte for længst afdøde Oxford-præst Dean Liddell. Andre rapporter kom fra Bath, Bristol og Uphill, Somerset. I Bath — i det gamle kloster i Bath — var billedet af en soldat, der bar en pakke. Klostermyndighederne skrabede dette billede af, men portrættet i Oxford blev ikke rørt.

Der er en beskrivelse i *T. P.'s and Cassell's Weekly* (London), 11. september 1926, af portrættet på væggen i Christ Church, Oxford, som set tre år senere. Det beskrives som "et trofast og umiskendeligt billede af afdøde Dean Liddell, der døde i år 1898". "Man behøver ikke at mobilisere nogen særlig fantasi for at rekonstruere hovedet. Det er anbragt perfekt lige på væggen, som om det var tegnet af en mesterlig kunstner. Alligevel er det ikke ætset; det er heller ikke skitseret, ikke skulpteret, men det er der tydeligt for alle øjne at se."

Og det begynder at se ud, som om vi, efter at have startet temmelig excentrisk med en historie om jomfruer, er på vej bort fra det mirakuløse. Accepter nu, at der er et ganske almindeligt hekseri, hvorved billeder under navnet *telepati* kan overføres fra et sind til et andet, og der er en reduktion af det absurde i historier om fremstillinger på haglsten, vinduesglas og andre materialer. Vi forestiller os, at mennesker kan have lært en forlængelse af den telepatiske proces for at overføre billeder til forskellige materialer. For så vidt angår mine egne erfaringer, ved jeg ikke om telepati eksisterer. Jeg tror det ifølge mange notater, jeg har gjort om omstrejfende indtryk, der kommer og går, når mit sind er optaget af noget andet. Jeg har ofte eksperimenteret. Når jeg er tilbøjelig til at tro, at der er tale om telepati, er eksperimenterne overbevisende i den retning. Når jeg tænker over de samme eksperimenter og er skeptisk over for dem, indikerer de, at der ikke er noget om det.

New York Sun, 16. januar 1929 — hundredevis af personer, stående eller knælende om natten foran døren til St. Anns romersk-katolske kirke i Keansburg, N. J. De så, eller troede de så, på den mørke egetræsdør skikkelsen af en kvinde i slæbende, hvide klæder, der udsendte et glødende skær. Kirkens præst, pastor Thomas A. Kearney, blev interviewet. "Jeg tror ikke på, at det er et mirakel eller har noget med det overnaturlige at gøre. Som jeg ser det, er det utvivlsomt omridset af en menneskeskikkelse, hvidklædt og udstrålende lys. Det er lidt som et meget svagt filmnegativ, der er undereksponeret, og hvor menneskelige konturer og detaljer er ekstremt tynde. Alligevel ser det ud til at være der."

Eller billeder på hagl — og sår, der dukkede op på menneskers kroppe. I navnet af det evige *hvis*, som håner alvoren i enhver sætning i enhver lærebog, og ikke er så fjernt fra hvert af mine data, kan vi tro, at der med fantasifulde midler, som i øjeblikket ikke er forstået, dukkede sår op på mennesker i Japan og Tyskland og på et hjørne ud for Coventry Street, London, hvis vi kan acceptere, at der på en eller anden måde nogensinde er dukket billeder op på haglsten, ruder og andre steder. Og vi kan tro, at der er dukket billeder op på hagl, ruder og andre steder, hvis vi kan tro, at der er dukket sår op på mennesker i Japan og andre steder. *Ave* regnormen!

Det er min metode ikke at forsøge at løse problemer — så vidt problemernes løselighed-uløselighed tillader det — i hvilke som helst snævre tankespecialer, jeg finder dem forekommende: men hvis jeg f.eks. støder på et mysterium, som spiritisterne har taget over, at have øje for data, der kan have betydning fra kemiske, zoologiske, meteorologiske, sociologiske eller entomologiske kilder — naturligvis ikke i stand til at fejle, fordi analogien til noget elektrisk eller planetarisk kan findes i biologiske, etiske eller politiske fænomener. Vi skal rejse langt, selv til ufødte spædbørn, for at gøre haglsten plausible.

Jeg har så mange kætterier — sammen med mine næsten utrolige godtroenheder — eller pseudo-godtroenheder, i betragtning af, at jeg har befriet mit sind for overbevisninger — at jeg for det meste ikke kan spore mine utroskaber eller oplysninger tilbage til deres kilder. Men jeg kan huske, da jeg første gang kom i tvivl om konventionel videnskabs nægtelse af eksistensen af prænatale tegn. Jeg læste dr. Weismanns bog om dette emne, og hans argumenter mod muligheden af prænatale mærker overbeviste mig om, at de er ganske mulige. Og denne konvertering kostede mig noget. Før jeg læste dr. Weismann, havde jeg følt mig overlegen i forhold til jævne mennesker, eller "manden på gaden", som filosoffer kalder ham, hvis overbevisning er, at gravide kvinder, hvis de er bange, sætter mærker på deres afkom med repræsentationer af rotter, edderkopper eller hvad som helst; eller som, hvis de har en længsel efter jordbær, frugtfuldt illustrerer deres afkom, hvilket på et tidspunkt var et ynder emne for melodramaer. Jeg ved ikke noget om rotterne og jordbærrene, men dr. Weismann fortalte om et tilfælde med en kvinde med en bemærkelsesværdig og karakteristisk misdannelse af et øre, og om hendes tilsvarende markerede afkom. Hans argument var, at tusindvis af kvinder er vansiret på forskellige måder, og at tusindvis af afkom er vansirede, og at det ikke er mærkeligt, at vansiringen af et afkom i et tilfælde skulle svare til en forælders vansiring. Men så argumenterede han om andre bemærkelsesværdige sager og efterlod mig i en sindstilstand, der ofte har gentaget sig: og det er med den tanke, at megen mental udvikling består i at stige ned til den jævne mand igen.

Hvis der kan være prænatale markeringer af kroppe, og som jeg fortolker dr. Weismanns benægtelser, kan der være, og hvis de er af mental oprindelse, er mit sind åbent for ideen om, at andre — og endnu mere dystre historier om mærkelige markeringer — kan forklares på samme måde. Hvis en konventionel læge er hånlig og hører om et menneskeligt spædbarn, prænatalt mærket, vil jeg gerne høre hans mening om en historie, som jeg tager fra *London Daily Express*, 14. maj 1921. Killing født i Nice, Frankrig — hvid mave tydeligt markeret med de grå tal: *1921* — kattemoderen havde sandsynligvis kigget intenst på noget såsom en kalender fra det år. "Eller læst en avis?" vil den omtalte læge hånligt spørge og påpege at, hvis jeg tror, der er talende hunde, er det kun en lille "udvidelse", som jeg ville kalde det, at tænke på uddannede katte, der holder sig orienteret om aktuelle begivenheder.

London *Sunday News*, 3. august 1926 — "Dorothy Parrot, 4-årigt barn af R. S. Parrot fra Winget Mill, Georgia, var mærket af en rød plet på sin krop. Ud fra dette sted dannedes tre bogstaver, *R. I. C.* Læger kan ikke forklare det."

London Daily Express, 17. november 1913 — fænomener hos en pige på 12 år fra landsbyen Bussus-Bus-Suel nær Abbeville, Frankrig. Hvis der blev stillet spørgsmål, dukkede svarene op med bogstaver på hendes arme, ben og skuldre. Også på hendes krop dukkede billeder op, såsom af en stige, en hund, en hest.

I september 1926 blev en rumænsk pige, Eleonore Zegun, bragt til London til observation af National Laboratory for Psychical Research. Grevinde Wassilko-Serecki, som havde bragt pigen til London, sagde i et interview (London *Evening Standard*, 1. oktober 1926), at hun havde set ordet *Dracu* dannes på pigens arm. Dette ord er det rumænske ord for Djævelen.

Eller *Håndskriften på Væggen* — og hvorfor går jeg ikke ærligt ud til fordel for alle, eller i hvert fald et pænt antal af, Bibelens skrøner eller data? *Forsvareren af Noget af Troen* kunne klart være min titel.

I de senere år har jeg bemærket meget, der har indgivet mig tanken om, at religionister har overtaget mange fænomener som udelukkende deres egne — har farvet og miskrediteret dem med deres følelsesfarvede forklaringer — men at nogle af disse begivenheder en dag vil blive reddet fra teologiske fortolkninger og udnyttelser, og vil blive emner for —

Nye oplysninger og nye dogmer, nye fremskridt, vrangforestillinger, friheder og tyrannier.

Jeg er tilbøjelig til at acceptere mange historier om mirakler, men jeg tror, at disse mirakler også ville have fundet sted, hvis denne jord udelukkende havde været befolket af ateister.

For mig er Bibelen folklore og derfor ikke ren fantasi, men

rummer meget, der vil blive rehabiliteret. Men for mig er Bibelen også ikke-eksisterende. Dette er den i den forstand, at jeg undtagen i mine tidligere skrifter har sat en deadline for data til år 1800. Jeg kan i sjældne tilfælde dykke længere tilbage, men mine notater starter i år 1800. Jeg bør nok hæve denne grænse til 1850, eller måske 1900. Jeg tager som et princip, at vores interesse ikke drejer som mirakler. Den drejer sig om gentagelser, eller nogle gange om det næsten almindelige. Det er ikke ønskeligt at gå tilbage til oldtiden efter data, for hvis ikke fænomener dukker op nu, er de kun af historisk interesse. På nuværende tidspunkt er der for meget historie.

Håndskrifter på vægge — jeg har flere beretninger: men hvis nogen skulle være interesseret nok til selv at slå dette fænomen efter, vil han finde en ganske acceptabel optegnelse i tilfældet med Esther Cox fra Amherst, Nova Scotia. Denne sag var meget berømt, og om den kunne man sige, at den var velundersøgt, hvis det kan formodes, at der nogensinde har været et tilfælde af noget, der er blevet mere end set på eller mere end møjsommeligt og grundigt undersøgt blot for at bekræfte en eller andens teori.

Hvis jeg skulle fortælle om en kvinde, som ved mentale billeder ikke blot mærkede sit ufødte spædbarns krop, men forvandlede sig til udseendet af en tiger eller en lygtepæl eller blev en var-tiger eller en var-lygtepæl — eller om en magiker, som, begyndende med at afbilde skovscener på vinduesglas, havde lært at forvandle sig selv til en var-hjort eller et var-træ — ville jeg fortælle om en form for trolddom, der plejede at være temmelig almindeligt forekommende.

Jeg har et eksemplar. Det er et bladinsekt fra Ceylon. Det er et var-blad. Bladinsektets lighed med et blad er for slående detaljeret til at levne nogen forklaring om utilsigtet lighed.

Der er sommerfugle, som med sammenslåede vinger ligner tørre blade så meget, at de på få fods afstand ikke kan skelnes fra tørre blade. Der er bladlus, der ligner torne; vandrende pinde, askebiller, edderkopper, der ligner blomsterknopper. I alle tilfælde er der tale meget realistiske portrætteringer som den forfatter, der

146

beskrev portrættet af Dean Liddell på kirkemuren, ville kalde en mesterkunstners håndværk.

Der har været så mange tilfælde af dette mirakel, at jeg nu har en teori om, at mennesker i sig selv aldrig udviklede sig fra lavere dyr: men at der i tidlige og plastiske tider dukkede et menneske op fra et andet sted på denne jord, og at mange slags dyr tog ham til model og groft og grotesk efterlignede hans udseende, så at i dag, selvom gorillaerne i Congo og Chicago kun er karikaturer, nogle af os andre er ganske gangbare efterligninger af mennesker.

Den konventionelle forklaring på bladinsektet er for eksempel, at en art af insekter engang lignede træblade, og at de individer, der mest nærmede sig dette udseende, havde den bedste chance for at overleve, og at i efterfølgende generationer endnu bedre tilnærmelser var stadig bedre beskyttet mod deres narrede fjender.

En intelligens fra et andet sted, som ikke er velkendt med mennesker — eller hvad vi nu måtte være — men med kendskab til billedgallerierne på denne jord, kunne i darwinistiske termer på lige så logisk vis forklare oprindelsen af disse billeder — at lærreder, der blev klattet på uden formål, dukkede op; og at de klatter, der tydeligere repræsenterede noget genkendeligt, blev beskyttet, og at endnu nærmere tilnærmelser havde endnu bedre chancer, således at der til sidst fremstod yderst realistiske billeder, selvom malerne havde været uden formål og bevidsthed om, hvad de foretog sig.

Hvilket står i kontrast til enhvers erfaring med malere, som ikke kun er bevidste om, hvad de laver, men som sandsynligvis vil gøre alle andre bevidste om, hvad de er så bevidste om.

Der er ikke blot tale om, at kunstneres hænder har malet billeder på lærred: der er tale om, at kunstnere på lærred har realiseret deres forestillinger. Men også uden kunstneres hænder er der dukket slående realistiske billeder og udsøgte former op. Det kan være, at vi for kors på vinduesruder, emblemer på hagl, ansigter på kirkevægge, prænatale markeringer, stigmata, telepatiske overførsler af billeder og bladinsekter kun bør forestille os ét udtryk.

For den gejstlige, der fortalte historien om Remiremonts hagl, var den vigtigste omstændighed, at byrådet få dage før hændelsen havde forbudt et religiøst optog, og at der på tidspunktet for haglenes fald, var megen religiøs spænding i Remiremont.

English Mechanic, 87-436 — historie fortalt af Abbé Gueniot fra Remiremont:

At abbéen om eftermiddagen den 26. maj 1907 var i sit bibliotek, vidende om en haglstorm, men uden at tænke på den, da en kvinde fra hans husstand kaldte på ham for at se de ekstraordinære hagl, der faldt. Hun fortalte ham, at billeder af "Vor Frue af Skattene" var trykt på dem.

"For at tilfredsstille hende kiggede jeg skødesløst på haglstenene, som hun holdt i hånden. Men da jeg ikke ville se noget, og desuden ikke kunne gøre det uden mine briller, vendte jeg mig om for at vende tilbage til min bog. Hun opfordrede mig: "Jeg beder dig om at tage brillerne på." Det gjorde jeg, og jeg så meget tydeligt på haglenes overflade, som var svagt buede på midten mens kanterne var let ujævne, busten af en kvinde med en kappe, der var slået op forneden, som en præstekåbe. Jeg burde måske beskrive det mere præcist ved at sige, at det var som Eremitternes Jomfru. Billedernes omrids var lidt hult, som om de var formet med en stift, men var meget dristigt tegnet. Frøken André bad mig lægge mærke til visse detaljer i dragten, men jeg nægtede at se på det længere. Jeg skammede mig over min godtroenhed og følte mig sikker på, at den hellige jomfru næppe ville bekymre sig om øjeblikkelige fotografier på hagl. Jeg sagde: "Men kan du ikke se, at disse hagl er faldet på grøntsager og har fået disse udtryk? Tag dem væk: de er ikke gode for mig." Jeg vendte tilbage til min bog uden at tænke nærmere over, hvad der var sket. Men mit sind blev forstyrret af den enestående form af disse hagl. Jeg tog tre op for at veje dem uden at se nærmere efter. De vejede mellem seks og syv pund. Et af dem var perfekt rundt, som de bolde børn leger med, og havde en søm rundt om, som om det var støbt i en form."

Således abbéens konklusioner:

"I vise, selvom I måske gør jeres yderste for at forklare disse fakta med naturlige årsager, vil det ikke lykkes." Han tror, at himlens artilleri var rettet mod det ugudelige byråd. Men folk med kål led mere end folk med ugudeligheder.

"Det, der sær syntes værd at bemærke, var, at haglstenene, som skulle have været udfældet til jorden i overensstemmelse med lovene for acceleration af faldende legemer, så ud til at være faldet fra kun få meters højde." Men andre eller umærkede hagl i denne storm gjorde betydelig skade. Abbéen siger, at mange personer havde set billederne. Han samlede underskrifter fra halvtreds personer, der hævdede, at de havde været vidner.

Jeg bemærker flere detaljer. Den ene er tilfældet med et hagl med en søm rundt om, som om det var støbt i en form. Det ser ud, som om en eller anden svindler eller pietist — som var vel forberedt og havde profetisk viden om, at en ekstraordinær regn af store haglsten var på vej — havde støbt trykte isklumper i en form. Men beretninger om store hagl, rillede eller falsede, er almindelige. En anden detalje er noget, som jeg må sige, at Abbé Gueniot aldrig før havde hørt om. Detaljerne om langsomt faldende genstande er almindelige i beretninger om okkulte hændelser, men selvom jeg i mere end ti år har haft er godt øje til sådanne rapporter ved læsning om hundreder eller tusinder af haglstorme, kender jeg kun til et halvt dusin registreringer af langsomt faldende hagl.

I *English Mechanic*, 87-507, er der mere om dette emne. Det siges, at disse "aftryk" ifølge Remiremonts aviser var *inde* i haglstenene og var blevet fundet på overflader af hagl, der var blevet flækket: at 107 personer havde aflagt vidnesbyrd for biskoppen af Sainte-Dié; og at adskillige videnskabsmænd, hvoraf en var hr. de Lapparent, sekretæren for Det franske Aakademi, var blevet konsulteret. Hr. de Lapparents opfattelse var, at lynet kunne have ramt en medalje af Jomfruen og kunne have reproduceret billedet heraf på haglstenene.

Jeg er aldrig stødt på nogen anden antagelse om, at der kan være mangefold reproduktioner af billeder eller tryk ved lynnedslag. Historierne om lynbilleder er for det meste utilfredsstillende, fordi de fleste af dem er af påståede billeder af blade af træer, og når de undersøges, viser de sig, at være ganske enkelt gaffelforme-de årer, ikke særlig bladlignende. Der er ingen anden optegnelse, som jeg kan finde af hagl, der siges at være billedligt mærket af lyn eller af noget andet. Det ville være noget af et tilfælde, hvis lynet i en tid med religiøs spænding i Remiremont skulle afsætte sine eneste kendte eller rapporterede billeder på hagl, og gøre disse billeder til religiøse emblemer. Men at den religiøse begejstring havde meget at gøre med de religiøse billeder på hagl, kan jeg nok tænke mig.

Kapitel 19

Astronomerne udsender udtalelser om, hvad der ikke kan ses med teleskoper. Fysikerne annoncerer opdagelser, der ikke kan ses med mikroskoper. Jeg spekulerer på, om nogen kan se nogen mening i en anklage om, at mine historier handler om usynlige. Jeg er sensationslysten.

Og det formodes, at moderne videnskab, som formodes at være min hovedopponent, er fjernt fra mig og mine metoder. I december 1931 annoncerede dr. Humason fra Mount Wilson-observatoriet sin opdagelse af to tåger, der suser væk fra denne jord med en hastighed på 15.000 miles i sekundet. Der var et væddeløb. Professor Hubble startede det i år 1930 med annoncerede opdagelser af stjernetåger, der hastede væk med — åh, kun to eller tre tusinde miles i sekundet. I marts 1931 var der nogen, der havde rekorden med en 8.000-miles tåge. I skrivende stund fører dr. Humason i feltet.

Når en tabloidavis-reporter annoncerer hurtige handlinger fra mere eller mindre tågede borgere, som "bekræftet" af ham, ved metoder, der ikke nødvendigvis indikerede noget af den slags, kaldes hans optræden sensationslyst.

Det er mit udsagn, at dr. Hubble og dr. Humason kommer med deres meddelelser på grundlag af en metode, der ikke nødvendigvis indikerer noget af den slags.

I *New York Herald Tribune,* den 6. januar 1932, fik dr. Charles B. Davenport fra afdelingen for genetik ved Carnegie Institution kun fire tommers spalteplads til en af de skræmmehistorier, der plejede at fylde flere spalter — ukendt sygdom, der kan udslette hele menneskeheden. "Engang i fremtiden kan vores pralende skyskrabere blive beboet af flagermus, og vores byers bankhvælvinger blive huler for vilde dyr." Den ukendte sygdom er forældet sensationslyst. Jeg ser tilbage på min egen forestilling om fremkomsten af var-ting i New Yorks gader —

Jeg har nu en lille historie, der glæder mig, ikke så meget, fordi jeg tror, at jeg i mindste måde kan holde trit med mine professorale rivaler, men fordi jeg med den udøver nogle af de detektiviske evner, som vi alle, selv professionelle detektiver, muligvis er så sikre på, at vi har. Jeg rekonstruerer, i overensstemmelse med mine evner, en hændelse, der fandt sted et sted nær byen Wolverhampton, England, omkring den første december 1890. Den del af historien, som jeg ikke har nogen optegnelse om — det er den hypotetiske del — er, at på dette tidspunkt, et sted i nærheden af Wolverhampton, boede der en forpint ung mand. Han var en god ung mand. Ikke virkeligt, selvfølgelig, hvis intet er virkeligt. Men han nærmede sig. Selvom han i flere måneder ikke havde rejst, var han besat af en levende detaljeret scene af sig selv, der opførte sig på en upassende måde over for en kvinde i en jernbanekupé. Der var også et andet mysterium. Nogen havde bedt ham om at redegøre for sin fraværelse på et sted omkring den første december, hvor han var overbevist om, at han ikke havde været fraværende — og dog — men han kunne intet stille op med disse to mysterier.

Torsdagen før den 6. december 1890 — se *Birmingham Daily Post* den 6. december — rejste en kvinde alene i en kupé i et tog fra Wolverhampton til Snow Hill. Ifølge min rekonstruktion begyndte hun at tænke på historier om forkastelig adfærd fra farlige mænd mod kvinder, der rejste alene i jernbanekupeer.

Den del af historien, som jeg tager fra *Birmingham Post*, er, at da et tog kørte forbi Soho Station, faldt en kvinde ud fra det. Hun opgav sit navn som Matilda Crawford og sagde, at en ung mand havde fornærmet hende. En mærkelig detalje er, at det ikke var hendes udsagn, at hun var sprunget af toget, men at den fornærmende unge mand havde skubbet hende gennem et vindue.

I nabokupeen havde siddet en detektiv. Ved en forespørgsel bevidnede han, at der — i det mindste for så vidt angår hans observationer af synlige ind- og udgange — ikke havde været andre end denne kvinde i denne kupé.

I *New York Herald Tribune*, 23. januar 1932, blev der offentliggjort en redegørelse af dr. Frederick B. Robinson, præsident for New York City College, om nogle af os sensationsforskere: "Professorer har ikke klaret sig ret godt med deres optræden fra et publicitetssynspunkt," sagde dr. Robinson. "Da de lever beskyttede liv," tilføjede han, "længes de efter offentlig opmærksomhed og opnår den nogle gange på bekostning af deres kolleger. En stor New England-institution voksede bestemt ikke i offentlighedens agtelse, da en af dens professorer i engelsk medvirkede i en række reklame-stunts, hvoraf det første var at give et højtideligt råd til unge mænd om at være snobber."

På et møde i American Chemical Society i Buffalo, N. Y., den 3. september 1931, fortalte dr. William Engleback om tilfælde, hvor højden af dværgfødte børn ved brug af kirtelekstrakter var blevet øget en tomme eller to. For offentliggørelsen af dette milde lille mirakel modtog han flere tommer spalteplads. *New York Times*, 16. december 1931 — møde i Institute of Advanced Education på Roerich Museum, New York — nærmest et mirakel. Jeg målte. Dr. Louis Berman fik elleve tommer spalteplads. Dr. Bermans meddelelse gik ud på, at troldmændene i hans kult — endokrinologerne — ville avle mennesker seksten fod høje.

Møde i American Association for the Advancement of Science i New Orleans, december, 1931 — rapport om arbejde udført af dr. Richard P. Strong fra Harvard Medical School i spørgsmålet om *filaria*-orme, der angriber menneskekroppe — og et forsøg på at gøre det mere interessant. At et gammelt mysterium var blevet løst — den bibelske historie om de brændende slanger endelig forklaret. Der er ikke mere lighed mellem disse bittesmå orme og de store brændende ting, som — får vi fortalt — greb folk, end mellem en larve og en rødglødende elefant. Men at filaria-ormene var blevet "identificeret" som antikkens ildmonstre, blev betragtet som en god historie og fik megen plads i aviserne. Se dog en lederartikel, der ikke er helt beundrende, i *New York Herald Tribune*, 5. januar 1932.

Alligevel holder jeg mig af gammel vane til min egen opfattelse. *New York Sun,* 9. oktober 1931 — at kaptajn Neil Curry kort efter borgerkrigen sejlede fra Liverpool til San Francisco. Fartøjet brød i brand omkring 1500 miles fra Mexicos vestkyst. Kaptajnen, hans kone og to børn og 32 medlemmer af besætningen gik ombord i tre små både og satte kurs mod fastlandet. Derpå detaljer om lidelser af mangel på vand. "Og miraklet indtraf!" Midt på havet befandt de sig i en stor lomme af ferskvand.

Jeg bemærker erklæringen om, at kaptajn Curry opdagede ferskvand omkring bådene, ikke ved en forstyrrelse af nogen art, men på grund af vandets grønne farve i kontrast til den blå i saltvandet.

Jeg skrev til kaptajn Curry, som på det tidspunkt, hvor jeg skrev, boede i Emporia, Kansas, og modtog et svar fra ham, dateret 21. oktober 1931, hvori han sagde, at historien i *The Sun* var nøjagtig, undtagen med hensyn til tidspunktet; at hændelsen var sket i året 1881.

Her er noget, både meget anderledes og alligevel slående ens, som jeg tager fra dr. Richardsons *Journal*, som citeret af Sir John Franklin, i hans *Narrative of a Journey to the Polar Sea*, s. 157 — en historie om en ung Chipewyan-indianer. Hans kone var død, og han forsøgte at redde sit nyfødte barn. "For at stille dets gråd lagde han det på sit bryst og bad inderligt til livets store mester om at hjælpe ham. Styrken af den kraftfulde lidenskab, hvormed han blev aktiveret, frembragte den samme virkning i hans tilfælde, som den har gjort i nogle andre, som er registreret: en strøm af mælk fandt faktisk vej fra hans bryst."

Det intense behov for vand — og det kan være, at vand er blevet transporteret som svar til personer, der lider så meget. Men der har også været tilfælde af ekstremt behov for vand for at dø. Man kan tænke på situationer, hvor der mere vanvittigt er blevet bedt om vand for at dø, end nogensinde om vand for at leve.

New York Sun, 4. februar 1892 — at efter begravelsen af Frances Burke i Dunkerque, N. Y., fik hendes slægtninge, der havde mistanke om, at hun havde været i trance, hendes krop gravet op. Pigen blev fundet død i en kiste, der var fuld af vand. Det var ligsynsmandens opfattelse, at hun var blevet levende begravet og var druknet i sin kiste. Der blev ikke offentliggjort nogen forklaring om vandets oprindelse.

Kapitel 20

Betydningen af det usynlige —

At jeg ville sulte ihjel omgivet af fødevarer, var det ikke for de usynlige bevægelsesmidler, hvormed jeg går og henter dem, og de urørlige og usynlige processer, hvorved jeg fordøjer dem —

At enhver stærk og beslutsom materialist, der argumenterer for sin afvisning af det usynlige og det urørlige, lever i en fantomtilværelse, som han ville sygne væk fra, hvis det ikke var for hans støtte fra usynlige —

Varme fra hans krop — og varme er aldrig blevet set.

Hans egne usynlige tanker, hvormed han argumenterer imod eksistensen af det usynlige.

Ingen har nogensinde set damp. Elektricitet er usynlig. Fysikkens videnskab er okkultisme. Eksperter i brugen af damp og elektricitet er troldmænd. For det meste tænker vi ikke på deres praksis som hekseri, men vi har en mening om, hvad man ville have været ment om dem i tidligere stadier af *den* mørke tidsalder, vi lever i.

Eller med det "okkulte", eller med det, der kaldes det "overnaturlige", mener jeg noget i retning af en oplevelse, som jeg engang så hænde for nogle af mine bekendte.

En nabo havde duer, og duerne sad i min vindueskarm. De var fristet til at komme ind, men i ugevis strakte de hals af frygt for at komme nærmere. Jeg ønskede, de ville komme ind. Jeg gik fire blokke for at skaffe dem solsikkefrø. Selvom jeg vil gå tusindvis af miles efter data, er det meget sædvanligt for mig at gå fire blokke — det er otte blokke, når man regner begge veje — for nogen. Engang fandt jeg tre af dem, som var fløjet gennem et åbent vindue og sad på rammen af et lukket vindue. Jeg nærmede mig langsomt til dem for ikke at skræmme dem. Det lader til, at jeg er et romantisk gemyt, og hvis jeg kan lide en, der virker hunkønsagtig, som næsten alle fugle, vil jeg have hende til at sidde på min finger. Så jeg stak en finger frem. Men alle tre fugle forsøgte at flyve gennem glasset. De kunne ikke lære af modgang, men blev ved med at forsøge at flygte gennem glasset. Hvis disse duer tilbage i gården kunne have fortalt deres historie, ville den have været, at de sad et sted, da luften pludselig stivnede. Alt foran var lige så tydeligt som før, men luften var pludselig blevet uigennemtrængelig. Mest sandsynligt ville de andre duer have sagt: "Åh, det kan du fortælle til spurvene!"

Der er en moral i dette, og det gælder en stor del af denne bog, som handler om virkeliggørelsen af ønsker. Jeg havde ønsket mig duer. Jeg fik dem. Efter de tre pionerers efterforskning kom de alle ind. Der var ni. Det var den usædvanligt varme sommer 1931, og vinduerne måtte holdes åbne. Duer på stoleryggen. De kom op på bordet og inspicerede, hvad jeg havde til aftensmad. Andre gange tilbragte de på tæppet i statelige grupper og optog, undtagen nu og da, hvor de var knap så værdige. Jeg kunne ikke jage dem ud, for jeg havde selv inviteret dem. Endelig fik jeg opsat skærme: men det tager uger at blive så intelligent. Så moralen ligger i den observation at, hvis du ønsker dig noget, må du hellere passe på, for du kan være så uheldig at få det. Det er bedre at være ydmyg og tilfreds med næsten ingenting, fordi du ikke ved, hvad noget kan gøre ved dig. Der siges meget om "naturens grusomhed": men, når et menneske nægtes sit "hjertes begær", er det barmhjertighed.

Men jeg er mistænksom over for al denne visdom, fordi den skaber ydmyghed og tilfredshed. Disse tanker er fællesskabstanker og har en tendens til at undertrykke individet. De er følger af mekanistisk filosofi, og jeg repræsenterer oprør mod mekanistisk filosofi, ikke på alle område, men som noget absolut.

Ikke desto mindre mener jeg med det "okkulte" eller det "overnaturlige" ikke, at jeg tror, at det helt og holdent er eksemplificeret af duernes erfaring. I vores eksistens af lov-lovløshed opfatter jeg to magier: den ene repræsenterer ukendt lov, og den anden udtrykker lovløshed — eller at en mand kan falde ned fra et tag og rejse sig uskadt på grund af anti-gravitationsloven; og at en anden mand kan falde ned fra et tag og rejse sig uskadt som et udtryk for det usædvanlige, for trods mod tyngdekraften, for universel inkonsekvens, for trods mod alting.

London *Times*, oktober —

Åh, pyt, her er en af vores egne undtagelser — pyt med dataene denne gang — tag mit ord for, at jeg kunne citere tilfælde af bemærkelsesværdige fald, hvis jeg ville.

Det ser for mig ud som om, at nogle fisk for eksempel klatrer i træer som et udtryk for lovløshed, og at der et eller andet sted er en undtagelse fra generaliseringen om, at fisk skal være vandlevende. Jeg tror, at *Du Skal Ikke* blev skrevet i det høje henvendt til fisk. Hvorefter en fisk klatrede op i et træ. Eller at det er lov, at hybrider skal være sterile — og at ikke to, men tre dyr indgik en sammensværgelse, der resulterede i okapien. Der er en "lov" om specialisering. Evolutionister gør meget ud af den. Butikker er specialiserede, så forhandlere af bukser ikke sælger svesker. Men så dukker der materialister op, som sælger stoffer, bøger, supper og musefælder.

Jeg har haft, hvad jeg tror er den gennemsnitlige erfaring med magi. Men bortset fra i flere perioder har jeg nedskrevet mine oplevelser: og de fleste mennesker gør ikke dette, og glemmer det. Vi glemmer så let, at jeg har kigget noter igennem og er stødt på detaljer, som jeg ikke kunne huske. Fra optegnelser over mine egne erfaringer tager jeg en beretning om en række små hændelser, hvoraf flere enkeltheder er af betydning for vores generelle argumentation.

Jeg boede i London — Marchmont Street 39, W. C. 1. Jeg indsamlede data i British Museums bibliotek. I mine søgninger havde jeg bemærket tilfælde af billeder, der faldt ned fra vægge, til tider i forbindelse med poltergeistforstyrrelser: men jeg bemærker her, at mine data om fysiske emner, såsom jordskælv og nordlys og lys på de mørke dele af månen, var omkring fem til én sammenlignet med antallet af data om spørgsmål vedrørende psykisk forskning. Senere flyttede overvægten den anden vej. Emnet med billeder, der faldt ned fra vægge, var i mit sind, men det var meget overdøvet af andre emner og aspekter af emner. Det var så inaktivt i mit sind, at da jeg fik at vide om adskillige billeder, der var faldet ned fra vægge i vores hus, tilskrev jeg det sjusk i husholdningen, og skænkede det ikke yderligere opmærksomhed.-

Forkortelserne i noterne er *A,* for min kone; *fru M.*, for værtinden; *E*, værtindens datter; *C'erne,* lejerne ovenpå. Ifølge mig er dette ikke utilfredsstillende som i så mange historier om en *hr. X* eller en *fru Y*, for kun to af os, som jeg identificerer, var mere end bifigurer: kan vi også få mistanke om, at af disse to var den ene noget mere central end den anden — ifølge mig. Jeg har dog også mistanke om, at hvis *E* skulle fortælle denne historie, ville jeg blive gjort mindre betydningsfuld, da *hr. F., A* og jeg boede på mellemetagen, som bestod af to værelser, hvoraf det ene brugtes af os som køkken, selvom det var indrettet til udlejning som et møbleret værelse.

1. marts 1924 — se Charles Forts *Noter*, bogstav E, boks 27 — "Jeg sad aftes i køkkenet og læste, da jeg hørte et dunk. Nogle gange bliver jeg ikke let forskrækket, så jeg så mig omkring på en afslappet måde og bemærkede, at et billede var faldet ned. Glasset var ikke gået i stykker, for det var faldet ned på en bunke aviser i et hjørne. To blondegardiner hang på siderne af vinduet. Billedet var faldet ned ved foden af det venstre gardin. Så, efter mit udtryk, blev bunden af det højre gardin rystet kraftigt i adskillige sekunder, et ret langt stykke tid efter billedets fald.

Den 12. morgen — finder ud af, at en af messingringene på bagsiden af billedrammen, som snoren var fastgjort til, var blevet knækket to steder — metallet lyst ved bruddene.

A mindede mig om, at der for nylig var faldet to billeder ned i *C'ernes* værelse.

Jeg har holdt denne lille messingring, gennembrudt et sted, og segmentet mellem bruddene, hængende i en metalstump ved punktet for det andet brud. Billedet var ikke tungt. Det ser ud, som om der har været et pludseligt, stærkt træk i billedsnoren, så denne ring kunne knækkes på to steder.

Den 18. marts 1924 — omkring kl. 17.00 sad jeg i hjørnet,

hvor billedet var faldet. Der var en opsigtsvækkende, knitrende lyd, som om vinduesglas gik i stykker. Den var så skarp og høj, at jeg i flere timer bagefter havde en følelse af årvågenhed for at undvige kasteskyts. Den var så høj, at fru *C.*, ovenpå, hørte den. Men intet havde knust en rude. Jeg fandt en lille revne i et hjørne, men kanterne var støvede, hvilket tyder på, at den var blevet lavet længe før.

Den 28. marts 1924 — Her til morgen fandt jeg et andet billede — eller det fjerde, inklusive dem, der var faldet i værelserne ovenpå — på gulvet i samme hjørne. Det var faldet ned fra et sted omkring tre fod over et skrivebord, hvorpå mine kasser med sedler er stablet. Det er tydeligt, at billedet ikke var faldet normalt, ellers ville det have ramt noterne, og der ville have været et hjerteskærende rod af sedler over hele gulvet."

Åh, ja. Nogle gange vælter jeg en kasse med sedler, og det tager timers arbejde at få dem tilbage i orden. Jeg ved ikke, om det har nogen betydning, men jeg tænker på dette: de beretninger om billeder, der faldt fra vægge, som var blandt disse sedler.

"Glasset på billedet var ikke knust. Denne gang var snoren, og ikke en ring, knækket. Jeg bandt hurtigt den knækkede snor sammen og hængte billedet tilbage. Jeg burde have taget *A* som vidne, men dels ønskede jeg ikke at alarmere hende, og dels ville jeg ikke have, at hun skulle fortælle det videre og starte en spøgelsesforskrækkelse omkring mig.

Jeg ville have, at det på en eller anden ukendt måde var mig, der gjorde dette. Jeg kunne godt tænke mig at møde fru *C.* engang og måske lytte til hendes antydning af, at hun har psykiske kræfter, og antyde, at det var hende, der gik psykisk rundt og væltede billeder i vores hus.

Snoren i dette andet eller fjerde billede var tung og stærk. Det var over min styrke at bryde en længde af det. Men noget havde knækket denne stærke snor. Jeg kiggede på det lille søm i væggen. Det viste ingen tegn på belastning.

Selvfølgelig ræsonnerede jeg over alt dette. Jeg sagde: "Hvis, da dette hus blev møbleret, alle billederne blev sat op på samme tid, kan deres snore alle blive svækket på samme tid." Men en ring gik i stykker, en af gangene. Ovenpå var det ene af billederne faldet i et køkken, og det andet i en stue, hvor forholdene var anderledes. Røg i et køkken har kemiske effekter på billedsnore.

18. april 1924 — *A* tog et billede ned fra køkkenvæggen for at vaske glasset — London-smog. Billedet så ud til at falde fra væggen i hendes hænder. *A* sagde: "Endnu en billedsnor rådden." Så: "Nej: sømmet kom ud." Men snoren var ikke knækket, og sømmet sad i væggen. Senere, samme dag, sagde *A*: "Jeg fatter ikke, hvordan det billede er røget ned."

Der var intet, der lignede en "forskrækkelse" i huset. Der var ingen diskussioner. Jeg tror, at der lejlighedsvis var et spøgefuldt forslag — "Der må være spøgelser i nærheden." Jeg havde tre eller fire grunde til ikke at sige noget om sagen til nogen.

"26. juli 1924 — Hørte en lyd nedenunder. Så ringede Fannie op: 'Fru Fort, hørte De det? Et billede faldt lige ned fra væggen.'

Jeg fortsætter med min beretning, eller med de misforståelser, jeg gør mig skyldig i. Så længe jeg gav *New York Something or Another*, eller *Tasmanian Whatever* som reference, var det altsammen meget godt. Men nu fortæller jeg min egen historie, og alle, der ikke har fået billeder faldet ned fra vægge i deres eget nærvær, vil ærgre sig over billeder, der falder ned fra vægge på grund af mine okkulte kræfter.

Der er flere noter, der kan indikere en sammenhæng mellem mine tanker om faldende billeder, og så, senere, et faldende billede.

"22. okt. 1924 — I går var jeg i det forreste værelse og tænkte afslappet på de billeder, der faldt ned fra væggene. I aften var mine øjne dårlige. Kan ikke læse. Sad og stirrede på køkkenvæggen og pillede ved et stykke snor. Alt for at fordrive tiden. Jeg stirrede lige på et billede over hjørnet af skrivebordet, hvor sedlerne er, men havde ingen bevidsthed om billedet. Det faldt. Det ramte kasserne med sedler, faldt til gulvet, rammen i et hjørne knust, glasset knust."

Der var en anden omstændighed. Jeg husker intet om den.

Noterne om den er så korte, som om jeg ikke var blevet særlig imponeret over noget, som jeg nu synes var en af de mærkeligste detaljer — altså, hvis jeg ved at angive, at jeg havde søgt efter noget, mente, at jeg havde søgt grundigt.

"Snoren var knækket flere centimeter fra et af fastgørelsesstederne på bagsiden af billedet. Men der skulle have været denne fastgørelse, et dinglende stykke snor, flere centimeter langt. Denne mangler. Jeg kan ikke finde den."

"Natten den 28.-29. september 1925 — et billede faldt ned i *fru M's* værelse."

Bemærk tidsforløbet.

Jeg er ked af at registrere, at der mangler et notat, dateret 3. november 1926. Som jeg husker det, og ifølge hentydninger i notater af 4. november, var det kun en bemærkning fra mig, at der i mere end et år ikke var faldet noget billede.

"4. nov. 1926 — Dette er værd at bemærke. I går aftes gjorde jeg notater jeg om billederne, for tidligere på aftenen, da jeg talte om psykiske oplevelser med France og andre, havde jeg nævnt de faldende billeder i vores hus. I aften, da jeg kom hjem, fortalte *A* mig om en høj lyd, der var blevet hørt, og hvor velkommen den var for hende, fordi den havde afbrudt *E* i en lang, trættende beretning om handlingen i en film. Senere udbrød *A*: 'Her er det, der larmede!' Hun havde tændt lyset i forstuen, og på gulvet lå et stort billede. Jeg havde ikke nævnt over for *A*, at i går var mit sind ved faldende billeder. Jeg tog dette notat, efter hun var gået i seng. Jeg kiggede på billedet — snor knækket, med flossede ender. Jeg har beholdt en løkke af denne snor. Bruddet er under en knude i den.

5. november — Jeg har ikke stærkt nok understreget *A's* sindstilstand på tidspunktet for billedets fald. *E's* lange beretning om en film havde irriteret hende næsten til uudholdelighed, og sandsynligvis var hendes håb om en afbrydelse stærkt."

Her er en indrømmelse af, at jeg ikke troede eller havde mistanke om, at det var mig, der var magikeren, den gang.

I oktober 1929 boede vi i New York eller i hvert fald i Bronx.

Jeg har ikke billeder på væggene på mine egne steder. Jeg kan ikke få de billeder, jeg gerne vil have: så jeg har ingen. Jeg har ikke været i stand til at komme af sted med at male mine egne billeder, men hvis jeg nogensinde gør det, får jeg måske den rigtige slags at hænge op.

"15. oktober 1929 — jeg kiggede disse noter igennem, og jeg kaldte på *A* i køkkenet for at diskutere dem. Hun var lige kommet ind: var gået i køkkenet for at se, hvad fuglene lavede. Mens vi diskuterede de faldende billeder, hørte vi en høj lyd. Løb tilbage og fandt på køkkengulvet en stegepande, der var faldet ned fra en bunke køkkenredskaber i et skab."

"18. okt. 1930 — Jeg lavede et eksperiment. Jeg læste disse notater højt for *A* for at se, om der ville ske en gentagelse af oplevelsen den 15. oktober 1929. Intet faldt."

"19. nov. 1931 — prøvede det igen. Intet bevægede sig. Så hvis jeg ikke er en troldmand, vil jeg ikke lade nogen anden bilde mig ind, at han er en troldmand."

Kapitel 21

Jeg kiggede på et billede, og det faldt ned fra en væg.

Den djævelske tanke om nyttighed sniger sig ind i mit sind.

Hvis jeg nogensinde kan beslutte mig for at erklære mig selv som fjende af hele menneskeheden, så vil jeg blive altruist og vi mit liv til at være til nytte og gavn for mine medmennesker.

Alt, hvad der er af slaveri, gammelt og moderne, er et nyttefænomen. Fængslerne er fyldt med utraditionelle fortolkere af nyttige anvendelser. Hvis det ikke var for nyttige anvendelser, ville vi være fri for advokater. Opgiv tanken om forbedringer, og du slipper fri fra politikerne.

Gør mod andre, som du ønsker, at andre skal gøre mod dig, og du kan gøre deres problemer til dine. Den barmhjertige samaritaner forbinder sår med giftig vedbend. Hvis jeg giver nogen en mønt, giver jeg ham både godt og ondt, lige så sandt som jeg giver ham hoved og hale. Den, der opdagede anvendelsen af kul, var en velgører for hele menneskeheden, og samtidig også en pest. Biler og deres tilsyneladende uundværlige tjenester — men biler og kriminalitet og en million besværligheder. Der er personer, der mener, at de ser klare fordele ved at bruge en telefon — så ringer telefonen.

Hvis et billede kan tages ned fra en væg ved, at man ser på det, hvorfor kan et hus så ikke rives ned ved, at man stirrer mere indgående på det?

Men hvis et hus okkult, mentalt, fysisk kunne rives ned, hvorfor kunne et hus så ikke opføres ved, at man koncentrerer sig om dets materialer?

Nu visioner om heksekunstens æra — mirakler af usynligt murerarbejde og vidundere af murværk uden murere — subtile anvendelser og fordele, der vil fusionere både *A. D.* og *B. C.* til én periode med barbari, kendt som *B. W.* —

Men fabrikkerne og arbejde og arbejdere — alt det andet,

der nu er beskæftiget med vores primitive måde at bygge huse på. Arbejdsløshed og sult og velgørenhed — politiske uroligheder — modstanden mod at sætte maskinerne i stå. Der er ingen forståelse for nogen messias, opfinder, opdager eller nogen anden, der arbejder for forbedring, undtagen ved at genkende ham som delvis en djævel.

Og alligevel er jeg i én henseende mistænksom over for al denne visdom. Den eneste grund til, at den ikke er konventionel mekanistisk filosofi, er, at konventionalisten er mere afdæmpet. Men hvis der til enhver aktion svarer en reaktion, der er tilsvarende og modsat, er der til enhver fordel eller forbedring en tilsvarende ulempe eller forværring. Denne opfattelse — bortset fra kvantitativt udtrykt — forekommer mig at være i fuld overensstemmelse med mine erfaringer med fordele og nyttevirkninger og forbedringer: men som kvantitativt udtrykt er den uden autoritet for mig, fordi jeg ikke kan acceptere, at en aktion-reaktion nogen sinde et blevet delt i to, dens dele adskilt og isoleret, så det kunne bestemmes, hvad hver del var lig med.

Jeg kiggede på et billede, og det faldt ned fra en væg.

Engang viftede dr. Gilbert med en tryllestav, som han havde gnedet med skindet af en kat, og der steg papirstykker op fra et bord. Dette var i Vorherre Elektricitetens år 1, der blev født som et salon-nummer.

Og dog er der mange personer, som har læst meget, som tror, at hekseri eller ideen om trolddom er forsvundet.

De har ikke læst bredt nok. De har ikke tænkt bredt nok. Hvilken idé er nogensinde forsvundet? Hekseri, i stedet for at være en "overtro fra fortiden", er en almindeligt rapporteret foreteelse. Jeg ser for eksempel på mine data for året 1924 og noterer mig antallet af tilfælde, de fleste af dem kaldet "poltergeistforstyrrelser", der blev rapporteret i England. Sandsynligvis blev der rapporteret flere tilfælde i USA, men på grund af biblioteksfaciliteter har jeg især bemærket fænomener i England. Tilfælde af hekseri og andre uhyggelige hændelser i England i år 1924 blev rapporteret fra East Barnet, Monkton, Lymm, Bradford, Chiswick, Mount-sorrel,

Dudley, Hayes, Maidstone, Minster Thanet, Epping, Grimsby, Keighley og Clyst St. Lawrence.

New York-aviser rapporterede tre sager tæt på hinanden i år 1927. *New York Herald Tribune*, 12. august 1927 — Fred Koett og hans kone blev tvunget til at flytte fra deres hjem nær Ellenwood, Kansas. I flere måneder havde dette hus været forhekset — billeder vendte sig mod væggen — andre genstande bevægede sig rundt — deres skødehund blev stukket med en stemmegaffel af en usynlig. *New York Herald Tribune*, 12. september 1927 — Frank Deckers lade nær Fredon, N. J., ødelagt af brand. I fem år havde der været uforklarlige lyde, døre åbnedes og lukkededes og billeder på vægge svingede frem og tilbage. *Home News* (Bronx), 27. november 1927 — William Blairs troede, at hans kvæg var forhekset. Han anklagede en nabo, Isabella Hazelton, for at være en heks — "heksen" sagsøgte ham for bagvaskelse — 5 dollars plus omkostninger.

Mit generelle udtryk er imod eksistensen af poltergeister som ånder — men at handlingerne er fænomener af umodne magikere, for det meste unge, som ikke har bevidsthed om deres kræfter som deres egne — eller, i tilfælde af drilske eller ondsindede forfølgelser, er mere eller mindre bevidst rettet påvirkning fra fjender — eller at "poltergeistforstyrrelser" i dette aspekt er hekseri under et nyt navn. Navneskiftet skete formentlig af to grunde: en sådan reaktion mod hekseprocessens grusomheder, at hekseeksistensen på det kraftigste blev benægtet, således at fortsatte fænomener måtte kaldes noget andet; og spiritisternes bestræbelser på at overtage hekseri som bevis på eksistensen af "de afdødes ånder".

Hvis der er hekse, må der selvfølgelig også være nogle humoristiske hekse. Sporet af spøgefuldhed krydser vores beretninger om de mest dødbringende hændelser. I mange beretninger om poltergeistforstyrrelser drejer det sig mere om at volde fortræd end om had til ofre. *London Daily Mail*, 1. maj 1907, er ansvarlig for, hvad der nu følger:

En ældre kvinde, fru Blerotti, havde henvendt sig til dommeren i Ste. Marguerite-distriktet i Paris, og havde fortalt ham at hun, med fare for at blive betragtet som en gal kvinde, havde en klage at indgive mod en ukendt. Hun boede i en lejlighed i Rue Montreuil sammen med sin søn og sin bror. Hver gang hun kom ind i lejligheden, blev hun af en usynlig kraft tvunget til at gå på hænderne med benene i vejret. Kvinden blev tilbageholdt af dommeren, som sendte en politimand til den angivne adresse. Politimanden vendte tilbage med fru Blerottis søn, en kontorist, på 27 år. "Det, min mor har fortalt Dem, er sandt," sagde han. "Jeg foregiver ikke at forklare det. Jeg ved kun at, når min mor, min onkel og jeg kommer ind i lejligheden, bliver vi straks tvunget til at gå på hænderne." Hr. Paul Reiss på 50 år, den tredje beboer i lejligheden, blev tilkaldt. "Det er helt rigtigt," sagde han. "Hver gang jeg går ind, bliver jeg uimodståeligt tvunget til at gå rundt på mine hænder." Husets portner blev bragt til dommeren. "For at sige sandheden," sagde han, "troede jeg, at mine lejere var blevet vanvittige, men så snart jeg kom ind i værelserne, som var beboet af dem, befandt jeg mig på alle fire og forsøgte at kaste mine fødder i vejret."

Dommeren konkluderede, at her var tale om en ukendt sygdom. Han beordrede, at lejlighederne skulle desinficeres.

Der plejede at være en avishistorie om den "rejsende nål". Folk sad måske på nåle, selvom de syntes, det var mere værdigt at fortælle, at nåle var kommet ind i deres kroppe via deres albuer. Så, fem, ti, tyve år senere kom nålene ud gennem fjerne dele. Vi hører sjældent om "den rejsende nål" i dag: så jeg tror, at de fleste — ikke alle — af disse gamle historier var avisskrøner. Jeg var interesseret i disse historier, som de blev fortalt tilbage i 1880'erne og 90'erne, men stødte aldrig på en, der forekom mig at være autentisk, eller at give stof til megen eftertanke. Jeg hentede inspiration fra "sort magi", hvor man med en nål gennemborer hjertet eller en anden del af et billede af et offer, og, ifølge overbevisninger, har held med at påvirke en tilsvarende del af den pågældende. En retsundersøgelse ved Shoreditch (London) Coroner's Court, 14. november 1919 — et barn, Rosina Newton, på 13 måneder, var død. En nål blev fundet i hendes hjerte. "Der var in-

tet hudsår, der kunne vise, hvor den var kommet ind i kroppen."
Det var dette barns korte liv, der tiltrak min opmærksomhed. For-
ældrene havde ingen erindring om nogen skade på hende, såsom
at en nål var trængt ind i hendes krop.

Det virker usandsynligt, at nogen hadede dette spædbarn så
intenst, at de koncentrerede sig om at ønske hendes død: men jeg
har historier, der kan tyde på, at børn har gjort skade som hævn
over forældre.

Og i annalerne om "sort magi" optræder ofte troldmanden,
som får fat i nogle af et offers ejendele eller kropsdele for at skabe
en kontakt eller en følelse af kontakt. Afskæring af fingernegle
anbefales, men anskaffelsen af en lok af offerets hår formodes at
være mest effektiv. Der kan være psykiske hunde, som fra en ejen-
del opfanger en duft og derefter fastholder den og opererer langs
en sti eller en strøm mellem dem selv og deres ofre. I sådanne ter-
mer af skade eller besiddelse kan hårklipperne i vores optegnelser
forstås.

Der er en mærkelig historie i *Times of India* (Bombay), 30.
august 1928. En del af denne historie, der ikke forekommer mig
så mærkelig, er, at et nyfødt spædbarn af en muslimsk kvinde
fra Bhonghir tre gange var blevet "mystisk og overnaturligt" revet
bort fra hende. Det mærkelige er, at politiet, selv om de havde for-
klaret, at disse forsvindinger kun var almindelige eller "naturlige"
kidnapninger, havde gjort sig den ulejlighed at tage denne kvinde,
som for fjerde gang ventede sig, til Victoria Zenana-hospitalet i
Secunderabad; og at sygehusmyndighederne havde gjort sig uma-
ge og bekostet at henvise hende til en afdeling, hvor specialsy-
geplejersker overvågede hende nat og dag. Det fjerde spædbarn
ankom, og dette barn, så omgivet af test-forhold, forsvandt ikke
på mystisk vis: så det burde nu være bevist, at de tre forsvindinger
var almindelige kidnapninger. Forklaringen, der opstår hos en,
selvom det ikke blev nævnt i *Times of India*, er, at der sandsynlig-
vis var panik i Bhonghir, og at denne demonstration blev lavet for
at dæmpe den.

Det blev ikke undersøgt, hvordan nogen ved almindelige eller "naturlige" midler gang på gang, uden at blive set, kunne snuppe et nyfødt spædbarn fra en kvinde. Alle sådanne "demonstrationer" starter med den underforståede antagelse, at det ikke er hekseri, og viser derefter, at der ikke er hekseri. Det vil sige, at der ikke tages hensyn til tanken om, at en heks kunne eksistere og kunne frygtes at praktisere så offentligt som på en hospitalsafdeling. "Demonstrationen" var, at der ikke var hekseri på en hospitalsafdeling, og at der derfor ikke eksisterer hekseri. Mange af vores data er om offentlige, vovede eller trodsige begivenheder: men det er bemærkelsesværdigt, at de ophører — for det meste, men ikke altid — når offentlighedens opmærksomhed bliver vakt. Nogle gange stopper de og kommer igen med jævne mellemrum.

Omkring maj 1922 forsvandt Pauline Picard, et bretonsk barn på 12 år, fra sit hjem på en gård nær Brest, Frankrig. Jeg tager denne beretning fra forskellige numre af *Journal des Debats* (Paris), maj og juni 1922. Den 26. maj så en cyklist, der passerede Picards gård, noget på en mark ikke langt fra vejen. Han kiggede nærmere efter og stødte på Paulines nøgne og hovedløse lig. I vejkanten fandt man hendes tøj. Det blev bemærket, at det var "pænt lagt sammen".

Liget var i opløsning. Hænder og fødder samt hoved manglede. Dette lig, der var synligt fra vejen, blev fundet på et sted en halv kilometer fra Picards gård.

Det virker mest sandsynligt, at hvis det blev set af en forbipasserende cyklist, kunne det ikke længe have ligget så iøjnefaldende, men uset, af medlemmer af Picard-familien. Ikke desto mindre, at det havde ligget således, var den opfattelse, der blev accepteret ved forhøret. Det hed sig, at barnet skal være vandret hjemmefra, og være dødt af udmattelse på hjemvejen; og at liget var blevet skændet af rotter og ræve. Denne historie om det omvandrende barn, der dør af udmattelse en halv kilometer fra sit hjem, vandt sandsynlighed af den omstændighed, at Pauline engang før var vandret langt bort, og at hun havde været mentalt påvirket. Hun var i hvert fald forsvundet, og var blevet fundet langt borte.

Pauline forsvandt den 6. april i år 1922. Flere dage senere blev et barn fundet vandrende i Cherbourgs gader. Picarderne blev underrettet, og da de tog til Cherbourg, identificerede de dette barn som Pauline, som dog ikke genkendte dem, da hun var i en tilstand af bevidsthedsbortfald eller hukommelsestab. Hvis Pauline Picard, 12 år, havde foretaget denne rejse til fods, eller ved hjælp af midler, der kaldes "naturlige", mellem en gård nær Brest og byen Cherbourg, i en tilstand af hukommelsestab, hvilket burde være blevet være bemærket et sted undervejs, men ikke var blevet rapporteret, havde hun ubemærket tilbagelagt en strækning til lands på omkring 230 miles.

To gange forsvandt Pauline Picard. Den første forsvinden var ikke en almindelig flugt, eller var ikke en almindelig kidnapning, fordi noget havde påvirket dette barn dybt mentalt. Jeg har noter om mere end et par tilfælde af personer, der er dukket op, som om de var blevet okkult transporteret, eller i hvert fald er dukket op på steder så langt fra deres hjem, at de ikke kunne spores, og med hukommelsestab. Et forhold, som jeg gerne vil finde materiale om, er, at der tre gange, i fjerne dele af Indien, blev rapporteret om "ulvebørn" på tidspunkterne for spædbørnene i Bhonghir. Den officielle forklaring på den anden forsvinden og Pauline Picards død bærer præg af diktat fra tabu. Hvis liget af dette barn også var blevet lemlæstet på anden måde, ville forklaringen om rotter og ræve være mere overbevisende: men noget eller nogen havde, som for at forhindre identifikation, uden andre lemlæstelser fjernet hænder, fødder og hoved — og havde også, selvmodsigende, placeret liget i en iøjnefaldende stilling, som om planen var at få det fundet. Dommen ved undersøgelsen krævede tro på, at dette nedbrudte lig havde ligget iøjnefaldende, men uset, i flere uger på denne mark. Der er en særlig omstændighed, der øger usandsynligheden. Det ser ud til at tøjet — også iøjnefaldende ved vejkanten — ikke havde ligget der i flere uger, udsat for de forstyrrende virkninger af regn og blæst. Det var "pænt lagt sammen".

Det er, som om nogen havde fjernet hoved, hænder og fødder fra liget og havde taget tøjet af det, så det ikke kunne identificeres; og havde lagt tøjet i nærheden, så det kunne identificeres.

En mark — et barns sønderdelte krop — et bondehus i nærheden. Men jeg kan ikke konstatere nogen viden om forholdet til omgivelserne. Venlige naboer — eller en nabo med nag — rundt omkring er tomhed. En sag, der blev kaldt "uden sidestykke", blev berettet i New York-aviserne den 30. april 1931. Også her er omgivelserne ubeskrevne: på den sædvanlige måde blev historien fortalt som en ting uden relationer. Måske, et sted i nærheden, var en grublen over en krystalkugle eller en anden koncentrationsanordning oprindelsen til en række ulykker.

Tidligt i april 1931 led Valentine Minder fra Happauge, Long Island, N. Y. af, hvad der siges at være mastoiditis. Hans otte børn blev ramt af, hvad der siges at være mæslinger, og derefter, den ene efter den anden, i løbet af otte dage, blev de otte børn syge med mastoiditis og blev flyttet til et hospital. Den omstændighed, på grund af hvilken disse tilfælde blev kaldt "uden sidestykke", er, at mastoiditis ikke skulle være smitsom.

Disse sager, som, hvis de var "uden sidestykke", var mystiske, var en kulmination på en række ulykker. Cirka to år forinden var Minders hjem brændt ned. Så kom hans sygdom, der medfødte tab af vitalitet, hans tab af sit job og en tilstand af nød. Mod slutningen af 1930 blev fru Minder ramt af en ubestemmelig invaliderende sygdom.

Såvidt det var kendt, er mastoiditis ikke smitsom. Ud af mange tilfælde af familiesygdomme, ulykker og dødsulykker vælger jeg et, hvor det ser ud til, at der endnu mere bestemt ikke er plads til tanken om smitte. Selvfølgelig er der plads til tanken om tilfældigheder. Det er en firkantet pind, der passer ind i runde huller og ottekantede huller; dodekagonale huller, revner, spalter, mellemrum — eller ser ud til at gøre det, så længe man ikke spørger ind til, om den gør det eller ej. London *Daily Chronicle*, 3. november 1926 — at hr. A. C. Peckover, den kendte violinist, en af eksaminatorerne ved det kongelige musikkonservatorium, var vågnet hjemme hos sin søster i Skipton en morgen og havde fundet sig blind. Han blev bragt til Bradfords øjne og øre-hospital. Her var hans far, som næsten samtidig var blevet ramt af blindhed.

171

Med hensyn til de dødsfald, der fulgte efter åbningen af Tut-Ankh-Amons grav, er det min opfattelse, at hvis der er "forbandelser", mister de deres kraft, i hvert fald efter flere tusinde år — Eller at en grav blev krænket, og at begravelser fulgte — ved en dødelig magi, ikke fra en mumie, men fra en levende egypter — at en følelse af vanhelligelse et eller andet sted i Egypten blev en besættelse, hvorfra der kom "stråler" eller en mere personlig og søgende hævn.

Jeg undrer mig over, hvorfor den "velhavende landmand" optræder i så mange optegnelser om mere eller mindre uhyggelige handlinger. Måske bliver enhver landmand, der bliver velhavende, det ved skrappe midler og har fjender, hvis ondskab mod ham viser sig. I november 1890 blev husstanden til Stephen Haven, en velhavende landmand, der bor i nærheden af Fowlerville, Michigan, en nat opskræmt af råb. Haven blev fundet i bunden af en dyb brønd. Han havde gået i søvne. To måneder senere var han igen savnet fra sit soveværelse, blev søgt efter og blev fundet stående i vand til halsen i Silver Lake. Andre medlemmer af familien var alarmerede og opmærksomme. De hørte svage lyde en nat — Haven blev fundet, i dyb søvn, i et forsøg på at sætte ild til huset. En anden gang — og der hørtes et brag. Manden, der sov, havde forsøgt at hænge sig. Ifølge historien, som fortalt i *Brooklyn Eagle*, 18. november 1892, var Haven til sidst blevet fundet død om natten. Han var faldet ned fra den øverste luge i sin lade.

Se tilbage til hændelser i Sing Sing-fængslet i december 1930. *New York Herald Tribune*, 18. januar 1932 — "Vagtmester Lewis E. Lawes gled i aften på de sluddækkede trapper i sit hjem ved fængslet, og hans højre arm brækkede tre steder."

I spørgsmål om hekseri er mit generelle udtryk — som jeg siger, for at tilkendegive, at jeg hverken tror på noget i denne bog eller andre steder — mit generelle udtryk for poltergeistpiger er ikke, at de er medier, styret af ånder, men at virkninger i deres nærvær er fænomener af deres egne kræfter eller talenter eller hvad som helst, men at der er tilfælde, hvor det forekommer mig, at unge var medier eller faktorer, ikke for ånder, men for levende

172

mennesker, som var blevet hekse eller troldmænd ved deres had — eller at trolddom i nogle tilfælde ikke kan fungere uden ufrivillig medvirken. Se tilbage til Dagg-sagen — her syntes der at være en piges egne fænomener, og også tilstedeværelsen af et andet væsen, som var usynligt. Historien var nok i høj grad en fordrejning. Historien var, at der var en fejde — at en "stemme" anklagede en nabo, fru Wallace, for at have sendt den ind i Dagg-hjemmet. Hvis denne kvinde usynligt kunne transportere sig selv ind i en andens hjem med henblik på ondskab og forfølgelse, ville vi ikke forvente, at hun anklagede sig selv — men der er et sådant element i et had, som en følelse af utilfredshed med at såre en fjende, hvis ikke offeret ved, hvem der gør det. Også blev anklagen hurtigt forvandlet til en frifindelse.

Jeg har bemærket et tilfælde af hændelser i en butik i London, som jeg fortæller om, mest, fordi det har et stærkt udseende af autenticitet. Ikke en pige, men en dreng var til stede. Jeg ville tro, at handlingerne var hans egne fænomener, hvis det ikke var for omstændighederne ved deres "timing". Med "timing" mener jeg i dette tilfælde forekomsten af fænomener på de samme dage i ugen. Fænomenet "timing", eller forekomsten af handlinger, omkring det samme tidspunkt hver dag, dukker op i mange beretninger om forfølgelser fra usynlige, som jeg ikke har fundet plads til i denne bog.

London *Weekly Dispatch*, 18. august 1907 — forstyrrelser i papirhandelen hos Arthur Herbert George, 20 Butte Street, South Kensington, London, ifølge hr. Georges edsvorne erklæring for edsdommeren, 85 Gloucester-road, South Kensington. George og hans assistent, en dreng eller en ung mand på 17 år, så bøger og bunker af papirvarer glide uforklarligt ned fra hylderne. Alt, hvad de lagde tilbage, faldt ned igen, så de ikke kunne gøre fremskridt i et forsøg på at genoprette orden. Ingen vibration, ingen kraft af nogen art, føltes. To elektriske lamper i vinduet væltede. Så var der livligere aktion: pakker med seddelpapir fløj rundt og ramte George og hans assistent flere gange. George lukkede døren, så kunderne ikke skulle komme ind og komme til skade. Næste dag fløj kasser med papirvarer og flasker med blæk rundt, og fire personer blev ramt. Til denne erklæring var der vedlagt et edsvorent udsagn fra en antikvitetshandler, Sidney Guy Adams, 23 Butte Street, der vidnede om, at han havde set tunge pakker med seddelpapir flyve rundt, og at han var blevet ramt af en af dem. I *Weekly Dispatch*, 1. september, blev det sagt, at der havde været en gentagelse af forstyrrelserne på de samme ugedage (onsdag, torsdag og fredag) som ved de tidligere fænomener. Skaden på varer beløb sig til omkring 10 pund.

Den 31. maj 1905 blev englændere — i et land, hvor rapporteret hekseri er almindeligt — forskrækkede. Dette tabubelagte emne var blevet taget op i parlamentet. Et medlem af underhuset havde fortalt om en sag om hekseri og havde bedt om en undersøgelse.

Se tilbage til "mystiske tyverier". Accepter data og implikationer af næsten enhver af de efterfølgende grupper af historier, og "kattetyve" og andre tyveknægte bliver tænkelige som dygtige i færdigheder, der ikke kan beskrives som "fysiske".

Dean Forest Mercury, 26. maj 1905 — at 50 pund var blevet stjålet fra en skuffe i John Markeys hjem nær Blakeney (Dean Forest). Forsvindingen af disse penge blev anset for uansvarlig. Men hvorfor, kunne jeg ikke finde ud af, fordi indflydelsen fra tabu lagde låg på i dette tilfælde. Medlemmerne af denne husstand kunne ikke forklare, hvordan disse penge kunne være forsvundet, og grubleriet over mysteriet gjorde dem "overtroiske". De bad en kvinde, som ifølge sit ry havde stor viden om hekseri, om at undersøge sagen. Så kom der hændelser, der gjorde dem ekstremt, hysterisk, sindssygt "overtroiske". Det var, som om en usynlig ærgrede sig over forstyrrelsen. Kort efter ankomsten af denne kvinde — Ellen Haywood — gik der noget gennem dette hus og knuste vinduer, service og andre forgængelige ting.

Det er omtrent alt, hvad jeg kan hente fra den lokale avis og fra andre aviser udgivet i omegnen.

Markeys datter brød sammen af rædsel. Der er kun denne optegnelse: ingen oplysninger om hendes oplevelser. Uden detaljer eller kommentarer fortælles det, at Markeys barnebarn blev sindssygt. Begge kvinder blev fjernet, den ene til et hospital og den anden til et asyl. Markeys kone løb skrigende fra huset og gemte sig i skoven. En politiinspektør kom fra Gloucester og organiserede en eftersøgning efter hende; men hun blev ikke fundet. I tre dage, uden mad eller husly, gemte hun sig. Så vendte hun tilbage og fortalte, at hun havde set eftersøgerne, men havde været i sådan en tilstand af rædsel — alt efter, hvad der blev censureret ud af journalerne — at hun havde været bange for at komme ud af sit skjul. Markeys søn blev voldsomt sindssyg, smadrede møbler og sårede sig selv alvorligt og råbte, at hele familien var forhekset. Også han blev bragt til et asyl.

Der var krav om en undersøgelse af denne sag, og det blev givet diskuteret i underhuset. Det blev diskuteret imod tabu. Der er ikke mere at fortælle.

Jeg har notater om en anden sag, der ligner vrede mod en indtrængen — hvis en kvinde døde, men ikke i et epileptisk anfald, som påstået. Der var beretninger i London-aviserne, men jeg tager fra en lokal avis, *Wisbech Advertiser*, den 27. februar 1923, — hr. Scrimshaws hjem i Gorefield, nær Wisbech. Andre medlemmer af Scrimshaws husstand var hans mor på 82 år og hans datter Olive på 16 år. Fænomenerne foregik i nærværelse af denne pige. Først rejste fru Scrimshaws blondehue sig fra hendes hoved. Så styrtede et vandfad på gulvet. Genstande, såsom bøger, tallerkener, et vandfilter, faldt på gulvet. Der var megen smadren af møbler og service. Navne på naboer, der var vidne til disse ukonventionelle forhold, er John Fennelow, T. Marrick, W. Maxey og G. T. Ward. Et klaver, der vejede 400 pund, flyttede sig fra sted til sted. Politikonstabel Hudson var vidne til nogle af fænomenerne. Med hensyn til et forslag om, at Scrimshaw af en eller anden grund af berygtethed eller svindel kunne være impliceret, blev det bemærket, at skaden på møbler beløb sig til omkring 140 pund.

En kvinde — fru J. T. Holmes — som engang før var blevet anklaget for hekseri, gik til dette hus og øvede forskellige besværgelser for at uddrive heksen eller den onde ånd eller hvad som helst. Hun døde pludseligt. Det blev sagt, at hun var udsat for anfald og var død i et af sine krampeanfald. Uanset om hans beslutning vedrørte tabu eller ej, besluttede ligsynsmanden ikke at foretage en efterforskning.

Den 12. december 1930 — se *Home News* (Bronx), den 22. december 1930 — åbnede en beboer i Bronx, Elisha Shamray — som havde ændret sit navn fra Rayevsky — et farmaceutisk laboratorium i Jackson Street, Lower East Side, New York. I løbet af natten døde han. Hans bror, dr. Charles Rayevsky, kom fra Liberty, N. Y., for at arrangere begravelsen. Han døde en uge senere. Næste nat var den tredje af disse brødre, Michael Shamray, Tremont Ave., Bronx, på vej for at arrangere den andens begravelse. Han blev ramt af en bil og dræbt.

I august 1927 var Wayne B. Wheeler, generalrådgiver for Anti-alkoholbevægelsen i America. Den 13. august eksploderede et oliefyr i hans hjem, og hans kone blev dræbt. Senere faldt hans far død om. Den 5. september døde Wheeler.

New York Sun, 3. februar, 1932 — Mount Vernon, Ohio, 3. februar — "Frygt for at den mystiske sygdom, som har dræbt tre unge søskende, kan ramme igen i den samme familie, greb de overlevende medlemmer af husstanden i dag."

Den 24. januar døde Stanley Paazig, 9 år gammel, i sine forældres hjem på en gård nær Mount Vernon. Den 31. døde Raymond, 8 år gammel. Marion, 6 år, døde 2. februar.

Statens sundhedsministerium havde ikke været i stand til at identificere sygdommen. "Kemikere brugte fireogtyve timer på at lave test af det yngste offers blod uden at finde spor af gift."

Kapitel 22

Troen på Gud — på ingenting — på Einstein — et spørgsmål om mode —

Eller at universitetsprofessorer er mannequiner, som dukker op i de seneste rigtige ting at tro på, og guider deres unge kunder på en moderigtig måde. Moder vender ofte tilbage, men for at være populære ændrer de sig. Det kunne være, at en omklædt trolddomslære vil være den rette acceptable. Kom til mig, og måske vil jeg gøre dig stilfuld. Det er ganske muligt at tage overbevisninger, der nu betragtes som umoderne, og gøre dem moderne igen. Jeg tænker på intet i religion, videnskab eller filosofi, der er andet end den rigtige ting, at have på, i et stykke tid.

"Tyfus-Mary" — jeg tvivler på hendes bakterier — eller jeg formoder, at hun var mere ondsindet end bakteriel. Men ingen andre — i det mindste for så vidt angår de offentliggjorte beretninger — som ikke kunne forventes at gå ret langt tilbage i årene 1906-14 — tænkte på at ignorere hendes bakterier og aftappe hendes "stråler". På grund af min egen mistanke om, at der var tale om hekseri, vil jeg i et stykke tid nok blive forfulgt med en godlidende tolerance, men hvis tilbage i år 1906 nogen havde givet som sin mening, at "Tyfus-Mary" var en heks, ville man have grinet ham sønder og sammen.

Ingen anklagede "Tyfus-Mary", undtagen med rette. Ifølge hendes tidsalders dæmonologi distribuerede hun milliarder af små djævle. Hendes sag er indrammet af det uoptegnede. Med hensyn til hendes forhold til sine ofre har jeg intet at hænge min hat på.

Døende mænds og kvinders hjem er blevet bombarderet med sten af uopdagelig oprindelse. Ingen er blevet anklaget. Vi har haft data om uforklarlige eksplosioner, og data om tilsyneladende virkninger af "stråler", ikke fysiske, på motorer. For mig er det tænkeligt, at en fjern fjende usynligt kunne få et oliefyr til at eksplodere og dræbe en kvinde, og så — hvis med andre midler end nogen kendt radioaktivitet flyvemaskiner nogensinde er blevet plukket ud af himlen — udvælge andre medlemmer af hendes eksisterende familie. Eksplosionen af oliefyret er simpelthen et brag, sådan som tegnere nogle gange tegner, med en tom margin. Men der har været tilfælde med personer, der blev anklaget for hekseri.

Denne erklæring — som enhver anden erklæring, stammende fra USA's højesteret, fra en vuggestue, fra et møde i det amerikanske videnskaberne selskab, eller fra imbeciles sladder — betyder hvad som helst, nogen vil have den til at betyde. En fortolkning er, at overtroiske mennesker har tilskrevet forskellige ulykker, som sandsynligvis skyldtes deres egen uvidenhed og inkompetence, til naboernes ondskab. I hvert fald er disse sager skitser af forhold til omgivelserne, og indtil videre har vi været i en ondskabens have, hvor der blomstrede dødsfald og ødelæggelser, uden synlige stængler og uden tegn på eksistensen af rødder.

New York Evening World, 14. september 1928 — Michael Drouse, en landmand, der boede i nærheden af Bruce, Wisconsin, som skød og dødeligt sårede John Wierzba, 44, fortalte sherif Dobson, at han gjorde det, fordi Wierzba havde forhekset hans køer. *New York Times*, 8. september 1929 — proces fra Rye (N. Y.) National Bank mod Leland Waterbury i Poundridge for at få en ejendom tilbage, som banken hævdede var blevet taget fra dens klient, Howard I. Saires, ved "ondt øje-metoder". "Sagen er blevet kendt som 'Westchester-trolddomssagen'." *New York Times*, 9. oktober 1930 — anklager for trolddom rejst mod Henry Dorn fra Janesville, Wis. "Efter at et medlem af statens retslægeråd havde lyttet til anklagerne om trolddom, sagde han, at han var overbevist om, at de var ubegrundede." Dorns søster havde anklaget ham for at "kaste sygdomsbesværgelser" over medlemmer af hendes husstand.

Sådan blev den sag klaret.

Jeg bryder mig ikke om spådomskunst. Jeg kan ikke lide tanken om at kunne spå, hvad enten man kalder det sådan eller har en prætentiøs betegnelse. Men jeg tror, at enhver kunne forudsige udfaldet hos ethvert medlem af et hvilket som helst statsligt retslægeråd, som ville sige om enhver anklage for trolddom, at han var overbevist om, at den var velbegrundet.

Der var andre anklager mod Dorn. De minder om anklager i gammeldags hekseprocesser —

At Dorn havde fået æbler til at rådne på træer, køer til ikke at give mælk, og høns til at holde op med at lægge æg.

Modstandere af ideen om hekseri er meget påvirket af deres manglende evne til at forestille sig, hvordan nogen kunne få æbler til at rådne; manglende evne til at visualisere processen med at få en ko til af ophøre med at give mælk, eller komme ind i en hønes organisme og stoppe hendes produktioner. Og videnskaben fortæller dem ikke, hvordan dette kunne gøres. Så.

Den kan heller ikke forestille sig, hvordan noget får æbler til at vokse, eller hvorfor de ikke rådner på træer; hvordan mælken fra en ko udskilles, eller hvorfor den ikke skal producere mælk; hvordan ægget af en høne udvikler sig. Og videnskaben fortæller dem det ikke.

Enhver er sig selv nærmest, og redde sig hvo, som kan — og fordømmelse er at acceptere enhver messias' tilbud om frelse. Vi får at vide for meget, og vi får at vide for lidt. Vi stoler på. Og for to nåle — efter at have haft oplevelser, hvormed jeg er ret sikker på, at ingen nogensinde har to nåle, når der er brug for dem — ville jeg afslutte denne bog som en personlig filosofi, eller for mig selv, alene, og derefter brænde den. Enhver er sig selv nærmest, eller han er ikke hvem som helst.

Enhver tænker er sig selv nærmest. Han kan ikke høre om andet end overflader. Teologiske fundamentalister siger med overbevisning, at de tror, at alle ting har skabere — at Gud har skabt alle ting. Hvad skabte så Gud? spørger selv små drenge. Rummet er krumt, og hinsides rummet, eller rum-tid, er der intet, siger professor Einstein. Han kan også forstås som, at han siger, at det kun er i forhold til noget andet, at alt kan krummes.

Denne bog er gennemsyret af noget, der kan fortolkes som hjælpeløshed og håbløshed — fravær af noget i videnskaben mere end tilnærmelsesvist at stole på — trøster og forsikringer om religion, men enhver anden religion ville også gøre det — alle fremskridt tilbage til deres udgangspunkter — filosofier kun intellektuel klædedragt —

Men hvis enhver er sig selv nærmest, er det mit udtryk, at han ud fra sin illusion om, at han har et selv, kan udvikle et.

I optegnelser om hekseprocesser optræder ofte erklæringen om, at den anklagede person blev set på tidspunktet for handlingerne i en delvis synlig eller semi-substantiel tilstand. I juni 1880, ved High Easter, Essex, England (*London Times*, 24. juni 1880), var der poltergeistforstyrrelser i hjemmet hos en familie ved navn Brewster. Møbler vandrede. En seng vuggede. Hr. Brewster så, eller troede han så, en skyggeagtig form, som han genkendte som sin nabo Susan Sharpes. Han og hans søn gik til kvindens hjem og slæbte hende til en dam. De kastede hende i dammen for at se, om hun ville synke eller flyde. Men selvom dette engang var den videnskabelige ting at gøre, havde moden inden for videnskaben ændret sig. Brewster og hans søn blev arresteret og fik påbud om at bevare freden — ligesom enhver kvinde burde få, der i myldretiden i metroen ville dukke op i en underkjole.

En sag, der var en blanding af ældgamle anklager og moderne forklaringer, blev rapporteret i London *Evening News*, 14. juli 1921 — det vil sige "mystiske sygdomme", der tilskrives en fjendes handlinger, men i et forsøg på at forklare dem materialistisk. Beboere i et hus i Putney havde i retten i det sydvestlige London anklaget deres nabo Frank Gordon Hatton for at "administrere giftige dampe ned i deres skorsten". Da han sagde, at klagerne ikke havde bevist deres sag, afviste dommeren anklagen.

Hvis nogen kunne have en fornuftig idé om, hvad han mener med sindssyge, ved han måske, hvad han tænker på ved at fremføre denne bekvemme måde at forklare ukonventionel menneskelig adfærd på. Uanset hvad sindssyge formodes at være, kan det ikke på tilfredsstillende måde anvendes som forklaringen på to personers tro i forhold til et sæt omstændigheder. Ifølge avisberetninger om et mord i juli 1929 blev Eugene Burgess og hans kone, Pearl, sindssyge sammen over det samme forhold. Det var deres overbevisning, at da Burgess' mor døde i år 1927, var hun blevet "villet ihjel" af en nabo, fru Etta Fairchild. Det var deres overbevisning, at denne kvinde havde påført deres datter sygdom. De dræbte fru Fairchild. I en beretning i *New York Sun*, den 16. oktober 1929, beskrives fru Burgess: "Idet man tror på sammenligningen med de uvidende bondekvinder, som har stået for retten for lignende forbrydelser i hundreder af år, ser fru Burgess ud som en velstående klubkvinde."

Disse er beretninger om beskyldninger om hekseri af personer mod andre personer i henhold til deres overtro eller opfattelser. Nu vil der være beretninger om tilfælde, hvor der er antydninger af hekseri mod mig, ifølge min uvidenhed eller oplysning.

Chicago Tribune, 14. okt. 1892 — mirakuløse — men slet ikke ekstraordinære — begivenheder i hjemmet hos Jerry Meyers, en landmand, der bor nær Hazelwood, Ohio. Meyers havde været fraværende fra sit hjem for at køre sin kone til banegården. Da han vendte tilbage, hørte han en hysterisk historie fra sin niece, Ann Avery fra Middletown, Ohio, som var på besøg hos ham. Kort efter, at han og fru Meyers havde forladt huset, var der blevet kastet sten efter hende eller faldet ned omkring hende. Genstande i huset bevægede sig mod hende. Hr. Meyers var sikkert forbavset over at høre dette, men han ønskede alligevel sin frokost. Pigen gik ud i stalden for at samle æg. På vej tilbage faldt der sten omkring hende. Uanset om Meyers fik sin middag eller ej, så fik han fat i en pistol. Naboer havde hørt om hændelserne. Posteret omkring huset var mænd med haglgeværer: men sten af ukendt oprindelse fortsatte med at bombardere huset. Ann Avery flygtede tilbage til sit hjem i Middletown. Fænomenerne stoppede.

I dette tilfælde med pigen, der blev fordrevet fra sin onkels hjem, er den omstændighed, som jeg nævner som væsentlig, at angrebene med sten begyndte kort efter, at fru Meyers forlod huset. Det blev sagt, at hun var taget hen for at besøge venner i landsbyen Lockland. Selvfølgelig er høflighed ofte lidt sær, men der er en god portion særhed i høfligheden hos nogen, der ville besøge et andet sted, mens hendes mands niece var på besøg i hendes hjem.

Omkring sidst i november 1892 i byen Hamilton, Ontario, var en mand på vej til en jernbanestation. I en celle i et fængsel i Fall River, Massachusetts, sad en kvinde.

Henry G. Trickey var i Hamilton på vej til en jernbanestation. I Fall River-fængslet var Lizzie Borden, som blev anklaget for at have myrdet sine forældre.

I august 1892 havde Trickey, en reporter fra *Boston Globe*, skrevet, hvad der blev beskrevet som en "skandalehistorie" om Lizzie Borden. *Globe* erfarede, at historien var falsk, og undskyldte. Trickey blev tiltalt.

Han tog til Canada. Det ser ud, som om han var flygtet fra anklagemyndigheden.

Lizzie Borden sad i sin celle. Der kan have været noget mere dødbringende end et anklageskrift, hvorfra der ikke var nogen flugt for Trickey. Mens han gik ombord på et tog ved Hamilton, faldt han og blev dræbt.

I byen Eastbourne, Sussex, England, i april 1922, blev John Blackman, en kendt arbejderleder, sat i fængsel på grund af restancer for underholdsbidrag til sin kone. Dommeren, der dømte ham, døde pludseligt. Da Blackman blev løsladt, nægtede han stadig at betale, så han kom tilbage i fængsel. Dommeren, der sendte ham tilbage, "døde pludseligt". Han fortsatte med at nægte at betale, og to gange blev han igen sat i fængsel, og hver gang døde dommeren i hans sag "pludseligt". Se *Lloyd's Sunday News* (London), 14. oktober 1923.

Den 29. november 1931 var der en amatørteaterforestilling i frøken Phoebe Bradshaws hjem, 106 Bedford Street, New York City. *Skurk* — Clarence Hitchcock, 23 Grove Street, New York. *Bedraget ægtemand* — John L. Tilker, 1976 Belmont Avenue, Bronx. Tilker fik en pistolattrap. Han bar også sin egen ladte revolver, som han havde tilladelse til. Da tiden kom, skød Tilker med sin egen revolver mod Hitchcock og ramte ham i halsen. "Han var tilsyneladende ny i skuespilfaget og affyrede i sin begejstring sin egen revolver i stedet for attrappen." Hitchcock lå døende på St. Vincent's hospital. Snart efter skete der noget med Tilker. Han blev bragt til Willard Parker-hospitalet, lidende af, hvad der siges at være skarlagensfeber. Hitchcock døde 17. januar 1932. Se *New York Herald Tribune*, 18. januar 1932.

New York Evening Journal, 6. februar 1930 — "To bitre kvindelige fjender ligger på døens rand i dag, den ene af dem "er i bedring", mens den anden er svagere og i en yderst kritisk tilstand. Begge er ramt af kræft. De er fru Frances Stevens Hall og hendes mest hadede modstander i den berømte Hall-Mills-retssag, Jane Gibson, hvis vidnesbyrd blev brugt i et forsøg på at sende fru Hall i den elektriske stol."

Den 8. februar døde Jane Gibson.

I efteråret 1922 var fru Jane Gibson endnu en robust landmandskone. Det var hendes anklage, at hun natten til drabet på dr. Edward Hall og Elinor Mills, den 14. september 1922, havde set fru Hall bøje sig over ligene. Så hun vidnede. Hun vendte tilbage til sit hjem og blev kort efter ramt. Ved en fornyet retssag i november 1926 gentog hun anklagen, selvom hun måtte bæres ind i retssalen på en båre. "De fleste af hendes dage siden den tid blev tilbragt på hospitalet."

Kapitel 23

Døde mænd i en Harlem-park — og huse er revet i stykker af eksplosioner af ukendt oprindelse — en usynlig hårklippers snigen omkring — vampyrer og mord — en pige teatralsk stukket ned på en trappe for øjnene af et stort publikum — en kvindes indre organer fortæret af ild til ukendelighed —

Og de gæveste modstandere af hekseri, den ene med forfølgelser og den anden med benægtelser, har været religion og videnskab —

Og mere magt til dem, for det —

Bortset fra, at hekseri er rystende.

I vores bindestregs-eksistens kan det rystende kun være ét syn på en tilstand, der kombinerer det mest forfærdelige og det mest attråværdige. Religion er tro på et højeste væsen. Videnskab er tro på en suveræn generalisering. Grundlæggende er de det samme. Begge er undertrykkere af hekseri, og jeg vil tage disse modsætninger op sammen. Men i en tilstand af virkelighed-uvirkelighed kan der ikke være reel opposition. I vores bindestregs-eksistens er det, der kaldes opposition, kun ét syn på tilstanden af opposition-stimulation.

Der er ingen måde at dømme noget på, undtagen gennem dets manifestationer. Lige så meget som den har været lys, har religion været mørke. I dag er den tusmørke. Tidligere var det barmhjertighed og næstekærlighed og forfølgelse og blodigt, manisk, sadistisk had — salmer fra kapeller og skrig fra hellige slagtehaller — forhåbninger, der steg op fra denne jord med røg fra brændende kroppe. Jeg kan sige, at fra religion har vi aldrig haft modstand, fordi der aldrig har været religion — det vil sige, at religion aldrig har eksisteret adskilt fra alle andre dyder og laster og velsignelser og plager — at religion, ligesom alle andre påståede ting, væsener eller institutioner, aldrig i endelig forstand har haft identitet. En ivrig ateist kan opfattes som religiøs. Eller jeg kan

184

indtage det umonistiske synspunkt og acceptere, at der er, eller plejede at være, religion, ligesom jeg praktisk talt ignorerer, at alle ting og væsener i mine daglige oplevelser er så forbundet med hinanden, at de ikke har identiteter, og passer min daglige dont, som om ting og væsener virkelig var entiteter.

New York Sun, 26. marts 1910 — udbrud af bjerget Ætna — folk fra Borelli bedende — fremvældende lava. Den smeltede flod bevægede sig videre mod et kapel. Her samlede de bedende sig. Lavaen nåede kapellet og ændrede pludselig kurs.

New York Times, 27. juli 1931 — "En genoplivelse af den gamle regndans hos nordlige Saskatchewan-indianere rapporteres at have fundet sted for nylig på trods af forbud fra regeringsagenter. Markerne var udtørrede, og kvæget led, da høvding Buffalo Bow, leder af File Hills-reservatet, besluttede at påkalde Den Store Ånd. Den 48 timer lange dans, ledet af seks sangere i stafet, centrerede sig om et stort træ, på hvis bark en anmodning om hjælp var udskåret. Den Store Ånd syntes at svare, for kort efter at de mystiske ritualer var blevet udført, begyndte regnen og fortsatte i to dage, den 14. og 15. juli, og bragte lettelse over hele Saskatchewan."

Hvis både Jehova og Den Store Ånd ifølge flertallet af jordens indbyggere er myter, så var lava, hvis den alligevel ikke ville have ændret sin kurs, og regn, hvis den alligevel ikke ville være faldet, påvirket af hekseri, hvis der findes hekseri. Min generelle situation er enhver matematikers. Overvej ethvert af hans teoremer. Kræfternes parallelogram. I lærebøgerne virker denne demonstration — hvis de virkende kræfter er uden uregelmæssigheder — hvis modstandene er uforanderlige — hvis legemet handlede på det uforanderlige — hvis eleven ikke har nogen bevidsthed om de forandringer og uregelmæssigheder, der findes overalt.

I London *Daily Chronicle* blev der den 7. juli 1924 rapporteret et tilfælde med en engelsk pige, der var kommet tilbage fra Lourdes, helbredt, troede hun. Det er ikke ofte, læger vil have noget at gøre med disse tilfælde; men det blev besluttet at efterforske denne sag. På Hospital of St. John and St. Elizabeth, St. John's Wood, London, blev pigen undersøgt af 50 læger. Hun var taget til Lourdes med en sygeplejerske. Sygeplejersken blev afhørt og vidnede, at pigens hånd var dækket af sår fra blodforgiftning, og at hun var blevet helbredt i Lourdes. Pigens syge tilstand, da hun ankom til Lourdes, blev bekræftet af tre læger fra Lourdes. Sårene var forsvundet, men en vis sammentrækning af hånden blev tilbage. Den officielle erklæring fra de 50 læger, som ikke var fra Lourdes, var: "Af de fremlagte beviser findes helbredelsen ikke bevist."

Jeg ville gerne komme over en rapport om 50 droskekuskes meninger om biler, dengang biler var nye og usikre, men kun udgjorde en ringe trussel mod kuskenes indtægter.

I *New York World-Telegram*, 24. juli 1931, er der en historie om en dreng, som på Medical Center Hospital, New York, var blevet helbredt for lammelse, da han rørte ved en knoglestump fra St. Anne, der var bragt til hospitalet fra Church of St. Anne, 110 East 12th Street, New York City. Drengen var søn af Hugh F. Gaffney, 348 East 18th Street, New York City.

Hvis der ifølge flertallet af jordens indbyggere ikke er mere guddommelighed i Lourdes eller på 110 East 12th Street end noget andet sted, er der grunde til at tro, at det er hekseri, der praktiseres disse steder.

Guds funktion er i fokus. En intens mental tilstand er umulig, medmindre der er noget, eller en illusion om noget, at fokusere på. Givet enhver anden lige så brugbar koncentrationsanordning, er bønner unødvendige. Jeg tænker på bønnernes magi. Jeg tænker på magien ved blasfemi. Der er hekseri i religion: der kan være hekseri i ateisme.

I *New York Evening World*, 19. september 1930, er der en beretning om glæde i Napoli: råben fra folkemængder og ringen med kirkeklokker. I Cappella del Tesora-katedralen var kapslen med "Sankt Januarius' blod" stillet frem. Det havde kogt.

Det er min forestilling, at hvis der stærkere end troen i Napoli havde været et ønske om en afvisning af dette mirakel, kunne "Sankt Januarius' blod" have frosset.

Den 5. marts 1931 — se *New York Herald Tribune*, 6. marts, — knælede 15000 troende ved en pavelig højmesse på Municipal

Plaza i San Antonio, Texas. I betragtning af den intense modstand mod katolicismen i Mexico på dette tidspunkt, tænker man på, om noget af denne følelse også kan have været til stede i San Antonio. Fra en palme faldt den øverste dusk ned i den knælende menighed. Seks personer blev kørt på hospitalet.

Mit generelle udtryk er, at nogle af de rapporterede fænomener, der kaldes "mirakler", formentlig *er* sket, men er blevet vilkårligt overtaget af religionisterne, selvom de lige så lidt tilhører præsterne, som de tilhører omrejsende sælgere — at videnskabsmænd er blevet frastødt af de rapporterede fænomener på grund af frygt for kontaminering med præstekunst — men at enhver videnskabsmand, der prædiker "videnskabens idealer", og også lader frygten for kontaminering påvirke sig, er lige så falsk over for sine prædikener, som nogen præst nogensinde har været over for sine.

Se *New York Herald Tribune*, 6. december 1931 — en beretning om åbningen af Saint Francis Xaviers kiste i Goa, Portugisisk Indien.

"En særlig udsending, sendt af pave Pius XI, ledede den ceremonielle procession, hvor tre ærkebiskopper, femten biskopper og hundredvis af andre medlemmer af gejstligheden marcherede. En skare på ti tusinde mennesker hørte den pavelige messe og velsignelse i Don Jesus-kirken."

"Menigheden vandrede forbi kisten og kyssede den døde helgens fødder."

Men der har været videnskabsmænd, især læger, som på trods af smittefare ikke er blevet holdt tilbage fra undersøgelser.

I januar 1932 fortalte aviserne i New York, at mange mirakler var blevet rapporteret i Goa.

Der er ingen modstand, mere ren og skær, mod hekseri end den, der kommer fra religionister. Det kaldes konkurrence.

Kapitel 24

Vores eneste vigtige opposition er ikke videnskaben, men en tro på, at vi er i konflikt med videnskaben.

Dette er en gammeldags tro. Der er intet fortalt om i denne bog, der er mere krænkende for gamle tiders dogmer, end nobelpristageren dr. Bohrs teori om, at solen "henter" sin energi intets steds fra.

Kvanteteorien er en lære om magi. Ideen om at lege springfrø uden at skulle springe over den anden frø, er simpelthen endnu en repræsentation af ideen om at gå ind i et lukket rum uden at passere gennem væggene. Men der er stor forskel på "autoritative udsagn" og mine udtryk. Det er forskellen mellem subatomare begivenheder og hændelser i pensionater. Forskellen er i mange sind — i modsætning til mit sind, hvor alle ting er fænomener, og hvor optegnelser er eller kan være data — hvor elektroner og protoner er værdige småting, mens grænsegængere og vagabonder på parkbænke ikke kan tages højtideligt. Charles Darwin blev modtaget på samme måde, da han i stedet for akademiske spekulationer om evolution talte om insekter og knogler og dyrs indre. Selvfølgelig ikke, at jeg mener noget med noget som helst.

· Kvante-magi er en doktrin om diskontinuitet. Så det ser ud til at være i modsætning til mine bindestregs-udtryk, som i det hele taget synes at være en filosofi om kontinuitet. Men jeg har indikeret, at jeg også binder streger i en anden "dimension". Jeg opfatter alle fænomener som repræsentanter for kontinuitet i én "dimension" og som repræsentanter for diskontinuitet i en anden — det vil sige alle fænomener, som indbyrdes afhængige og bundet sammen med hinanden, eller kontinuert og samtidig så individualiserede, at intet er nøjagtigt som noget andet, eller at alt er alene eller diskontinuert. Jeg opfatter vores eksistens som én organisk tilstand eller et væsen, der er et individ, eller som ikke er relateret til noget andet, såsom andre eksistenser, i kosmos, dets enhedstilstand udtrykt i kontinuiteten af dets indre fænomener, og dets tilstand af individualitet, eller adskillelse fra alt andet i kosmos, udtrykt i en gennemtrængning af denne individualitet, eller diskontinuitet, gennem alle dens fænomener. Selvfølgelig, hvis ordet *kosmos* betyder *organiseret universalitet*, misbruger jeg ordet her. Af forskellige årsager lader jeg det stå.

Der er masser af personer, der anser sig selv for opdaterede, eller forud for det; som udveksler argumenter i det seneste, videnskabelige sprog, og tror på alt, hvad de får fortalt, at de skal tro om elektroner, men ville være ude af stand til at udvide en idé fra elektroner til pensionærer — selvom de hævder, at hver grænse kun er en sammensætning af elektroner — og fortsætter med at tænke på sager generelt i gammeldags, materialistiske termer.

Nuvel, i gammeldags vendinger, hvad fik jeg i morges til morgenmad?

Jeg tænker: derfor spiste jeg morgenmad.

Hvis der ikke kan trækkes nogen grænse mellem ens morgenmad og ens tanker, eller mellem et korn og en tankeproces, er dette kontinuiteten af det materielle og det immaterielle. Hvis der ikke er noget materiale, som er absolut differentieret fra det immaterielle, hvad bliver der så af enhver opposition fra det, der stadig kan overleve af det, der kaldes *materialistisk videnskab*?

"Videnskab er systematiseret og formuleret viden."

Så er enhver, der har systematiseret og formuleret viden nok til at dukke op til tiden ved morgenbordet, i den grad videnskabsmand. Der er videnskabelige hunde. De fleste af dem har en stor del af systematiseret og formuleret viden. Katte og kaniner og alle de irriterende sydamerikanske gnavere, der blev opdaget af krydsordsmagere, er videnskabsmænd. En magnet udvælger og klassificerer videnskabeligt jernspåner fra en masse forskellige materialer. Videnskab eksisterer ikke som en skelnelig enhed.

Vores data har været om hekseri i kærlighedsforhold; i småbyfnidder, og lejlighedsvise mord uden betydning. Ifølge fantomet *materialistisk* videnskab er der intet hekseri. I monistisk forstand er jeg enig. Hekseri er så forbundet med andre "naturkræfter", at det ikke kan udpeges til at have en selvstændig eksistens. Men med hensyn til almindelige illusioner accepterer jeg, at der er hekseri; og bare for at synes at mene modsat, hvilket skaber større interesse, lader jeg som om, der er videnskab.

Stjerner og planeter og ultraviolette stråler fra Solen — palæolitiske og neolitiske interrelationer, og zymotiske multiplikationer og tetrahedronisk ækvilateralitet —

Og den lille Colwell-pige, som holdt brandmændene beskæftiget — og en knægt ved navn "Rena" blev klippet — der var et hus, hvori en gryde brun sæbe vandrede fra rum til rum — en kvinde alene i en kupé i et jernbanetog, og så var hun måske ikke alene.

Enhver akademisk videnskabsmands foragt — hvis der er en akademisk videnskabsmand blandt nutidens sensationsforskere — for det, jeg kalder hekseri-dataene —

Og nu er mit emne hekseri i naturvidenskab.

I år 1913 annoncerede den tyske videnskabsmand Emil Abderhalden sin opdagelse af syntesen af uorganiske materialer til spiselige stoffer. Det blev sagt, at for at undgå al usikkerhed — dette i de prægtige gamle dage, hvor alle videnskabsmænd var sikre — var denne kundgørelse længe blevet tilbageholdt. Men eksperimenter havde været succeser. Hunde, der blev fodret med syntetiske fødevarer, havde taget forbavsende på i vægt sammenlignet med hunde, der var blevet fodret med almindelige måltider. Rapporter blev opstillet i kolonner og tabeller. Statistikker — meget statistiske. Så kom krigen. Hvis dr. Abderhalden, eller nogen anden i Tyskland, ud af mudder af forskellig art kunne have fremstillet disse påståede måltider, ville vi måske alle kæmpe den dag i dag. Som det er, har vi haft en hvilepause og kan lave den nødvendige avl, inden vi igen starter op med grusomheder. Så, i det mindste af hensyn til voldsomme nye vederstyggeligheder, ser det ud til at være heldigt, at nogle af de bredt annoncerede videnskabelige succeser ikke var så vellykkede.

Men hundene blev fede.

Der er næppe et årligt møde i nogen fremtrædende videnskabelig forening, hvor fremragende læger og professorer ikke fremsætter bekendtgørelser om store opdagelser, som ved lange og omhyggelige eksperimenter, konstruktive og eliminerende tests og beskyttet mod alle mulige fejlkilder, er blevet bekræftet. Et år eller så senere er disse velsignelser for den lidende menneskehed glemt. Næsten altid bliver der ikke sat særligt spørgsmålstegn ved disse meddelelser, og de skaber ingen forvirring hos deres sponsorer. Der er megen "videnskabelig forsigtighed". En videnskabsmand ved ikke, om han måske selv kommer med en meddelelse en dag. Men omkring midten af juli 1931 blev professor Wilhelm Gluud fra det westfalske universitet i Münster ikke modtaget med den sædvanlige "forsigtighed". Professor Gluud annoncerede — disse professorer siger aldrig blot noget — at syntetisk æggehvide kunne fremstilles af kul. Dette drømmeri blev angrebet, og senere, i juli, indrømmede professor Gluud, at han havde været "for tidligt" ude med sin annoncering.

Men noget havde overbevist en internationalt reputeret videnskabsmand, så han havde risikeret sit ry ved at komme med sin annoncering.

Sådan man er tilbøjelig til at tænke.

Hvis han ikke havde lavet nogen eksperimenter og ganske enkelt og uansvarligt var begyndt at plapre løs til offentligheden, har vi noget mere monisme og kan ikke trække nogen grænse mellem en westfalsk professor og en Coney Island "udråber". Men hvis han *lavede* eksperimenter, og hvis han, på trods af senere udviklinger, som viste, at succes ifølge kemiske principper var umulig, alligevel havde haft grunde til at tro, at nogle af hans eksperimenter var succeser, så var disse succeser, der stemte overens med hans teori, virkeliggørelser af hans forestillinger.

Omtrent på samme tid (juli 1931) skabte en anden videnskabsmand furore. Den russiske fysiolog Pavlov havde annonceret, at han havde lært hvide mus at reagere på en klokke ved spisetid —

Men se nu her!

Hvor nedladende bør personer, der bruger deres tid på at ringe

191

med middagsklokker for mus, være over for andre, der samler beretninger om omfarende gryder med brun sæbe?

Det var Pavlovs erklæring eller "annoncering", at han havde lært hvide mus at reagere på en klokke ved spisetid, og at en ny generation af hvide mus havde været endnu mere ivrige efter at reagere. Denne forbedring antoges af være udtryk for kumulative arvelige påvirkninger.

Men Sir Arthur Thompson fra Aberdeen, Skotland, kom med en annoncering.

Og se nu her, igen! Jeg vil gerne høre Sir Arthurs mening om værdigheden af sådanne emner som "den forsvindende mand" og sten, der blev kastet mod en bondes niece. Han havde også ringet med middagsklokker for dyr.

Thompsons annoncering var, at han ikke havde bemærket nogen forbedret indlæringsevne hos en ny generation af hvide mus. Hvorpå Pavlov trak sin annoncering tilbage og sagde, at han måtte være blevet bedraget af sin assistent.

Dette er ved at blive et standardtilbagetog. Før han skød sig selv i august 1925, forklarede professor Kammerer, anklaget for at have forfalsket, med indisk blæk, hvad han kaldte erhvervede karakterer på jordemodertudsers fødder, at han var blevet forrådt af en assistent.

Jeg forestiller mig, at selvom Pavlov trak sig tilbage for en "højere autoritet", kan hans hvide mus have været mere opmærksomme i den næste generation, selvom ingen andres hvide mus ville have haft nogen bedre dømmekraft selv i en femtende generation — og det, skønt biologisk set, "parringspletter" umuligt kunne dukke op på fødderne af professor Kammerers tudser —

Billeder på hagl — et ansigt på en katedralvæg — og et insekt ser ud som et blad —

At det kan være, at en mand ikke helt bedrog sig selv og andre, men at svage mærker viste sig på tudsers fødder som svar på hans teori — men i al den begyndende usikkerhed og forsvinden — at professor Kammerer, overbevist om, at han havde ret, kan have suppleret svage markeringer med indisk blæk, bare for at holde den gående, på et tidspunkt med undersøgelse — derefter afsløring — selvmord.

Historien om annonceringer af kræftkure er en optegnelse over store succeser i behandlingen af kræftsyge hunde, katte, høns, rotter, mus og marsvin — efterfulgt af appeller til offentligheden om midler til undersøgelse af de ukendte årsager og den stadig uopdagede kur mod kræft. Se blot optegnelserne over kræftfremkaldende vækster, der ifølge triumferende annonceringer er blevet absorberet eller stoppet hos mus og marsvin, og prøv at tro, at alle kun var bevidste bedrag. Min gode-dårlige mening om den menneskelige natur vil ikke holde til det. Men hvis nogle af disse eksperimenter var de succeser, de blev sagt at være, og hvis behandlingerne nu afvises eller glemmes, var disse succeser virkeliggjorte forestillinger. Jeg kender intet i videnskaben, der ser ud til at være bedre etableret end, at der har været nogle helbredelser af kræft under radium-behandling. Men i år 1930 udsendte den britiske radiumkommission en advarsel om, at brugen af radium ikke var blevet fastslået som en kræftkur. For mig ser det ud, som om der — i al alvoren og charlataneriet, hengivenheden til idealer og uoprigtige bedragerier, udnyttelsen og tagen ved næsen af denne kult — faktisk er sket nogle helbredelser ved brug af radium; men at påføringer af brun sæbe ville have gavnet lige så godt, hvis de havde været underlagt en lige så intens tankegang —

Hvilket bringer os til den forfærdelige unødvendighed af vivisektion, hvis eksperimenter på dyrene i en legetøjs Noas Ark, for at helbrede dem for deres splinter, ville være lige så oplysende, hvis noget kan fortolkes til at mene noget, som nogen vil have det til at mene — i en tilværelse, hvor der ikke er mening, men mening-meningsløshed.

Og — uden at ville skrive tre eller fire hundrede sider om dette emne — vil jeg ikke gå synderligt meget ind på optegnelser om professorale slyngler eller trofaste og hengivne videnskabsmænd, som har udnyttet eller har forsøgt at betjene gamle særlinges ønsker om at brillere. Jeg tager fra *New York Evening Post*, 12. april 1928, en beretning om "opdagelser af stor betydning for videnskaben om foryngelse", som annonceret i Berlin af professor Stei-nach til den årlige kongres for tyske kirurger. Professor Steinachs meddelelse var, at han havde opdaget hemmeligheden bag foryn-gelse ved brug af hypofysen. Hvis en læser ikke er helt sikker på, hvor hypofysen sidder, minder jeg ham om, at den er forbundet med infundibulum. Det er i en del af kroppen, der er dybt invol-veret i seksuelle relationer. Det er i hjernen.

Dr. Steinach annoncerede, at han med tolv injektioner af hy-pofyse-serum i senile rotter havde "genoprettet deres svigtende appetit, fremkaldt ny hårvækst, forynget alle kropsfunktioner og generelt havde forvandlet syge eller halvdøde væsener til ungdom-melige dyr."

Der er hekseri i videnskaben -

Hvis skaldede gamle rotter er blevet unge og behårede — hvis hunde, fodret med kulprodukter, forbavsende er blevet fedet — hvis titusindvis af mus og marsvin på magisk vis er blevet tykke, eller er blevet tynde, i nærværelse af forsøgsledere —

Hvis ikke i alle disse tilfælde den forræderiske eller måske god-hjertede assistent har smuttet f.eks. en rask og behåret ung rotte ind i en affældig gammel skrantendes plads; eller har i gedulgt slyngelagtighed, eller velvillighed, kødfuldt suppleret føden for hunde, der formodedes at trives på kulprodukter —

Hvis ikke i alle disse tilfælde eminente bedragere har lagt sna-rer ud for dollars.

Min pseudokonklusion, eller accept — som er så vidt, jeg kan gå i den fiktion, vi lever i — er, at nogle af disse annonceringer har været næsten trofaste rapporter om hændelser; og at senile rotter ved heksekunst eller som reaktion på intense ønsker fra forsøgsle-dere har mistet alderdommens kompensationer og igen lidt ung-dommens plagende rastløshed — alt dette ved hekseri og ikke ved injektioner, der i sig selv ikke kunne have nogen mere foryngende effekt på enten rotter eller mennesker end på mumier.

Men hvis professor Steinach ved hekseri eller på grund af tro-ens virkning får hår til at vokse ud på en rottes skaldede hud — for ikke at sige noget om de mere lystelige virkninger af hans praksis — hvordan kan det så være, at han ikke var lige så vellykket med de menneskelige undersåtter af hans trolddom? I dag er Steinach-behandlingen miskrediteret. Særligt destruktive har doktor Alexis Carrels angreb på den været. Det kan være, at professorens egen grådighed besejrede ham. Det kan være, at han fejlede, fordi han spredte sin trolddom blandt for mange kunder.

Kapitel 25

Hvis jeg kan bygge bro over en kløft —

Derefter, at en indbygger i Remiremont, i et øjeblik af religiøs ophidselse, med fokus på et punkt på himlen, overførte en billed-gengivelse fra sit sind til haglsten —

Hjørnet på Coventry Street — gader i Japan, Kiel, Berlin, New York City — andre steder — og at sår, som misantroper har forestillet sig, er dukket op på folks kroppe —

Eller historien om sømanden ombord på dampskibet *Breeshe*, i december 1931 — og at det var under en storm — og at i sindet på en anden ombord på dette fartøj et had dannede et billede af denne mand som ramt af lynet, og at på hans hoved viste sig et sår som afbildet.

Kløften, eller den formodede kløft, er forskellen, eller den for-modede, absolutte forskel mellem det forestillede og det fysiske.

Eller for eksempel Ambrose Smalls forsvinden fra Toronto — og det var lige det, hans sekretær, som havde begået underslæb mod ham, sandsynligvis ønskede sig, idet han var uvidende om, at en revision ville røbe ham. Et billede, i sekretærens bevidsthed, af hans arbejdsgiver, der skydes væk til Patagonien, til Franz Josef Land eller til månen — så langt væk, at han aldrig kunne kom-me tilbage — men kunne det forestillede realiseres? Eller hvorfor holdt jeg ikke øje med aviserne i december 1919, som omtalte liget af en mand, der var skyllet op på en strand på Java med næppe læselige papirer i lommerne, der indikerede, at manden var canadier? Er de såkaldte asteroider kroppe af mennesker, der er blevet forhekset ud i det ydre rum?

Rose Smith — at da hun blev løsladt fra fængslet, krøb hen-des visualiseringer op bag hendes tidligere arbejdsgiver og dræbte ham? Ifølge nogles mening kunne jeg lige så godt prøve at tænke på en skurk i en film, der pludselig springer ud af lærredet og angriber folk blandt publikum. Det har jeg ikke prøvet endnu.

Sagen Emma Piggott — og brandene i hendes arbejdsgiveres hjem var lige præcis det, pigen, der var forskrækket over omfanget af sine tyverier, måske havde ønsket sig. Der er også data, der kan betyde, at denne pige på grund af oplevelser, ukendte for nogen anden, vidste, at hun kunne starte brande på afstand.

Der er en tilsyneladende affinitet mellem Piggott-sagen og brandene i huset i Bedford. Der var først en ganske normal svovlbrand. Den blev efterfulgt af en række brande, der, i det mindste ifølge opfattelsen i Bedford, var usædvanlige. I hverken fysiske eller kemiske termer var en forklaring mulig; alligevel mente efterforskerne, at der eksisterede en forbindelse af en eller anden art. Forbindelsen kan have eksisteret i Anne Fennimores sind. Efter at svovlbranden var blevet slukket, kan hun have begyndt at frygte brande, især i fravær af det eneste mandlige medlem af husstanden. Hendes frygt kan have realiseret sig.

Historien om Colwell-pigen — også her synes brande i et hus at være relateret til en piges mentale tilstand — eller at brandene var relateret til hendes ønske om at flytte til et andet hus. Efter at have haft den ikke ualmindelige oplevelse af, hvor overbevisende politikaptajner kan være, "lyttede hun til råd" og tilstod virkninger i form af almindelig optænding, selvom nogle af brandene, ifølge rapporter fra brandmænd og politifolk, ikke kunne være blevet fremkaldt ved at droppe tændte tændstikker.

I tilfældet med Jennie Bramwell kendte man ikke følelserne hos denne pige, som var blevet "adopteret", sandsynligvis for at udføre hårdt landbrugsarbejde. Hvis hun også havde den begyndende ildfremkaldende kraft, som manifesterede sig under påvirkning af begær eller følelser, kan jeg forestille mig, at hun, midt i elendigheden, ønskede at ødelægge sine udbytteres ejendom, med påfølgende brande. I hvert fald er historien om den lille Barnes-pige, som helt svarer til alt, hvad vi kender fra dæmonologiens annaler, yderst suggestiv — eller en ulmen af had, i et barns sind, mod en udbytter — og flammerne sprang op ad en kvinde.

Der er et særligt moment i tilfældet med Emma Piggott, der gør den anderledes end de andre sager. I de andre tilfælde opstod

197

der brande i pigers nærvær. Men ifølge vidner var Emma Piggott ikke i huset, hvor de brande startede, som hun blev anklaget for. Så det ser det ud til, at dette er et tilfælde af afstands-antændelse, eller om afstands-hekseri. Jeg vil ikke sige, at usynligt at starte en brand på afstand ved hjælp af mentale stråler er mere mystisk end affyring af fjerne sprængstoffer ved hjælp af stråler, kaldet fysiske, som ingen forstår.

Jeg bringer ud:

At der som en "naturlig kraft" synes at findes en ildfremkaldende kraft;

At den for det meste kommer til syne uafhængigt af de pågældendes ønsker eller kundskaber, men at den nogle gange, i overensstemmelse med ønsker, bruges —

At alt, hvad jeg kalder hekseri, kun er en speciel manifestation af transformationer, eller transportationer, der under forskellige manifestationer er generelle i hele "naturen".

"Ulykkerne" på Dartmoor-vejen — eller at et sted i nærheden af denne vej boede en krøbling. At hans sind havde formet sig efter hans krop — eller, at der et sted i nærheden af denne vej boede nogen, der var blevet ramt af en bil, og lå i sin seng eller sad i sin rullestol og udstrålede had mod den nærliggende vej og alle bilister, nogle gange med en vildskab eller med en direkthed, der bragte biler til ødelæggelse.

Eller Brooklyn, 10. april, 1893 — se tilbage til den formodede række af tilfældigheder — mand efter mand såret ved at falde fra høje steder eller blive ramt af faldende genstande — eller, at der et sted i Brooklyn var en person, der var blevet forkrøblet af et fald, og sad oggrublede over, hvad han betragtede som en monstrøs uretfærdighed, som netop havde ramt *ham*, og nu udstrålede påvirkninger, der på samme måde skadede andre.

Se tilbage til beretningen om, hvad der skete med franske flyvemaskiner, der fløj over tysk territorium. Spor i sandet i en ørken. Begivenheder omkring juledag 1930 i Sing Sing- og Dannemora-fængslerne — eller en fange i en straffecelle — og intet at lave i mørket, undtagen at koncentrere sig om hævngerrighed.

Jeg tror, at der nogle gange, når den kommer fra fangehuller, er en stank af had, der kan lugtes. Det var en tid, der for næsten alle andre var en helligdag.

Spor, der stoppede, i en ørken — eller sporene af et barn, der stoppede, på en gård i Bretagne — historien om Pauline Picard:

Eller hadet af en nabo til Picarderne, og hævn ved at teleportere deres afkom — fundet af Pauline i Cherbourg — hendes fornyede forsvinden —

At denne gang liget af barnet blev lemlæstet og afklædt, så det ikke kunne identificeres, og blev transporteret til et ensomt sted, hvor det gik i opløsning —

Men et formålsskifte, eller en hævngerrighed, der krævede, at forældrene skulle vide besked— flytning til marken af denne krop, som næppe kunne identificeres — flytning af det "pænt sammenlagte" tøj, så det kunne identificeres.

Med hensyn til de to lig på bænke i en park i Harlem har jeg andet at sige. Det tror jeg i det mindste, jeg har. Datoerne 14. juni og 16. juni er tæt på hinanden, og Mt. Morris Park og Morningside Park er ikke langt fra hinanden —

Eller en mand, der levede i Harlem i juni 1931 — og at han var en park-bænk-sidder — som jeg ikke kan sige andet om, end at hans bukser var blå, og hans hat var grå. Noget kan have trængt ham, forfulgt ham, drevet ham ud i vagabonderen —

Men at han nok havde den sans for lokalisering, hvad angår bænke, som alle har på så mange måder, såsom at gå til det samme sæde, eller så tæt som muligt på det samme sæde, ved hvert besøg i en biograf — at hver morgen havde han siddet på en bestemt bænk i Mt. Morris Park —

Men at han om morgenen den 14. juni på grund af et indfald, mistanke eller intuitiv frygt tog til Morningside Park i stedet —

At en anden sad på hans særlige bænk — at der skete noget, der var en intensivering af John Hardings og en anden mands oplevelser, da de krydsede Fifth Avenue ved Thirty-third Street, for den mand, der sad på denne særlige bænk, og for en anden mand på en bænk i nærheden—

199

Men at sporet af det påtænkte offer to dage efter blev taget op —

Home News (Bronx) 17. juni, 1931 — at i Morningside Park, morgenen den 16., bemærkede en politimand en mand — blå bukser og grå hat — der tilsyneladende sov på en bænk. Manden var død. "Hjertesvigt".

I en tid med intenst bitre oprør fra kulminearbejdere over deres strabadser, var der mange kuleksplosioner, men i riste og komfurer og ikke i transporter. Der blev ikke rapporteret om fund af dynamit i kul. Hvis der i kul kan lagres stråling fra solen, kan kul også absorbere andre former for stråling — eller en vildt hævngerrig minearbejders håb om fremtidig skade i hver klump, han håndterede. Hvis der i huset i Hornsey ikke kun var kul-eksplosioner, men også poltergeistagtige handlinger, bemærker vi, at disse fænomener kun fandt sted i nærværelse af de to drenge i husstanden — eller især en af disse drenge. Mellem okkultismen hos unge og okkultismen hos kulklumper, fyldt med had, kan der have været en forbindelse.

At nogen et sted i nærheden af byen Saltdean, Sussex, september 1924, hadede en hyrde og stoppede hans liv, ligesom motorernes bevægelser er blevet stoppet — og at stedet forblev fyldt med ondartede vibrationer, der påvirkede en anden, der fulgte med i en sidevogn.

Bryllupsfesten i Bradford — og brylluppers munterhed er nogle gange boblende vitriol — eller at der, fra en heks eller en troldmand, således skabt af jalousi, sivede mentale dampe ind i dette hus og spredte sig til andre huse. Samtidig er der data, der får mig til at tro, at mængder af dødelige gasser kan transporteres okkult.

Og et ungt par, der gik langs en kyst på Isle of Man — at hekseri i en tilstand af jalousi kastede dem i havnen, og at nogen, der trådte ind i feltet for denne indflydelse, blev kastet efter dem. Se tilbage til historien om et værelse i et hus i Newton, Massachusetts. Se andre tilfælde af "massepsykologi". Se en generel opklaring —

Hvis jeg kan bygge bro mellem det subjektive og det objektive, mellem det, der kaldes det *virkelige,* og det, der kaldes det *uvirkelige,* eller mellem det imaginære og det fysiske.

Når vi i vores bindestregs-filosofi hverken tænker på det materielle eller det immaterielle, men på det materielle-immaterielle, accentueret på den ene eller den anden måde i alle fænomener; når vi tænker på det imaginære som hidrørende fra materiel næring, eller i stedet for at transformeres absolut kun skifter accentuering, accepterer vi, at der er kontinuitet mellem det, der kaldes det virkelige, og det, der kaldes det uvirkelige, således at en passage fra én tilstand til den anden foregår på tværs af ingen reel kløft, eller der er ikke noget absolut spring. Hvis der ikke er nogen virkelighed, der endeligt kan adskilles fra uvirkelighed — i fænomenal væren — mit udtryk for "realiseringen af det imaginære", så er det en forkert betegnelse, selvom den kan være nok så bekvem. Måske er ordet *transmediumisering,* der betyder overgangen af fænomener fra et eksistensmedium til et andet, ikke helt akavet, og det er langt og vigtigt nok til at give mig det indtryk, at jeg virkelig siger noget. Jeg mener påtvingelsen af det imaginære på det fysiske. Jeg mener, ikke sindets handling på materien, men sindet-materiens handling på materien-sindet.

Teoretisk er der ingen kløft. Men mine metoder er i høj grad induktive. Vi skal bruge data. Ikke, at jeg, mere end virkeligt-uvirkeligt, kan mene noget med det. Fortolkningerne vil være mine, men dataene vil enhver kunne danne sig sine egne meninger om.

Idet jeg indrømmer, at kløften ikke er blevet fjernet, induktivt, reducerer jeg det til to spørgsmål:

Kan ens sind, som jeg vil kalde det, påvirke ens egen krop, som jeg vil kalde det?

Hvis det er tilfældet, er det *personligt hekseri* eller indre hekseri.

Kan ens sind påvirke andre personers kroppe og andre ting udenfor?

Hvis ja, er det, hvad jeg vil kalde *ydre hekseri.*

Kapitel 26

Had og ondskab — morderiske udstrålinger fra menneskers sind —
Eller lynglimt og brøl fra et tordenvejr —-
Og der har været ækvivalensen med at plukke lynnedslag ud af himlen og udnytte dem til at udføre et arbejde.
Et hus i flammer — eller nogen koger et æg.
Ødelæggelse eller bekvemmelighed —
Eller hvad med det, hvis jeg bygger bro over en kløft?
Jeg går ud fra, at historien om Marjory Quirk kun er et ekstremt eksempel på tilfælde af internt eller personligt hekseri, som i dag er almindeligt accepteret. *London Daily Express*, 3. oktober 1911 — undersøgelse af liget af Marjory Quirk, datter af biskoppen af Sheffield. Pigen havde været syg af melankoli. I en selvmordsimpuls drak hun af en kop, hvad hun troede var paraffin. Hun blev voldsomt syg. Hun døde kort efter. "Der havde ikke været paraffin i koppen. Der var ingen spor af det i hendes mund eller hals."

New York Herald Tribune, 30. januar 1932 — Boston, 29. januar — "Næsten et halvt hundrede studerende og læger, der bor i Vanderbilt Hall på Harvard Medical School, har oplevet milde tilfælde af, hvad der tilsyneladende var paratyfus, blev det erfaret i dag. De første tredive i gruppen blev syge for to uger siden efter en broderskabsmiddag, hvor dr. George H. Bigelow, statslig sundhedskommissær, diskuterede "madforgiftning". Et par dage senere meldte yderligere tyve mænd sig syge. Maden blev tilberedt i Hallen.

"I dag startede statens sundhedspersonale en undersøgelse af køkkenpersonalet i den tro, at en af de ansatte kan være tyfus-bærer. Kollegiets myndigheder sagde, at de ikke mente, at maden i sig selv var dårlig, men var tilbøjelige til at tro, at emnet for dr. Bigelows tale kan have påvirket nogle af de spisende gæster til at diagnosticere rene gastronomiske forstyrrelser mere alvorligt. Alle de studerende er kommet sig."

At sige, at halvtreds unge mænd havde gastronomiske forstyrrelser, er at sige meget imod sundhedsforholdene på Harvard Medical School. At sige, at emnet sygdom kan have fremkaldt sygdom, er at sige, at der var personligt eller indre hekseri, normalt kaldet auto-suggestion. Se tilbage til "Tyfus-Mary" og andre sandsynlige ofre for bærere-findere. At sige, at der kan have været en bærer blandt køkkenpersonalet, er at tilskrive ham skylden, og vil sige, at det kun var tilfældigt, at sygdomme opstod efter en snak om sygdomme. Det er i hvert fald en helvedes måde at spise middag med en masse unge mænd på og snakke med dem om madforgiftning. Fremover kan dr. Bigelow blive nødt til at købe sine egne middage. Hvis han fortæller hajhistorier, mens han bader, kommer han til at svømme alene.

Fysiologer afviser, at forskrækkelse kan gøre ens hår hvidt. De hævder, at de ikke kan forestille sig, hvordan en forskrækkelse kunne fjerne pigmenteringen fra hår: så de konkluderer, at alle påståede optegnelser om dette fænomen er skrøner. Tag en sorthåret person. Fysiologerne kan løseligt fortælle os, hvordan det hår blev sort i første omgang. Et eller andet sted skyldes al modstanden mod dataene i denne bog, at dataene ikke stemmer overens med noget, der ikke er kendt.

Der har været mange påståede tilfælde. Se indeksene for *Notes and Queries*, række 6, 7, 10. Jeg plejede at argumentere for, at dronning Marie Antoinettes fratagelse af kosmetik i fængslet sandsynligvis var afgørende for hendes sag. Nu, hvor mine forestillinger har ændret sig, har den kynisme mistet sin kraft for mig. For det meste er tilfælde af, at hår bliver hvidt på grund af forskrækkelse, af gammel oprindelse og kan ikke efterspores nu. Men se *New York Times*, 8. februar, 1932:

Historie om sænkningen af en fiskeskonnert af det belgiske dampskib *Jean Jadot* — enogtyve medlemmer af besætningen druknet — seks af dem reddet, blandt dem Arthur Burke på 52 år.

"Arthur Burkes hår var isprængt med gråt før kollisionen, men var helt gråt, da Burke landede i går ved kaj 2, Erie Basin."

Det kan være, at der har været tusinder eller hundredtusinder af tilfælde, hvor mennesker er døde i voldsomme kramper, der var produkter af trosforestillinger — og at den barmhjertige, men kostbare videnskab også har reddet en lang række liv med et serum, der har fremkaldt modsatrettede overbevisninger — ligesom et serum, hvis det sprøjtes ind i nogens vener, der lider under den undertrykkende udtalelse, at to gange to er fire, kunne være vedkommendes redning ved at fremkalde en tro på, at to gange to er lilla, hvis han skulle ønske at blive påvirket på den måde —

Eller, hvad er der blevet af rabies?

I *New York Telegram*, 26. november 1929, blev der offentliggjort et brev fra Gustave Stryker, hvor han citerede dr. Mathew Woods fra Philadelphia, medlem af Philadelphia amts medicinske selskab. Dr. Woods må hellere passe på, medmindre han har til hensigt at skære ned på udgifter, såsom bidragsydelser til selskaber. Dr. Woods udtalte:

"Vi har med beklagelse observeret adskillige opsigtsvækkende historier, som fra tid til anden bliver offentliggjort i aviserne om påståede gale hunde og de forfærdelige resultater for mennesker, der er blevet bidt af dem."

"Sådanne beretninger skræmmer folk til uro og bekymringer, og bevirker brutal behandling af dyr, der mistænkes for galskab, og alligevel er der registreret en stor mængde vidnesbyrd fra læger, der hævder, at hundegalskab er sjældent forekommende selv hos hunde, mens mange læger med bred erfaring er af den opfattelse, at, hvis lidelsen overhovedet udvikler sig hos mennesker, er det kun ved yderst sjældne lejligheder, og at tilstanden af hysterisk ophidselse hos mennesket, beskrevet af aviserne som "hydrofobi", blot er en række symptomer, der normalt skyldes frygt for sygdommen, og at en sådan frygt er forårsaget af realistiske aviser og andre rapporter, der påvirker fantasien hos personer, der er blevet kradset eller bidt af dyr, mistænkt for rabies."

"Ved Philadelphia-hundeinternatet, hvortil der i gennemsnit

indbringes mere end 6000 omstrejfende hunde årligt, og hvor hundefangerne og personalet ofte bliver bidt, mens de håndterer dem, er der ikke forekommet et eneste tilfælde af rabies i hele dets historie på femogtyve år, i hvilket tidsrum omkring 150.000 hunde er blevet indbragt."

Min egen opmærksomhed blev først vakt, da jeg gennemgik avisartikler om rapporterede tilfælde af hydrofobi, at disse var hyppige for omkring en generation siden, men at sådanne rapporter var sjældne i senere tiders aviser. Hunde har mundkurv på nu — på gader, i huse har de ikke. Vacciner eller pulveriserede tudser fanget ved midnat på kirkegårde ville sandsynligvis helbrede mange tilfælde, men ville ikke reducere antallet af tilfælde hos hunde, hvis der nogensinde har været tilfælde af hydrofobi hos hunde.

I *New York Times,* 4. juli 1931, blev der offentliggjort en rapport af M. Roéland fra kommunalbestyrelsen i Paris:

"Det vil kunne bemærkes, at rabies næsten helt er forsvundet, selvom antallet af hunde er steget. Fra 166.917 hunde i Paris i 1924 var antallet i 1929 steget til 230.674. På trods af denne markante stigning blev der kun observeret ti tilfælde af rabies hos dyr. Der var ingen tilfælde af rabies hos mennesker."

Nogle gange er det min opfattelse, at der aldrig har været et tilfælde af hundegalskab som andet end et eksempel på personligt hekseri: men der er så mange data til at tro, at en sygdom i almindelighed er meget lig et individuelt tilfælde af sygdommen, og at den løber sin gang og derefter forsvinder — helt uafhængigt af behandling, hvad enten det er ved en kos forgiftede patter eller det indtørrede sår fra en mumie — at jeg formoder, at der engang var, i nogen grad, hundegalskab. Da jeg var dreng, var det almindeligt med kop-arrede ansigter. Hvad er der blevet af kopper? Hvor er gul feber og kolera? Jeg behøver ikke at svare på mine egne spørgsmål? Men serum, siger lægerne. Men der er enorme områder i Amerika og Europa, hvor vaccine aldrig er slået igennem. Men de gjorde det, siger lægerne.

Formørkelser opstår, og vilde bliver bange. Medicinmændene vifter med tryllestave — Solen er helbredt — de gjorde det.

Historien om sygdomme kan læses som menneskets historie — den sorte døds opståen og fald — og koppernes fremkomst og herredømme — tuberkelriget — og de forenede lidelser af gul feber og kolera. Nogle af dem gik bort, før der var tænkt på serum, og i tider, hvor hygiejne var upopulær. For flere hundrede år siden var der et hus for spedalske i alle større byer i England. For hundrede år siden var der ikke sket meget af det, man kalder forbedringer inden for medicin og hygiejne, men spedalskheden var næsten forsvundet i England. Muligvis bundede oprindelsen af spedalskhed i England i personligt hekseri — eller, at hvis Bibelen aldrig havde ødelagt England, ville ingen dér have haft tanken om spedalskhed — at, når der opstod ugudelige tvivlsspørgsmål, gjorde folks grimme mistanker dem rene.

Så det kan være, at der engang var hydrofobi: men indikationerne er, at de fleste af de sager, der bliver rapporteret i disse tider, er trolddom, som ofrenes sind har udført på deres kroppe.

En sag, hvis detaljer tyder på, at en hund lejlighedsvis kan være rabid, men at dens bid kun er farlige for et meget påvirkeligt ophidset offer, rapporteredes i *New York Herald Tribune*, 16. november 1931. Ti mænd var blevet bidt af en hund. "Hunden blev dræbt og viste sig at have rabies." Mændene var sømænd ombord på USA's destroyer *J. D. Edwards* ved Cheefoo, Kina. En af disse sømænd døde af rabies. De ni andre viste ingen tegn på sygdommen.

I sager, hvor forskrækkelse gør hår gråt, er det sandsynligt, at konventionelle videnskabsmænd mekanisk, uintelligent eller med ringe bevidsthed om grunden til deres modstand, benægter hændelserne af ubestridelig lydighed mod tabu. Min egen sammenkædning af tanker er — at hvis ens mentale tilstand kan påvirke farven på ens hår, kan ens mentale tilstand på andre måder påvirke ens krop — og så kan ens mentale tilstand påvirke andres kroppe — og dette er vejen til hekseri. Det er ikke så meget det, at konventionelle videnskabsmænd ignorerer eller benægter, hvad de ikke kan forklare — hvis, i en endelig forstand, noget nogensinde er blevet eller kan forklares. Det er snarere, at de ignorerer eller afviser at give afkald på sammenkædninger, der ville føre dem fra skjult uvidenhed til åbenlys forvirring.

Enhver videnskab er en lemlæstet blæksprutte. Hvis dens arme ikke var klippet til stubbe, ville den føle sig vej ind i foruroligende kontakter. For den troende er effekten af kontemplationen af en videnskab at være i nærvær af det gode, det sande og det smukke. Men det, han er betaget af, er lemlæstelse. For vores forkrøblede intellekter er kun det lemlæstede, hvad vi kalder forståeligt, fordi det uklippede forgrener sig ind i alle andre ting. Ifølge min æstetik er det, der menes med det smukke, symmetrisk misdannelse. Med retfærdighed — i fænomenal væren — mener jeg en balance, der fremtræder sådan, at en reaktion kommer til at være lig med og modsat en aktion — så vilkårligt udført af klippet og med tilsidesættelse af alle forgreninger af handlingen — der udtrykkes i den formodede nedværdigende straf af en mand, uanset virkningerne på andre personer. Dette er det vilkårlige grundlag for den mekaniske teori om eksistens — ideen om, at en handling kan pilles ud af en labyrint af indbyrdes forhold, som om den var en ting i sig selv. Noget af min visdom er, at hvis en mand dør af sult, kan han ikke begå en forbrydelse. Han er god. Alle idealisters gud er *underernæring*. Hvis alle forbrydelser er udtryk for energi, er det uretfærdigt at gribe folk for deres forbrydelser. En højere retspraksis ville anklage deres morgenmad. En god kok er ansvarlig for mere ondskab, end kong alkohol nogensinde har været: og hvis vi alle satte os ned og sultede ihjel, ville Utopia omsider blive til virkelighed.

Mit udtryk er, at hvis sygdomme, fysiske deformiteter og dødsfald kan påtvinges personers fantasi på deres egen krop, kan vi udvikle emnet for et foregående kapitel med mere slående data —

Eller fænomenet stigmata —

Hvilket, betragtet som helligt af pietister, af mig betragtes på linje med hundegalskab.

Dette fænomen bliver lige så dybt fordømt, efter alle veluddannede tænkeres opfattelse, som krucifikser, sakramenter og præstekjoler. Med hensyn til dets forekomst kan jeg citere snesevis af kirkefolk af "højeste autoritet", men ikke én videnskabsmand, med undtagelse af nogle få katolske.

Igen og igen og igen — videnskaben og dens system — og teologien og dens system — og kampene mellem fortolkninger af begge — og min tanke om, at befrielsen af data fra begges tvang, kan, eller kan ikke, være af værdi. Engang fornægtede eller ignorerede religionisterne meget af det, videnskabsmændene forkyndte. De har givet efter så katastrofalt, eller er blevet drevet til en sådan udmattelse, at dette nederlag, efter mit generelle indtryk af kontroverser, der ender i kompromiser, næsten er for fuldstændigt til at være varigt. Jeg forestiller mig en tilbagebevægelse — åben for fritænkere og ateister — hvor mange data fra religionister — renset for hellighed — vil blive accepteret.

Hvad angår registreringerne af stigmatikere, udelader jeg den bedst kendte og mest overbevisende rapporterede af alle sagerne, sagen om den franske pige Louise Lateau, fordi meget er blevet offentliggjort om hendes fænomener, og fordi beretninger er let tilgængelige.

I aviserne i juli 1922 — jeg tager fra *London Daily Express* den 10. juli — blev der rapporteret om Mary Reilly på 20 år i Home of the Sisters of the Good Shepherd, Peekskill, N. Y. Det blev sagt, at der med mellemrum på hendes side dukkede en manifestation op i form af et blodigt kors. For det meste viser manifestationerne "Kristi fem vunder", eller seks, inklusive mærker på panden. For en beretning om sagen med Rose Ferron, se *New York Herald Tribune*, 25. marts 1928. Ifølge denne historie havde Rose Ferron, 25 år, fra 86 Asylum Street, Woonsocket, R. I., siden 17. marts 1916 været stigmatiker med sår, der viste sig på hendes hænder, fødder og pande. Denne piges hysteriske tilstand — i både den almindelige og den medicinske betydning af udtrykket — indikeres af den omstændighed, at hun i tre år havde været spændt fast til sin seng, med kun sin højre arm fri.

I skrivende stund har jeg i fire år fulgt sagen om Theresa Neumann, den stigmatiske pige fra Konnersreuth, Tyskland: og indtil dette tidspunkt har der ikke været nogen afsløring af bedrag. Se *New York Times*, 8. april 1928 — veje, der fører til hendes hjem, fyldt med biler, hestevogne, motorcykler, varevogne og pilgrimme til fods. I betragtning af faciliteterne — eller faciliteterne, hvis intet går galt — ved moderne rejser er det sandsynligt, at intet andet mirakel er blevet bevidnet af så mange. En pige i sengen — og hele dagen lang tusindvis af mennesker trampende forbi hende. Om der blev opkrævet entré, ved jeg ikke. Historien om denne pige stemmer overens med historierne om andre stigmatikere: strømme af blod fra hurtigt helende sår og fænomener på fredage. Det blev sagt, at læger var blevet interesserede og havde "krævet" Theresas fjernelse til en klinik, hvor hun kunne blive udsat for en længerevarende undersøgelse, men at kirkens myndigheder havde protesteret. Det handler om, hvad der kunne forventes af kirkens myndigheder; og at lægerne, ude af stand til at få deres vilje, derpå ignorerede sagen, er noget, der kunne forventes.

Mit udtryk er, at der på stigmatiske piger er dukket sår op, der ligner de påståede sår af en historisk og derfor tvivlsom karakter, fordi dette melodrama i høj grad er stimulerende for fantasien — men at en ateistisk pige — hvis der kunne være noget, som en ateistisk pige kunne være lige så fantasifuldt hysterisk over — kunne gengive andre repræsentationer på sin krop. I *Month*, 134-249, findes en beretning om Marie-Julie Jahenny fra landsbyen La Fraudais (Loire-Inférieure), Frankrig, som den 21. marts 1873 blev stigmatiker. På hendes krop dukkede de "fem vunder" op. Derpå dukkede billedet af en blomst op på hendes bryst. Det siges, at dette billede af en blomst forblev synligt i tyve år. Ifølge historien var det i pigens sind, før det dukkede op på hendes krop, for hun forudsagde, at det ville dukke op. Man har forestillinger om mulig brug af uudsletteligt blæk eller om tatovering. Det er meget godt. Man bør have forestillinger.

Hvis en pige drikker en væske, der ikke vil skade nogen anden, og dør, kan en mand så påføre sig selv skader, som vil dræbe enhver anden, og være uskadt?

Der er en slags stigmatisme, der adskiller sig fra de foregående tilfælde, idet våben bruges til at fremkalde virkninger: men sårene ligner stigmatiske pigers sår eller er simpelthen ikke sår i almindelig, fysisk forstand. Der er en beretning i *Sphinx*, marts 1893, om en fakir, Soliman Ben Aissa, som optrådte i Tyskland og som stak dolke i sine kinder og sin tunge og sit underliv, uden at forvolde skade og med hurtigt helende sår.

Sådanne magikere er sjældne, men mindreårige, der spiser glas og sluger negle, er ikke ualmindelige.

Men hvis nogen i Tyskland eller andre steder, i lande, der siges at være kristne, nogensinde har stukket sig selv hårdt i underlivet og været uskadt, og hvis vedkommende gentager sine præstationer, hvordan kan det så være, at fænomenet ikke er velkendt og almindeligt accepteret?

Spørgsmålet er som et andet:

Hvis en mand i den teologiske æra gik rundt og blasfemerede under tordenvejr, og forblev uskadt, selvom kirker blev ramt af lynet, hvor længe ville han så forblive kendt?

I marts 1920 optrådte en trup af arabiske dervisher i Londons musiksale. I London *Daily News*, 12. marts 1920, er gengivet fotografier af disse magikere, der viser dem med spyd, som de havde stukket gennem deres kød, smertefrit og blodløst.

Tabu. Censor stoppede showet.

For en beretning om fænomener, eller påståede fænomener, hos den schlesiske skomager Paul Diebel, der optrådte i Berlin i december 1927, se *New York Times*, 18. december 1927. "Blod flyder fra hans øjne, og åbne sår viser sig på brystet, efter at han har koncentreret sig mentalt i seks minutter, erklæres det. Han stikker dolke gennem arme og ben, og lader sig endda sømme til et kors uden at lide, siges det. Hans manager hævder, at han kan forblive i den tilstand i ti timer. Hans selvpåførte sår, hævdes det, bløder eller bløder ikke, som han vil, og få minutter efter, at kniven eller sømmene er trukket ud, forsvinder alle snitmærker."

Det eneste, der kan indvendes mod denne historie, er at den er utrolig.

New York Herald Tribune, 6. februar 1928 — at politiet i Wien havde henvendt sig til Diebel og forbudt ham at optræde. Det blev forklaret, at det var, fordi han ikke ville give dem en gratis optræden for at bevise ægtheden af sine kunster. "I München forblev han for nylig naglet til et kors i flere timer, mens han røg cigaretter og spøgte med publikum."

Efter den 8. april 1928 — se *New York Times* fra denne dato — taber jeg sporet af Paul Diebel. Historien slutter med en forklaring. Der siges intet om de påståede korsfæstelser. Forklaringen er et tilbagetog til udsagn, der formodes at være forståelige i almindelige vendinger. Jeg synes ikke, at de er så forståelige. "Diebel har afsløret sin hemmelighed for offentligheden og sagt, at han kort før sin optræden forsigtigt ridsede i sit kød med sine fingernegle eller et skarpt instrument, idet han var omhyggelig med ikke at skære i det. Når han så på scenen spændte sine muskler, antog de tidligere usynlige linjer en blodrød nuance og blødte ofte."

Jeg har hørt om andre personer, som har "afsløret" forretningshemmeligheder.

Den 2. marts 1931 lå en mand, helt offentligt, på et sømleje. Se *New York Herald Tribune*, 3. marts 1931. På Union Square i New York City gav en uorientalsk magiker ved navn Brawman fra den umystiske region Pelham Bay i Bronx en opvisning, der blev arrangeret af magasinet *Science and Invention*. Denne fakir fra Bronx lå på en seng med 1200 søm. Som svar på hans invitation gik ti mænd rundt på hans krop og pressede sømmenes spidser ind i hans ryg. Han rejste sig og fremviste dybe, røde mærker fra sømmene. Disse mærker forsvandt hurtigt.

Jeg har tænkt på bladinsekter som billedgengivelser skabt i insekters kroppe, enten af deres fantasi eller af billedskabende kvaliteter af substanser i deres kroppe — tilbage i plastiske tider, hvor insekter nok ikke var så fastlåste i deres adfærd, som de er nu. Den konventionelle forklaring på beskyttende farver og formationer virker, hvad nogle af disse insekter angår, ganske plausible. Men der er et af disse væsener — det tasmanske bladinsekt — der repræsenterer et kunstværk, der i den grad overskrider nytteværdien, at jeg anså det eksemplar, som jeg så i det amerikanske naturhistoriske museum, for malplaceret: det burde have stået i Metropolitan Museum of Art. Dette bladinsekt har reproduceret udseendet af et blad ned til så små detaljer som takkede kanter. Bedrag af fjender eller overlevelsesværdien har ikke haft noget tænkeligt at gøre med noget af skabelsen af denne bemærkelsesværdige lighed, fordi sådanne små detaljer som savtakker ville være usynlige for enhver fugl, medmindre den var så tæt på, at de utilslørlige insektkarakteristika ville være tydelige.

Jeg har nu sagen om, hvad jeg betragter som en stigmatisk fugl. Den er højst ubeskyttende markeret. På brystet bærer den forræderi — eller den er så iøjnefaldende mærket, at man tvivler på, om der er meget at basere teorien om beskyttende farve på, hvis iøjnefaldende markante livsformer overlever overalt, og hvis mange af dem ikke kan bortforklares, som Darwin bortforklarede nogle af dem, i form af advarsler.

Det er en historie om duernes følsomhed. Jeg har fortalt om de duer, som jeg var bekendt med. En dag skød en dreng én, og liget henlå, hvor de andre kunne se det. De var så nervøse, at de fløj rundt og hørte foruroligende lyde, som de før ikke havde bemærket. De var så mistænksomme, at de holdt sig væk fra vindueskarmene. I en måned huskede de.

Den blødende hjertedue fra Filippinerne — den røde plet på dens bryst — eller, at dens bryst huskede —

Eller engang — tilbage i plastiske tider, hvor fuglenes former og fjerdragter ikke var så faste eller etablerede, som de er nu — en forfædredue og dens mage. En høgs nedslag — et sår på dens bryst — og denne følelse i dens fjerdragt blev så sympatisk bevæget, at den stigmatiserede hende eller reproducerede sig på afkommet, og den er den dag i dag det registrerede påtryk af en fordums lille tragedie.

En simpel rød plet på brystet af en fugl ville af mig ikke opfattes som havende en sådan betydning. Det er ikke en simpel, rød plet, der kun vagt antyder et sår på brystet af den blødende hjertedue fra Filippinerne. De afgrænsende røde fjer er stive, som om de var størknet. De har udseende af koagulation.

At forestille sig overførsel af en billedlig repræsentation ved arvelighed, er at forestille sig ekstern stigmatisme, men af indre oprindelse. Hvis jeg kunne tro, at et menneskes intense mentale tilstand, ved synet af et sår, havde præget en due, ville det være endnu et spænd over vores kløft. Men jeg har bemærket en observation, der får mig til at tro, at synet af en død og lemlæstet due kan påvirke andre duers fantasi intenst. Hvis nogen tror, at fugle ikke har fantasi, så lad ham fortælle mig, hvad min papegøje forudser, at jeg vil gøre ved den, når jeg kommer på sporet af nogle af dens skarnsstreger såsom at lave huller i bohavet. Den døde krop af en lemlæstet artsfælle sætter sig spor i andre duers sind; men jeg har ikke data til at tro, at skelettet, eller nogen del af skelettet af en due, ville have nogen betydning for andre duer. Jeg har aldrig hørt om noget, der indikerer, at der i sindet på noget andet levende væsen er den mystiske ærefrygt, som mennesker, eller de fleste mennesker, nærer for knogler —

Eller et møl sad på et kranie —

Og det hvilede dér med ikke mere bekymring end, hvis det havde været en sten. At et menneske pludselig stødte på kraniet, og at en bølge af mystisk skræk fra ham mærkede møllet —

Dødningehovedmøllet.

På bagsiden af dette insekts thorax er der en repræsentation af et menneskeligt kranium af en lige så slående en lighed, som enhver pirat nogensinde har tegnet sit flag. På Borneo og mange andre steder nærer de ikke synderlig afsky for skallen af et menneske, men dødningehovedmøllet er hjemmehørende i England.

Eller dødningehoveder, der dukkede op på vinduesruder ved Boulley, bortset fra, at der måske ikke var sådanne hændelser i Boulley. Antag, at det meste af det, jeg kalder data, kan være skrøner. Men bortset fra det, hvad betyder antallet af dem? Åh, intet, bortset fra, at nogle af vores modstandere, hvis de var ude i et uvejr længe nok, kunne få en anelse om, at det regnede.

Hvis jeg kunne sige om nogen billedgengivelse, der er dukket op på væggen i en kirke, at den sandsynligvis ikke var en fortolkning af tilfældige arrangementer af lys og skærme, men at den var en overføring fra nogens sind, så ville der fra et tilfælde som dette — af det smukke, det kunstneriske eller af det, som nogle personer ville opfatte som det åndelige, og et emne, der skal behandles ærbødigt — sandsynligvis udvikle sig en strøm af alt, der er bizart, ondsindet, fordærvet og rædselsvækkende i hekseri — og selvfølgelig en trængsel af forslag til anvendelser. I dette emne har jeg haft megen erfaring. For længe siden eksperimenterede jeg. Jeg dækkede papirark med skriblerier for at se, hvad jeg kunne visualisere ud af dem; klæbede et ark indpakningspapir til loftet og tilsodede det med en stearinlysflamme; lavede, hvad jeg kaldte et "visualiseringsgardin", som var et hvidt rullegardin, dækket med kradserier og pletter; gik videre i tre dimensioner med brædder beklædt med ler. Det var længe siden — omkring 1907. Jeg visualiserede meget, men den tanke faldt mig aldrig ind, at jeg mærkede noget. Det var min teori, at jeg med en visualiseringsanordning kunne få imaginære karakterer til at optræde mere levende for mig end i mit sind, og at jeg kunne skrive en roman om deres gøren og laden. Ud af denne idé udviklede jeg intet, i hvert fald ikke på det tidspunkt. Jeg har haft megen erfaring med visualiseringer, der efter min overbevisning kun var mine egne forestillinger, og jeg har ikke haft én oplevelse — anerkendt af mig — af nogensinde gennem min fantasi at have indvirket på noget som helst. Ikke, at jeg mener noget som helst med noget som helst.

Der er en af disse tilsynekomster, som mange læsere af denne bog kan efterprøve. Den 23. februar 1932 rapporterede New York-aviser om en tydeligt genkendelig figur af Kristus i mønsteret på den sepia-tonede marmor i sakristiet i St. Bartholomew's Church, Park Avenue og Fiftieth Street, New York City. I *New York Times*, 24. februar 1932, citeres kirkens forstander, pastor dr. Robert Norwood:

"En dag, ved afslutningen af min prædiken, kiggede jeg tilfældigt på sakristiets væg og blev forbløffet ved at se denne dejlige Kristusfigur i marmoret. Jeg havde aldrig lagt mærke til den før. Da det forekom mig at være et faktisk udtryk på marmorets overflade af det, jeg prædikede, "Hans herlige legeme", betragter jeg det som en underlig og smuk begivenhed. Jeg har en mærkelig teori om, at tankens kraft, en dominerende tanke, kan være stærk nok til på en eller anden måde at blive overført til sten i dens modtagelige tilstand."

I 1920 stoppede en censor et show; men i 1930 offentliggjorde *Ladies' Home Journal* William Seabrooks beretning — udklip sendt mig af hr. Charles McDaniel, East Liberty P. O., Pittsburgh, Pa. Der var en forestilling i landsbyen Doa i Ben-Hounien-området i Fransk Vestafrika.

Det er en beretning om trolddom praktiseret af magikere, ikke på deres egen krop, men på andres.

"Der var de to levende børn nær ved mig. Jeg rørte ved dem med mine hænder. Og lige så tæt på var der to mænd med deres sværd. Sværdene var af jern, tredimensionelle, metalliske, kolde og hårde. Og dette er, hvad jeg nu *så* med mine egne øjne, men I vil forstå, hvorfor jeg nødig fortæller om det, og at jeg ikke ved, hvad *at se* betyder:

Hver af mændene holdt sit sværd stift i vejret med venstre hånd, smed et barn højt op i luften med sin højre, og fangede det så fuldt ud på spidsen og spiddede det som en sommerfugl på en nål. Intet blod flød, men de to børn var dèr, holdt i vejret, gennemboret og spiddet på sværdene.

Mængden skreg nu og faldt på knæ. Mange dækkede deres øjne med hænderne, og andre kastede sig næsegrus. Gennem folkemængden marcherede jonglørerne, hver med et barn løftet i vejret, spiddet på hans sværd, og forsvandt ind i heksedoktorens indelukke."

Senere genså Seabrook børnene og rørte ved dem, og han havde det indtryk, han ville have, hvis han så på en dynamo eller på en storm til havs, på noget, der faldt ned fra et bord, eller på en baby, der kravlede — at han var i nærværelse af det ukendte.

Kapitel 27

En spjætten af benene på en frø — og Emma Piggott snuppede en pudderdåse.

De mystiske spjæt af elektrificerede ben — og usigelige bevægelser i Galvanis sind. Hans besværlige mentale aborter — eller ideer, der ikke kunne forløses ordentligt. Trivialiteternes spjæt, der var svage og fantastiske spiringer i Galvanis sind — de ufortolkelige betydninger af fjerntliggende motorers brummen — disse prænatale rørelser af flyvemaskiner og transportsystemer og byernes belysningsoperationer —

En spjætten af benene på en frø —

En kvinde fra Brewster, N. Y., irriterede en hotelportier.

Mit generelle udtryk er, at alle mennesker, der kan et eller andet, og hunde, der vejrer usynlige stenbrud, og brevduer og fugle-hypnotiserende slanger og larver, der forvandler sig til sommerfugle, er magikere. I de lavere — eller lige så sandt de højere, når man betragter dem som de mere aristokratiske og etablerede — former for væren er miraklerne standardiserede og begrænsede: men menneskelige anliggender er stadig under udvikling, og "mutationer", som biologerne kalder dem, er af langt hyppigere forekomst blandt mennesker. Men deres udvikling afhænger i høj grad af en følelse af sikker belønning for smerter, trængsler og modløshed i den lange, lavt betalte læretid, hvilket gør det tvivlsomt, om det nogensinde er umagen værd at lære noget. Belønning afhænger af harmonisering med den dominerende ånd i en æra.

I betragtning af moderne data er det sandsynligt, at mange af fortidens fakirer, som nu er kendt som helgener, udrettede, eller til en vis grad gjorde, de mirakler, der er blevet tilskrevet dem. Mirakler eller kunststykker, der var i overensstemmelse med periodens dominerende magt, blev fremmet, og mirakler, der kom i konflikt med eller ikke bidrog til kirkens herlighed, blev frarådet eller blev undertrykt brutalt. Der kunne ikke være nogen udvikling af mekaniske, kemiske eller elektriske mirakler —

Og at der i den efterfølgende materialistiske tidsalder — eller kald det den industrielle æra — er den samme tilstand af underdanighed over for en dominant, så at unge mænd trænes til glorificere arbejdet, og drømmer og opfinder på områder, der har en sandsynlig interesse for aktionærer, og er skolet til at tro, at al magi, undtagen deres egen industrielle magi, er forfalskninger, overtro eller avissludder.

Jeg tilhører selv den industrielle æra; og selvom jeg kun kan se fordele-ulemper ved alle anvendelser, er jeg stort set kun en praktisk tænker —

Eller sporet af et fungerende hekseri — og vi er på sporet af noget nyttigt —

Eller at hvis en pige i byen Derby satte et hus i brand, ved en proces, der nu er delvis forståelig, så kunne en brandmand, hvis han havde en endnu bedre forståelse, have slukket den brand uden at forlade sit kontor. Hvis en motors mekanisme usynligt kan stoppes, kan alle verdens motorer, uden kulminedriftens snavs, kriminalitet, elendighed og udnyttelse, startes og betjenes. Hvis Ambrose Small kunne ønskes så langt væk, at han aldrig kom tilbage — skønt jeg ikke tror, at der er magi i et blot ønske eller i et blot håb eller had — kan de nuværende snegle på hjulene og flyene blive erstattet af øjeblikkelige teleportationer. Hvis vi kan tro, at kvaksalvere og videnskabsmænd af højeste anseelse, som har annonceret succeser, som var i modsætning til formodede medicinske, fysiske, kemiske eller biologiske principper — som nu betragtes som bedragerier eller fejl eller "forhastede udmeldinger" — måske ikke i alle tilfælde helt har bedraget sig selv eller forsøgt at bedrage andre, så udvider vi — eller måske kun jeg — denne mistanke til mekaniske områder.

Nu er det mit udtryk, at ikke alle evighedsmaskine-tosser måske har været opmærksomhedshungrende eller slyngelagtige — at de kan have haft ret af og til — at deres hjul nogle gange *kan* have drejet, deres kugler rullet og deres forskellige himstregimser snurret, i en overdreven reaktion over aktion, enten fordi der nogle gange vil forekomme undtagelser fra enhver sådan formodet lov som "energiens konstans", eller fordi motiverende "stråler" udgik fra opfinderne —

At motorer nogle gange har kørt, drevet af nidkærhed — men har ved et sådant begyndende eller uudviklet hekseri kun fungeret forbigående eller kortvarigt — men at de kan være forløbere for en revolution af denne jords anliggender på samme måde som engang de små blafrende låg på tekedler —

En ny æra med ny lykke og nye helveder at betale til; ambitionerne til en vis grad realiseret, og håbet gjort til intet; nye forbrydelser, tidsfordriv, produkter, ansættelser, arbejdsløshed; arbejdsstridigheder eller strejker, der ville være verdensomspændende; nye glæder, nye sygdomme, katastrofer, som man aldrig før havde hørt om —

I denne eksistens af det ønskelige-uønskelige.

Vilde gulerødder på en mark — og til mig kom en utilfredshed med skinke og kål. Det var for dårligt: der er ikke meget, der er bedre. Min forestilling var, at der nok rundt omkring var rødder og skud og blade, der kunne være, men som aldrig *var,* blevet udviklet til noget spiseligt — men at det højst usandsynligt ville føre til dyrkning af noget nyt, der passede til skinke i stedet for kål, på grund af markedernes konventionelle krav. Men der var engang vilde kål og vilde roer og vilde løg, og de var fattige små begyndelser, indtil de blev efterspurgt af markeder. Det tror jeg. Jeg ved det ikke. Det gælder i hvert fald vilde frugter.

Der er sabelslugere og ildædere, ildpustere, ildgængere; slangetæmmere, borddansere, håndjern-undslippere. Man ved ikke, hvad udvikling kunne gøre med disse vilde talenter: men *hjælp søges* af —

Fornuftig og pålidelig bogh; comptometer oper., brand reins., kristen; kredit eksp., forskud, kristen; pålidelig. perso. ekspr.; hurtige sandwichmænd; receptionister, 35-45, god udd., henv. høj, krist. —

Men jeg tror, at for hundrede år siden ville en annonce efter en hurtig sandwichmand have set lige så mærkelig ud som en annonce efter "polt.- piger" i dag.

Trods al modstand i verden kommer jeg med denne erklæring — at jeg engang kendte en magiker. Jeg var vidne til en forestilling, der måske en dag vil blive betragtet som forståelig, men som i disse primitive tider i den grad overskrider det, der siges at være det kendte, at det er det, jeg mener med magi.

Da magikeren og jeg først blev bekendte, viste han ingen tegn på okkulte evner. Han var en af de venligste fyre, men det var ikke sandsynligt, at det ville gøre ham glad hos nogen, for han var omtrent lige overstrømmende over for alle. Han havde vanvittige indfald. Engang rev han sin husværts gardiner ned. Han bed huller i en mine bøger og tyggede på husværtens hjemmesko.

Værten slap af med ham. Dette var i London. Værten kørte ham omkring ti miles væk og efterlod ham, sandsynligvis kastende sig over en eller anden, vridende sig af glæde over enhver, der ville bemærke ham. Han var ung.

Det var omkring to uger senere. Da jeg kiggede ud af et stuevindue, så jeg magikeren komme gående på den anden side af gaden. Han snuste sig vej, men gik lige forbi vores hus uden at genkende det. Han kom til et punkt, hvor han stoppede op og snuste. Han snuste og han snuste. Han gik over gaden og kom tilbage og lagde sig foran huset. Husejeren tog ham ind og gav ham et kødben.

Men jeg kan ikke acceptere, at magikeren snuste sig vej hjem eller genoptog et spor efter omkring to ugers forløb. Duften spillede en rolle og var nyttig i en endelig genkendelse: men ved at snuse vilkårligt kunne han i årevis have snuset sig vej gennem Londons gader, før han faldt over den rigtige duft.

New York Sun, 24. april 1931 — en beretning af Adolph Pizaldt, Allentown, Pa., om en stor, blandet magiker, som var blevet kørt bort i en varevogn, en afstand på 340 miles, og havde fundet vej tilbage hjem på en uge eller deromkring. *New York Herald Tribune*, 4. juli 1931 — en krøllet magiker, som i Canada havde fundet vej hjem over en afstand på 400 miles.

New York Herald Tribune, 13. august 1931 — manden, de ikke kunne drukne —

"Hartford, Conn., 12. august — Angelo Faticoni, kendt som 'den menneskelige korkprop', fordi han kunne holde sig flydende i vandet i femten timer med 20 pund bly bundet til anklerne, døde den 2. august i Jacksonville, Fla., bekendtgjordes det her i dag. Han blev tooghalvfjerds år gammel.

Faticoni kunne sove i vand, rulle sig sammen som en bold, ligge på siden eller indtage en hvilken som helst stilling, han blev bedt om. Engang blev han syet ind i en sæk og derefter smidt hovedkulds i vandet med en tyve punds kanonkugle surret til sine fødder. Hans hoved dukkede op igen på overfladen kort efter, og han forblev ubevægelig i den stilling i otte timer. En anden gang svømmede han over Hudsonfloden bundet til en stol med blyvægte.

For nogle år siden tog han til Harvard for at optræde for de studerende og fakultetet. Han var blevet undersøgt af lægelige autoriteter, som ikke fandt støtte for deres teori om, at han var i stand til at flyde i så store tidsrum ud fra af naturen af hans indre organer, som de mente var anderledes end de fleste andre menneskers.

Faticoni havde ofte lovet at afsløre hemmeligheden bag, hvordan han blev 'den menneskelige korkprop'; han gjorde det aldrig."

Der er mange beretninger om poltergeistfænomener, der er så slørede af vidnernes forudfattede meninger, at man ikke kan sige, om det er historier om piger, der havde okkulte kræfter, eller om det er usynlige væsener, der i nærværelse af pige-medier manifesterede sig. Men historien om Angelique Cottin er en beretning om en pige, som ved sin egen ukendte indflydelse indvirkede på genstande på samme måde som dem, der er blevet tilskrevet ånder. Fænomenerne hos Angelique Cottin fra byen La Perriere, Frankrig, begyndte den 15. januar 1846 og varede ti uger. Enhver, der gerne vil læse en beretning om dette vilde eller uudviklede talent, uden fortolkninger fra spiritister og antispiritualister, bør gå til den samtidige historie, offentliggjort i *Journal des Debats* (Paris) februar 1846. Her er beretninger fra M. Arago og andre videnskabsmænd. Når Angelique Cottin kom i nærheden af genstande, sprang de væk. Hun kunne have lavet en evighedsmaskine-effekt. Hun var kendt som den såkaldte *elektriske pige*, fordi ingen vidste, hvad de skulle kalde hende. Når hun forsøgte at sætte sig i en stol, steg komikken. Stolen blev trukket væk, eller rettere sagt, blev usynligt skubbet væk. Her var en sådan kraft, at en stærk mand ikke kunne holde stolen. Et bord, der vejede 60 pund, hævede sig fra gulvet, når hun rørte ved det. Når hun gik i seng, vuggede sengen.

Og jeg formoder, at i tidlige tider med magnetiske undersøgelser, sagde folk, der hørte om genstande, der bevægede sig i nærheden af en magnet — "Men hvad er det dog for noget?" Faraday viste dem det.

Et bord, der vejer 60 pund, hæver sig et par meter fra gulvet — jamen, altså, det er nogen tid, langt forude, i hekseriets tidsalder — og en multicellulær formation af poltergeistpiger er samlet i nærværelse af byggematerialer. Stenblokke og ståldragere hæver sig en mile eller deromkring til deres tildelte positioner i den seneste skyskraber. Måske. Høje bygninger vil få deres bekomst, men først må der være en demonstration af, hvad der kunne lade sig gøre.

Jeg har nu en teori om, at pyramiderne blev bygget af poltergeistpiger. Den kinesiske mur er ikke længere mystisk. Nu og da rekonstruerer jeg en videnskab. Jeg vil måske engang tage neo-arkæologi op. Gammel arkæologi, med dens forfalskninger og gætterier og modstridende pedanterier, indbyder til en dristig og munter afslapning.

Menneskers håb, ønsker, ambitioner, bønner og had — og nytteløsheden af dem — spild af millioner af strømme af vibrationer i dag — uorganiserede kræfter, der ikke udretter noget. Men sæt dem til at arbejde sammen, eller koncentrer mentale krusninger til strømme, og saml disse strømme i et Niagara-vandfald af følelser — og hvis der ikke er nogen lykke, undtagen i at være til nytte, tænker jeg på vandfald af lykke —

Eller engang i hekseriets æra — og hver morgen, på slaget ni, ankommer skarer af menneskelige ønskere, med det ærværdige navn *transmediumiserere*, til deres ønskestationer eller mentale kraftværker, og i en organisation af det, der nu kun er spredte og spildte håb og had, koncentrerer de sig om at få alle motorer i alle byer til at køre. Just som de alle er pænt organiserede og ganske godt tilfredse, vil det blive erfaret, at motorer ikke er nødvendige.

På én måde er hekseri blevet sat arbejde: det er, at vilde talenter er blevet fremvist, og det samme gælder indtægtskilder. Men her er kun begyndelsen af kunststykket. I august 1883 var der poltergeistforstyrrelser hjemme hos Lulu Hurst på 15 år i Cedarville, Georgia. Småsten bevægede sig i nærværelse af pigen, ting forsvandt, service blev smadret, og hvis pigen tænkte på en melodi, ville den blive hørt banket på hendes sengegavl. I februar 1884 gav Lulu offentlige forestillinger. I New York City optrådte hun i Wallack's Theatre. Det kunne være, at en pige på 15 år, hvis hun blev kompetent styret, var i stand til at bedrage alle, der gik op på scenen. Hun fik i det mindste alle vidner til at tro, at når en mand, der vejede 200 pund, sad i en stol, fik hun ved at røre ved stolen denne til at løfte sig og kaste ham på gulvet —

Og jeg er som en indianer for længe siden; en indianer, der tænker på kraften i vandfald; ude af stand til at forestille sig et vandhjul; bare tænke på denne kraft, der kun lavede lidt ståhej —

Eller den tilstand af melankoli, som jeg måske er kastet ned i ved at tro, at en lille poltergeistpige, hvis hun er ordentligt trænet, kunne få alle vidner til at tro, at hun løftede byggematerialer fyrre eller firs etager i vejret ved blot at berøre dem — og tro, at ingen gør noget ved dette —

Bortset fra, at jeg ikke er klar over om noget ville blive vundet ved det — eller ved noget andet.

Lulu Hurst havde enten kræfter, der langt oversteg hendes muskelkræfter, eller også havde hun talenter for bedrag, der langt overgik almindelige bedrageres. Nogle gange kastede hun om sig med muskelmænd, eller hun fik det til at se ud, som om hun gjorde det; og nogle gange lagde hun hænderne på en stol, og fem mænd kunne enten ikke rokke denne stol, eller de var gode skuespillere og tjente, hvad nu tarifferne var i scenemagikernes forbund på det tidspunkt.

I november 1891 gav fru Annie Abbott, kaldet den *lille Georgia magnet*, en forestilling i Alhambra Music Hall, London. Hun vejede omkring 98 pund, og hvis hun ville det, kunne en mand nemt løfte hende. I det næste øjeblik kunne seks mænd, tre på hver side af hende, som greb hende i albuerne, ikke løfte hende. Når hun stod på en stol, kunne de seks mænd ikke, når stolen blev fjernet, forhindre hende i at ramme gulvet. Hvis nogen foreslår, at, når der blev bedt om frivillige fra publikum, var det de samme seks der reagerede ved hver forestilling, så synes jeg, det er et ganske godt forslag. På grund af mange andre data gør det ikke meget indtryk på mig; men i disse tidlige tider af os primitive har næsten ethvert forslag værdi. Jeg tager disse beretninger fra Holms' *Facts of Psychic Science*. Jeg har også emnet fra andre kilder.

I september 1921 gav Mary Richardson forestillinger i Olympic Music Hall, Liverpool. Let at løfte det ene øjeblik — det næste øjeblik kunne seks mænd — de samme seks måske — ikke flytte hende. Blot ved at røre ved en mand slog hun ham omkuld. Det betyder enten, at hun rejste med en stab på tretten komikere, hvis nummer bestod i at stille sig i en lang række og foregive at gøre deres yderste for at vælte hende, men syntes at fejle komisk, hendes størrelse taget i betragtning, eller at hun var en magiker.

Det er umuligt at komme nogen vegne ved at ræsonnere. Dette er, fordi — som det kan vises, monistisk — der ikke *er* nogen vegne. Eller det er umuligt at komme nogen vegne, fordi man kan komme alle vegne. Jeg kan finde lige så gode grunde til at grine af eller være seriøs over alt dette. Holms fortæller, at han var en af de tilhørere, der, skønt han ikke deltog, gik op på scenen; og at han lagde sin hånd mellem fru Richardson og lederen af rækken af tretten mænd, som næsten skubbede hinandens skulderblade af led, mens de pressede af al magt mod hende, og at han ikke følte noget pres. Så han var overbevist om, ikke at hun modstod pres, men at presset ikke kunne nå hende.

Antag, at det var, at presset ikke kunne røre hende. Kunne slag skade hende? Kunne kugler ramme hende? Havde Robert Houdin denne magt, da han stod over for en arabisk henrettelsespeloton, og er historien om kuglernes udskiftning med løst krudt kun noget mere af, hvad tabu fortæller overalt? Én urørlig mand kunne eje verden — bortset fra at han ville have en svaghed et eller andet sted, eller i det hele taget ikke kunne være mere end rørlig-urørlig. Men han kunne føje til vores forvirring ved at skabe megen omtale, før han blev rørt. Jamen, hvis der er magikere, hvorfor har magikere så ikke grebet politisk magt? Det ved jeg ikke, at de ikke har.

Det kan være hemmeligheden bag ildgang — eller at troldmænd går hen over rødglødende sten, uskadte, fordi de ikke berører stenene. Men for nogle læsere er det nemmere at betvivle, at nogen nogensinde har været ildgænger. Om et ubehageligt øjeblik kan du læse i en beretning i *Current Literature*, 32-98 — optræden af en hawaiiansk ildgænger i Honolulu, 19. januar 1901. Historien er, at denne troldmand gik på sten med "et kraftigt, rødt skær", med flammer, der skød op fra brændende træ nedenunder; gående frem og tilbage fire gange.

Der er muskelstyrke hos mænd, og det kan være, at der nogle gange forekommer styrke, hvorpå beskrivelsen "okkult" eller "psykisk" passer. I *New York Herald Tribune* blev der den 24. januar 1932 rapporteret om døden af fru Betsy Anna Talks fra 149 Fourteenth Road, Whitestone, Queens, N. Y. — som ofte havde udført sådanne bedrifter som at bære en tønde sukker, der vejede 400 pund — havde båret en sæk kartofler under hver arm, mens to mænd, på markerne, normalt slæbte på én sæk — havde utålmodigt iagttaget to mænd, der klodset baksede med en 550 punds tønde salt på en vogn, og havde løftet den ned for dem.

Der er "evangeliske sandheder" og "uigendrivelige principper", og "hvad der end går op, må komme ned igen", og "mænd er stærke, og kvinder er svage" — men et eller andet sted er der en kvinde, der tager en tønde salt fra to mænd. Men vi tænker i generaliseringer og vedtager love i generaliseringer, og "kvinder er

224

svage", og hvis jeg skulle slå det op, ville jeg slet ikke blive overrasket over at høre, at fru Talks modtog underholdsbidrag.

Jeg husker nu endnu en række af mine egne oplevelser med, hvad der kan være mine egne meget vilde talenter. Jeg tog ingen noter om hændelserne, fordi jeg havde besluttet, at notetagning ville gøre mig selvbevidst. Jeg har ikke samme holdning nu. Jeg gik langs West Forty-second Street, N. Y. C., da den forestilling kom til mig, at jeg kunne "se", hvad der var i et udstillingsvindue, som, et stykke fremme ad vejen, endnu var usynligt for mig. Jeg sagde til mig selv: "Spor af kalkuner i rød sne." Det skal bemærkes, at "rød sne" var et fænomen, der interesserede mig på dette tidspunkt. Jeg nåede hen til vinduet og så sporlignende linjer af sorte fyldepenne, i grupper på fire, én bagved, og de tre andre trifurkerende fra den på en baggrund af lyserødt pap.

Endelig var jeg troldmand!

En anden gang, da jeg valgte et fjernt vindue ud, usynligt for mig — eller øjensynligt usynligt for mig — sagde jeg: "Bølgemærker på en sandstrand." Det var et udstillingsvindue. Flere mænd var ved at fjerne udstillingsgenstande fra det, og der var stort set intet tilbage, undtagen et gul-plysset gulvbetræk. Dekorativt var dette betræk blevet foldet eller havde fået et bølget udseende.

En anden gang — "Robinson Crusoes og Fredags fodspor." Da jeg kom til stedet, så jeg, at det var en skomagerbutik, og at der i vinduet hang en række skosåler.

Jeg beklager.

Jeg kunne godt tænke mig at høre om nogen, der mandigt ville erklære sig selv som troldmand og sige — "Take it or leave it!" Jeg kan ikke gøre dette, fordi jeg alt for godt husker andre omstændigheder. Måske er det min frygtsomhed, men jeg sparer mig nu for læsernes vrede eller den slemme misundelse, som siger om et fjernt butiksvindue: "populære romaner", og det er græskar. Mine eksperimenter forsatte omkring en måned. Det vil sige, at jeg eksperimenterede omkring tusinde gange. Ud af tusinde forsøg kan jeg kun registrere tre tilsyneladende overbevisende succeser, selvom jeg husker nogle mindre. Igennem denne bog har jeg taget det standpunkt, at ingen altid kan tage fejl, men det forekommer mig, at jeg kom så tæt på, at jeg er intet mindre end et negativt geni. Ikke desto mindre gør den første af disse oplevelser indtryk på mig. Den kom til mig, da jeg, så vidt jeg ved, ikke tænkte på noget af den slags, selv om jeg ubevidst bar rundt på megen viden om forskellige psykiske emner.

Disse ting kan gøres, men alle, der er interesserede, har bemærket trivialiteten og tilfældigheden i dem. De — såsom telepatiske oplevelser — kommer og går, og når man så forsøger at udvikle en evne, er succeserne ikke tilstrækkelige til at opmuntre nogen, undtagen nogen, der er fast besluttet på at blive opmuntret.

Så hvis vilde talenter kommer og går og ikke kan udvikles eller ikke kan stoles på, kan selv mennesker, der er indstillet på at acceptere, at de eksisterer, ikke se det gode ved dem.

Men accepter, at der er adepter: sandsynligvis skulle de igennem lange lærlingeperioder, hvor de, selvom de bedrog sig selv ved at overbetone succeser og glemme fiaskoer, ikke kunne imponere noget dagligstue- eller smugkros-publikum. Jeg har fortalt om mine eksperimenter på omkring en måned. Det tager år at lære grundelementerne i at skrive en bog, sælge herreundertøj eller blive gadesælger.

Enhver, der kan gøre noget som helst, fik fra guderne, eller hvor som helst fra, ikke andet end en vild ting. Læs en bog eller se på et billede. Komponisten har taget et vildt talent, som ingen andre i verden troede på; en ting, der kom og gik og hånede og bedrog ham; måske sultede ham; ruinerede ham næsten — og har sat den forbandede ting til at arbejde.

Den 29. november 1931 døde et vildt talent. Det var vildt af oprindelse, men havde udviklet sig betydeligt. Se *New York Herald Tribune*, 30. november 1931. John D. Reese var død i sit hjem i Youngstown, Ohio. Hr. Reese var "healer". Han var ikke en "guddommelig healer". Han betyder meget for mit udtryk for, at religionisterne har fået lov til at tage meget for sig selv, som ikke udelukkende er deres. Engang hørte vi kun om "guddommelige healere". Nu er der "healere". Det er noget af en start på en skilsmisse, der kan udvikle sig enormt. På et tidspunkt vil jeg plyndre helgenernes optegnelser for forslag, der kan være af værdi for kloge ateister, der er villige til at studere og eksperimentere. "Reese havde aldrig studeret medicin. Den eneste instruktion han nogensinde havde modtaget, var fra en gammel healer i bjergene i Wales, da han var dreng. Læger kunne ikke forklare hans kunst, og efter at have overbevist sig om, at han ikke var en charlatan, ville de trække på skuldrene og blot sige, at han havde 'guddommelig magt'." Men Reese beskrev aldrig sig selv som en "guddommelig healer", og selvom han ved metoder, der ikke var mindre guddommelige end Frelsens Hærs og andre religiøse organisationers, tjente en formue ved sin praksis, var han ikke forbundet med nogen kirke. Han var omkring tredive år gammel, da han blev opmærksom på sit talent. En dag i året 1887 faldt en mand i et valseværk ned fra en stige og blev kvæstet. Det var "en alvorlig spinal forstuvning" ifølge en læge. "Hr. Reese bøjede sig ned og førte sine fingre op og ned ad mandens ryg. Manden smilede, og mens lægen og mølleriarbejderne måbede af forundring, rejste han sig op og meddelte, at han følte sig stærk igen uden spor af smerte. Han gik tilbage til arbejdet, og hr. Reeses ry som healer spredte sig til udlandet."

Så var der tusindvis af tilfælde af vellykkede behandlinger. Hans Wagner, kortstopper hos Pittsburgh Pirates, blev båret fra baseballbanen en dag: noget i hans ryg havde givet et knæk, og det så ud til, at hans karriere var slut. Han blev behandlet af Reese, og i løbet af et par dage var han tilbage til at stoppe. Da Lloyd George besøgte USA efter krigen, gav han hånd så mange gange, at hans hånd blev trykket ud af form. Winston Churchill havde ved et senere besøg, hvad der siges at være en bilulykke, og sagde, at han var tvunget til at holde sin arm i en slynge. Men Lloyd George blev så hjerteligt hilst, at han blev lemlæstet. "Lægerne sagde, at kun måneders hvile og massage kunne genoprette de forkrampede muskler." "Reese gav statsmanden hånden, trykkede forsigtigt og derefter hårdere, frigjorde deres hænder med et vrid, og Lloyd Georges hånd var stærk igen."

En af de vigtigste detaljer i denne historie om et talent eller om heksekunst, der blev sat til at arbejde, er, at det sandsynligvis var en sag om en magiker under oplæring. Da Reese var dreng, modtog han instruktioner i terapeutisk magi, og glemte derefter, i stressen ved at tjene til livets ophold, så vidt kendskabet til sin aktive bevidsthed. Men det ser ud til, at der ubevidst var en udvikling i gang, og pludselig, da manden var 32 år, manifesterede sig. Min forestilling er, at der findes vilde talenter i overflod som ukrudt på markerne. Min opfattelse er også, at hvis det ikke var for markedernes konventioner, ville mange ukrudtsplanter kunne udvikles til værdifulde, spiselige grøntsager. Den ene store ambition i mit liv, for hvilken jeg til hver en tid ville opgive min skrivemaskine — medmindre jeg med glæde kunne rette nogle særligt grimme små smæk mod præster eller videnskabsmænd — er at kunne sige til stole og borde: "Ret ind! Fremad! March", og få dem til at adlyde mig. Jeg har prøvet dette, som jeg ikke bryder mig om at mindes, fordi man ikke kan være af en spørgende og eksperimenterende natur, og samtidig være meget fornuftig. Men en mere umilitærisk masse møbler end mine, er der ingen, der har. Mest sandsynligt vil jeg for disse forsøg blive jaget af pacifister. Jeg ville meget gerne være troldmand og være til stor negativ fordel for mine medvæsener ved ikke at gøre noget for nogen. Og jeg har haft mange oplevelser, der får mig til at tro, at næsten alle andre ikke kun gerne vil være troldmænd, men til tider tror, at de er det. Jeg tror, at de har ret. Det er monisme, at hvis nogen er en troldmand, er alle til en vis grad troldmænd.

En gang — foråret 1931 — modtog min husvært nogle kyllinger fra landet og anbragte dem i en indhegning bagest i gården. De voksede, og senere syntes jeg, at det var interessant at lytte til to af dems første, usikre forsøg på at gale. Det var lige så interessant, som det er at se unge mænd forsøge at ligne voksne. Men så kom jeg til at tænke på, hvad der ventede forude, klokken fire eller deromkring om morgenerne. Jeg er nøjeregnende med at få min søvn, fordi jeg til tider har brugt megen ubehagelig tid med søvnløshed. Jeg bekymrede mig om dette, og jeg talte om det.

Der kom ikke en lyd mere fra de to hanekyllinger. Endelig!

Månederne gik. Bekræftelse. Jeg var troldmand.

En dag i oktober sagde værtens svigersøn til mig: "Der har ikke været en lyd fra dem siden."

Jeg prøvede ikke at se selvbevidst ud.

Han fortsatte: "Sidste maj, en dag, så jeg på dem, og jeg sagde i mit sind: 'Hvis vi mister lejere på grund af jer to, vil jeg vride halsen om på jer.' De galede aldrig igen."

Igen er det princippet om usikkerhed, hvor en partikels vej ikke kan forudsiges, og hvorved man ikke kan vide, hvem der stoppede hanekyllingerne. Nå, vi er begge — eller en af os er — meget tilbage i spørgsmål om magi, hvis man kan tro en historie, der fortælles om Madame Blavatsky. Den lille fugl i et kukur irriterede hende. Hun sagde: "Forbistrede fugl! Hold dog kæft!" Kukkeren kukkede aldrig mere.

Med opdyrkningen af vilde talenter mener jeg ikke kun at lære hemmeligheden hos den mand, de ikke kunne drukne, og at nyde fordel af den evne i tider med skibbrud — hos den mand, de ikke kunne holde indespærret, så at de lovgivende forsamlingers messiaser ville blive lettet for enorme byder, hvis ingen kunne spærres inde for manglende overholdelse af alle deres love — hos den kvinde, de ikke kunne røre ved, så der ikke kunne ske flere bilulykker — hos mig selv og hanekyllingerne — skønt lige her vil min udlejers svigersøn fnyse hånligt — så alle radioer kan stoppes umiddelbart efter morgenmaden, og alle tenorer og sopraner for evigt.

Men hemmeligheden bag brændende palæer i England; opdukken af sår på kroppe eller af billeder på hagl; lig på parkbænke i Harlem; mærkelige eksplosioner og tvangslandinger af fly og tilfældet med Lizzie Borden.

De er kun specialtilfælde. Hvis alle kun er forskellige manifestationer af én kraft, eller radioaktivitet, transmediumisering eller hvad som helst, er det et emne for forskning og eksperimenter, der kan udvikle sig —

Nye triumfer og nye katastrofer; lykke og elendighed — en ny æra, hvor folk vil tænke tilbage, med foragt eller med rædsel, på vores tid, medmindre de begynder at tænke lidt mere opmærksomt på deres egne anliggender.

I nærværelse af en poltergeistpige, der så vidt vides ikke udøver nogen kraft, bevæger genstande sig.

Men dette er ikke en bog om mirakler.

I nærværelse af visse stoffer, som, så vidt det nu er kendt, ikke udøver nogen kraft, bevæger andre stoffer sig eller forvandles til forskellige andre stoffer. Dette er et almindeligt fænomen, som kemikerne har givet navnet *katalyse*.

Overalt omkring os er der vilde talenter, og ingen tænker på at forsøge at dyrke dem, undtagen som udtryk for personlige følelser eller som freaks, man skal betale entré for. Jeg forestiller mig kræfter og brugen af menneskelige evner, som en dag vil overgå numre fra musiksale og seancer og gøgleri, efterhånden som offentlige forsyningsvirksomheder er passeret ud over deres oprindelige legetøjsstadier. Nogle gange er jeg tilbøjelig til at tænke konstruktivt — eller batterier af hekse teleporteret til Nicaragua, hvor de hurtigt skærer en kanal ved at opløse træer og klipper — tumulterne fra oversvømmelser og så magi, hvorved de ikke kan røre huse — cykloner, der smadrer landsbyer og derefter ikke kan flytte en fjer. Men jeg tror også, at der ikke er noget i dette emne, der er mere rimeligt end tabuet, der forhindrer eller forsinker udvikling. Jeg mener den semi-oplysning, der så inderligt og med så skarp, ensidig fremsynethed kæmpede for at undertrykke krudtet og bogtrykkerkunsten og opdagelsen af Amerika. Med fordelene ved praktisk hekseri ville følge kriminelle uhyrligheder. Selvfølgelig ville de kunne tilpasses en smule. Men jeg vil ikke have, at man tror, at jeg blot er en altruist, eller har en ydmyg mental udvikling som en utopiker, der er fortaler for noget som en velsignelse, uden bevidsthed om, at det også er en forbandelse. Enhver dårskab, nytteløshed og kilde til fordærv i dag blev engang, under ændrede forhold, på et tidspunkt præket som helbredelse og frelse af en eller anden messias. En grund til, at jeg aldrig beder om noget, er at jeg er bange for, at jeg får det.

Eller brugen af hekseri i krigsførelse —

Men at uden hykleriets sanktion, hykleriets overopsyn, hykleriets velsignelse, sker der aldrig noget —

Eller militære demonstrationer af de overvældende virkninger af veltrænet had — videnskabelig brug af destruktive bolte af en million had-kraft — bortsprængningen af fjender med disciplineret vildskab —

Og reduktionen af kanoner til betydningen af fyrværkeri — et slagskib på havet eller en legetøjsbåd i et badekar —

Hykleriets hjertebanken — hykleriets brassbands — hykleriets fred på jorden og menneskets gode vilje — eller megen fest og glæde på grund af nationernes højtidelige aftaler om at skrotte deres slagskibe og krigsfly — forbud mod giftgasser, og smeltningen af kanoner — når det først er erkendt, at disse ting ikke er en disse værd i heksekunstens æra —

Men selvfølgelig ikke, at hekseri ville blive praktiseret i krigsførelse. Åh nej: hekseri ville gøre krigen for forfærdelig. I virkeligheden ville det kristne være at udvikle anvendelsen af den nye magi, så en krig i fremtiden ikke engang kunne tænkes.

Senere: En gruppe poltergeistpiger — og de plukker en flåde op af havet eller ud af himlen — hvis, så langt tilbage som i år 1923, noget plukkede franske fly ud af himlen — og argumenterede for, at nogle nationer, der gav afkald på flåder som forældede, ville fortsætte med at bygge dem alligevel

Piger ved fronten — og de diskuterer deres sædvanlige ikke særlig dybtgående emner. Alarmen lyder — fjenden rykker frem. Befal poltergeistpigerne at koncentrere sig — og under deres stole sætter de deres klumper af tyggegummi.

Et regiment bryder i flammer, og soldaterne er fakler. Heste fnyser røg fra forbrændingen af deres indvolde. Forstærkninger ligger smadret under klipper, der teleporteres fra Rocky Mountains. Niagara-vandfaldet suges op — det strømmer ud over slagmarken. De små poltergeistpiger rækker ud efter deres klumper af tyggegummi.

Kapitel 28

At alt, hvad der er ønskeligt, ikke er værd at have — at lykke og ulykke er følelsesmæssige rytmer, der næsten er så uafhængige af ens omstændigheder, at gode nyheder eller dårlige nyheder kun stimulerer amplituden af disse bølger, uden at det påvirker forholdet mellem op- og nedture — eller at man lige så godt kan prøve at lave bølger i en dam, der er mere end skvulp, som at prøve at være lykkelig uden at lide lige så stor og tilsvarende ulykke.

Men alvorligt talt, dette er mekanistisk filosofi.

Og jeg er mekanist-immekanist.

Nogle gange er noget, der er ønskværdigt, ikke kun ikke værd at have, men er en hel del værre end det.

Er livet værd at leve? Ligesom alle andre har jeg mange gange stillet det spørgsmål, som regel negativt, fordi jeg med stor sandsynlighed spørger mig selv, om livet er værd at leve på tidspunkter, hvor jeg er overbevist om, at det ikke er det. En dag, i et af mine hyppige og sandsynligvis uhelbredelige videnskabelige øjeblikke, faldt det mig ind at finde ud af det. I en måned, ved slutningen af hver dag, satte jeg et plustegn eller et minustegn, der indikerede, om livet efter min mening havde været eller havde ikke været værd at leve den dag. Ved slutningen af måneden gjorde jeg status, og jeg kan ikke sige, at jeg var fuldstændig glad for at finde, at plusserne havde vundet spillet. Det er ikke ophøjet at være optimistisk.

Jeg havde ingen enheder til at træffe mine påståede beslutninger ud fra. Nogle af plusdagene har måske kun været svagt positive, og hist og her kan en af minusdagene have været så voldsomt negativ, at den balancerede et dusin svagt positive dage. Jeg forsøgte selvfølgelig med notationsgraderinger, men de forvandlede kun pseudo-enheder til mindre pseudo-enheder. Også ud fra en meget negativ eller meget foruroligende oplevelse kan man lære noget, der vil betyde en række plusser i fremtiden. Nogle plusser betyder også blot, at man har misfortolket begivenheder på en dag, og at mange minusser venter —

Eller at ingen ting — en glæde eller en sorg, planeten Jupiter eller en elektron — kan plukkes ud af sine omgivelser for til sidst at blive mærket med enten plus eller minus, fordi den som en endelig identificerbar ting ikke eksisterer — eller at sådanne forsøg på isolationer og bestemmelser kun er videnskabelige.

Jeg har udvalgt hekseri, som om der findes hekseri, som en identificerbar ting, tilstand eller aktivitet. Men hvis jeg med hekseri mener fænomener så forskellige som efterligningen af et blad hos et bladinsekt, og sygdomme i et hus, hvor "Tyfus-Maria" lavede mad, og den harmløse spidning på sværd af børn, mener jeg, ved hekseri i almindelighed, intet der kan vælges ud af én fælles pulje af fænomener. Alle fænomener er rytmiske, et sted mellem det metriske og det vanvittige, med sidste yderpunkter uopnåelige i en eksistens af det metrisk-umetriske. Den mekaniske teori om eksistens er lige så snævert skæv, som ville være en teori om, at alle ting er gode, store eller varme. Det er puritanisme. Det er lærebogsvidenskaben, der fortæller om planeten Jupiters urværks-omdrejninger og udelader omtale af Jupiters små vagabond-måner, som ville blive fyret fra ethvert arbejde, i menneskelige anliggender, på grund af deres upunktligheder — og udelader at omtale, at der er en hel del i vejen med de fleste ures urværk. Mekanistisk filosofi er en drøm om en endelighed af nøjagtige reaktioner på stimuli og om absolutte ækvivalenser. For så vidt som fordele og ulemper ved noget ikke mere kan udvælges, isoleres, identificeres og kvantitativt bestemmes, end en bølges stigning kan udskilles fra dens fald, er det kun videnskabeligt drømmeri at sige, hvad noget er lig med og det modsatte af.

Og midt i en sammensmeltning af fællestræk, er der en gennemtrængning i alle fænomener af en individualitet, så markant, at lige så sandt som alle ting smelter ud i alle andre ting, repræsenterer alle ting det usammensmeltelige. Så der er noget gennemgående for enhver handling og enhver fordel, der gør den alene uforligelig og uforlignelig med en reaktion eller en ulempe.

Vores bindestregs-tilstand er en tilstand af satsning. Gå til ingen matematikers hule efter oplysning. Prøv Monte Carlo. Ud af videnskaben svinder visheden så hurtigt, som den nogensinde forlod teologien. I stedet får vi eventyr. Når vi accepterer, at der er hekseri, i samme forstand som vi accepterer, at der er elektricitet, magnetisme eller liv, er accepten, at der ikke er nogen absolut balance mellem fordele og ulemper.

Eller at praktisk hekseri, eller udviklingen af vilde talenter, kan være til sådanne fordele, at de i fremtidige optegnelser om menneskelige anliggender trækker den nye skillelinje mellem *A. W.* og *B. W.* — eller ville være en katastrofe, der ville drive alt menneskeliv tilbage til indianere, eller zuluer, eller pelsklædte ting —

Hvis heksekunstens onder tilfældigvis kunne sammenlignes med eller problematisere demoraliseringen af lov, retfærdighed, forretning, sex, litteratur, uddannelse, pacifisme, militarisme, idealisme, materialisme, som på nuværende tidspunkt uforståeligt endnu ikke er lig med og i modsætning til stabiliseringer, der redder os fra eller nægter os adgang til urskovene—

Eller lad alle fremsynede personer, hvis de har stillesiddende vaner, skifte stilling af og til for ikke at undertrykke for mange af de halebensstumper, som deres efterkommere kan have brug for som basis for mere yndefulde vedhæng.

Men mit eget udtryk er, at enhver tilstand af væren, der på den måde kan overleve sine altruister og sine egoister, sine velgørere og sine udbyttere, sine kunstnere, revolvermænd, bankfolk, advokater og læger, ville være næsten immun over for hekseriets onde magi, fordi den i sig selv er et mirakel.

Kapitel 29

Fjællebodsløjer og pietisters mirakler og spiritistiske mediers fænomener —
Eller at den evne, der tipper et bord, kan vælte en epoke.
Eller meget af svundne tiders "salonmagi", og nu er det industriel kemi. Og tabu, hvor tidligere eksperimentatorer i dagens trænede styrker var under mistanke for at være i ledtog med dæmoner.

Jeg tager for et pseudo-princip, hvormed jeg mener en standard for dømmekraft, der nogle gange virker, og nogle gange ikke virker — som er så tæt på visdom, som jeg kan nå i en eksistens af sandhed-nonsens — at hvis noget en skønne dag kan blive betragtet som rigtigt, må det først have været forkert. Det er af blasfemi at nye religioner opstår. Det er ved at tænke ting, at skoledrenge ved bedre end at tro, at opdagelser bliver gjort. Det er, fordi vores visioner ikke er vilde nok, fornedrede eller meningsløse nok, at vi alle ikke er profeter. Lad enhver betænksom, ordentligt uddannet mand, som har haft alle fordelene ved en akademisk uddannelse, forudsige noget — så ved vi i det mindste, hvad der ikke vil ske. Vi har altså til vores rådighed en slags negativ clairvoyance — hvis vi vil vide, hvor vi skal gå hen for at få et indblik i, hvad der ikke vil ske.

Sporet af et fungerende hekseri — men hvis vi handler med dæmoner, er trafikken ikke særlig tæt i øjeblikket. En skønne dag kan næsten alle enkeltheder i denne bog se besynderlige ud, men det kan være, at princippet om at sætte hekse til at arbejde vil virke lige så fornuftigt, som det nu virker at bruge damp og elektriske dæmoner. Vores tilfælde af praktisk hekseri har været praktiske nok, så længe de var betalte attraktioner ved forestillinger, men forestillingen indebærer miraklet, eller hvad folk betragter som miraklet, og ånden i denne bog handler om almindeligheder eller kommende almindeligheder — eller at der ikke er noget i dem, undtagen selvfølgelig dens lunefulde teorier og små fortolkninger, der ikke en dag vil blive betragtet som lige så usensationelle som indholdet i lærebøger om kemi og mekanik. Min interesse er i magi, som det daglige slid — miraklet som job — trolddom som et offentligt gode. Der er én manifestation af hekseri, der er blevet til et arbejde. Det er et mirakel som job.

Dowsing.

Det er bedre kendt som vandspådom eller vandspåning. Det er hekseri. Man kan ikke sige, at en tryllestav bøjes i en hånd i nærheden af underjordisk vand på grund af en ukendt kemisk eller biokemisk affinitet. Tryllestaven bøjer sig kun i hånden på en magiker.

Det er hekseri. Så selvom der er videnskabsmænd, der bøjer sig for dets eksistens, er der andre, eller masser af andre, som aldrig vil bøje sig. Noget om begge slags videnskabsmænd blev offentliggjort i *Time*, 9. februar, 1931. Det blev sagt, at Oscar E. Meinzer, fra U. S. Geological Survey, havde undersøgt dowsere og offentliggjort sine resultater, som gik ud på, at "yderligere tests af såkaldt "hekseri" efter vand, olie eller andre mineraler ville være misbrug af offentlige midler." Det blev også vist, at konklusionerne fra dr. Charles Albert Browne fra det amerikanske landbrugsministerium ikke stemte overens med hr. Meinzers resultater. "På en stor sukkerroe-ejendom nær Magdeburg så dr. Browne en af Tysklands mest berømte dowsere i arbejde. Dowseren dækkede sit bryst med en polstret læderjakke, tog en løkkeformet stål-spåstang i hænderne og begyndte at gå frem og tilbage hen over jorden. Pludselig skød løkken opefter og ramte ham med et skarpt slag på brystet. Han fortsatte nu med at kortlægge forløbet af en underjordisk strøm. Så tog han en aluminiumsstang, som han sagde, var meget mere følsom, og estimerede vandløbets dybde. En stang af endnu et metal indikerede, at vandet var godt at drikke. Da dr. Browne selv prøvede at bruge stangen, kunne han ikke få bryst-slag, medmindre dowseren holdt i den ene ende. Dr. Browne udspurgte derefter tyske videnskabsmænd. Flertallet svarede, at når man så bort fra al humbug, stod der et stort antal succeser tilbage, som ikke kunne forklares ved held eller tilfældigheder." For usædvanlige steder — eller for steder, hvor videnskabsmænd for ikke så længe siden ville have forudsagt, at sådanne taskenspillerier som dowsing aldrig ville få adgang — se *Science*, 23. januar, 1931, eller *Annual Report of the Smithsonian Institution*, 1928, s. 325. Her er alle detaljer om dr. Brownes undersøgelse offentliggjort.

Department of Public Works i Brisbane, Queensland, Australien, har ansat en dowser siden år 1916 (*Notes and Queries*, 150-235). *New York Times*, 26. juli, 1931 — to australske delstater beskæftigede dowsere.

Jeg ved ikke rigtig, hvad jeg egentlig skal mene om det. De freaks og fanatikere, der får sig selv ansat af regeringer, får mig til at tro, at jeg ikke er særligt overbevisende her. Men jeg har ingen optegnelse om en dowser med et politisk job før år 1916: og hvor end jeg fik al denne respekt for jobbet fra, er det magiens indtræden i jobbet, som jeg er opsat på at vise.

I *London Observer*, den 2. maj, 1926, siges det, at Bombays bystyre beskæftigede en officiel vandspåmand, som i et distrikt med vandmangel havde angivet omkring halvtreds kilder, og at der i syv og fyrre tilfælde var fundet vand. Forfatteren af denne beretning siger, at medlemmer af et af de største firmaer af kilde-borende ingeniører havde informeret ham om, at man med succes havde ansat dowsere i Wales, Oxfordshire og Surrey. I *Nature*, 8. september, 1928, er der en beretning af dr. A. E. M. Geddes om forsøg med dowsere. Dr. Geddes' konklusion er, at evnen til at forudsige vand besiddes af særlige personer, som reagerer på nogle på nuværende tidspunkt ukendte, eksterne stimuli.

Det er ikke sådan, at jeg hævder, at vi *skal* modtage visdom fra spædbørns mund og fra landsbytossers udgydelser — men at vi nogle gange *kan*. Bønder har troet på dowsing, og videnskabsmænd plejede at tro, at dowsing kun var noget bønder troede på. Nu er der så mange videnskabsmænd, der tror på dowsing, at den mistanke nager mig, at det trods alt kun er en myte.

Med hensyn til dowsing er den opposition, som hr. Meinzer

repræsenterer, lige så forståelig som den modstand, der engang blev anført af præsteskabet mod det system, som han nu repræsenterer. Giv plads, mod den tidligere dominant, for data om hævede strande eller forekomster af fossiler, og hver indtrænger vil bane vej for nye urimeligheder. Lad nu, i forhold til dagens tabu, enhver af de begivenheder, der fortælles om i denne bog, slippe ind, og ved deres antydninger og tilknytninger eller forbindelser vil de skabe en åbning for forstyrrelse.

I vidt omfang er dowsing, eller hekseri i praksis, blevet sluppet ind.

Kapitel 30

Det har været mit udtryk, at f.eks. afrikanske fakirer opnåede den uskadelige spidning af børn ved en proces, der normalt ville blive kaldt at påtvinge det imaginære det fysiske, men af mig kaldes at påtvinge det imaginære-fysiske det fysiske-imaginære. Jeg tror, at dette er adepternes bevidste magt og metode: men jeg tror, at i langt de fleste af vores historier er virkninger blevet fremkaldt ubevidst, hvad angik aktiv bevidsthed, af hekse og troldmænd. Jeg er mere imponeret over min egen oplevelse end over nogen registrering af andre handlinger. Jeg kiggede eller stirrede på et billede på en væg. Et eller andet sted i mit sind var der mange indtryk af faldende billeder. Men jeg tænkte ikke aktivt på faldende billeder. Billedet faldt ned fra væggen.

Se tilbage til Blackman-sagen — de fire dommere, som "pludselig døde". Det var Blackman, der gjorde opmærksom på disse dødsfald. Hvorfor? Magikerens forfængelighed? Jeg tror, det er mere sandsynligt, at disse ofre blev fjernet af Blackman ved en magisk proces, som han selv var ubevidst om. Jeg tror at, hvis en mand så alvorligt protesterede mod at betale underholdsbidrag, at han i stedet kom i fængsel fire gange, ville han lade hånt om sine dommere og tage en kortere vej, hvad angik hans indkomst, hvis han bevidst ræsonnerede om det.

Det ser ud til, at visualiseringer ikke har haft noget at gøre med mange begivenheder, der fortælles om i denne bog. Alligevel mener jeg med et vildt talent noget, der kommer og går, og som ikke er under kontrol, men som måske bliver fanget og trænet. Der er også tilfælde, der meget minder om kontrolleret brug af visualiseringer på fysiske forhold. I dette synspunkt har jeg bemærket et aspekt af handlinger, der er en støtte for vores udtryk om *transmediumisering*.

Det *virkelige*, som det kaldes, eller det objektive, det ydre, det materielle, kan ikke absolut adskilles fra det subjektive eller det imaginære: men der er quasi-attributter ved det imaginære. Der har været hændelser, som jeg tror var *transmediumiseringer*, fordi jeg tror, at de var præget af indikationer på at være blevet overført fra en fantasifuld oprindelse til fysisk væren, eller til det, der kaldes "virkeligt liv", kvasi-attributterne til deres oprindelse.

En særegenhed ved brande, der kaldes — eller plejede at blive kaldt — "spontane forbrændinger af menneskekroppe", er, at brandene ikke berører omgivende genstande og stoffer, eller at de kun i ringe grad strækker sig til omgivelserne. Der er historier om andre sådanne brande, som ikke kan være "rigtige brande", sammenlignet med brande kaldet "rigtige". I *St. Louis Globe-Democrat*, 2. oktober eller omkring 2. oktober 1889, er der en historie om begrænsede brande, der siges at være opstået i Samuel Millers hjem på en gård, seks miles vest for Findlay, Ohio . En seng var brudt i flammer, brændt ned til en askedynge, men satte intet andet i brand, og afsved ikke engang gulvet nedenunder. Næste dag, "omkring samme tid om eftermiddagen", flammede en tøjkiste op og blev fortæret uden at sætte noget andet i brand. Den tredje dag, på samme tid, en anden seng, og intet andet end sengen brændte. Se tilbage til brandene i huset i Bladenboro, N. C., februar 1932. En lang beretning om disse brande, fra en avis i San Diego (Cal.), blev sendt til mig af Margaret M. Page fra San Diego. I den var et af de fænomener, der blev betragtet som mest bemærkelsesværdigt, at der opstod brande tæt på brændbare materialer, som ikke blev påvirket af flammerne. Navne på adskillige vidner — borgmester J. A. Bridger fra Bladenboro, J. B. Edwards, en sundhedsmedarbejder i Wilmington, og dr. S. S. Hutchinson fra Bladenboro.

Det er, som om nogen hævngerrigt havde forestillet sig brande og på særlige steder havde lokaliseret brande i overensstemmelse med sine visualiseringer. Sådan lokalisering, eller fokusering, udeladelse af omgivelser er en kvasi-egenskab ved alle visualiseringer. Man visualiserer levende et ansigt, og en krop ignoreres af forestillingsevnen. Lad nogen visualisere en seng i brand og udtømme sine forestillingskræfter i denne specialisering: jeg forestiller mig, at sengen brænder, som forestillet, og intet andet brænder, fordi intet andet var inkluderet i det mentale billede, der *transmediumiserede*, fordi det blev taget for givet af den visualiserende, at som en brand af fysisk oprindelse ville også denne ild brede sig. Det forekommer mig kun normalt at være umuligt at forstå afbrændingen af en kvinde på en ubrændt seng som "realiseringen" af en forestillet scene, hvor den brændende krop var afbildet, men hvor intet andet blev undladt at blivefortæret.

Se tilbage til utilfredsstillende forsøg på at henføre punkteringer af vinduesruder og bilers vindspejle til et missilløst våben. De usynlige kugler stoppede op efter at være trængt ind i glas. Hvis vi kan tænke på en hensigt, mere drilsk end ondsindet, som kun tænkte på at skyde gennem glas, og som ikke tog hensyn til efterfølgende byger af kugler, kan vi tænke på hændelser, der fandt sted, som visualiserede, og som begrænsede af visualiseringer.

Handlinger i lukkede rum — men min monisme, hvorved jeg accepterer, at al psykisk magi et eller andet sted forbindes med mere eller mindre almindelig fysisk magi. *New York Times*, 18. juni 1880 — Rochester, N. Y. — en kvinde død i sin seng, og sengestolpen blev hugget i stykker som med en økse. Man vidste, at ingen var kommet ind i dette rum. Men noget havde dræbt denne kvinde uden at efterlade tegn på hverken at være kommet eller gået. Det var under et tordenvejr, og kvinden var blevet dræbt af lynet.

Manden i en af vores historier — J. Temple Thurston — alene på sit værelse — og at en billedlig fremstilling af hans død ved ild udspillede sig i et fjernt sind — og at der ind i den eksistensfase, der kaldes "rigtig", stjal sig det imaginære — skoldning på hans krop, men ikke på hans tøj, fordi sådan var afbilledet af afbrændingen af ham — og at der timer senere kom en frygt ind i troldmandens sind for, at denne påtvingelse af det, der kaldes det imaginære, på det, der kaldes det fysiske, bar kvasi-attributter af sin oprindelse, eller var ikke realistisk, eller ville være i fysisk henseende uforklarlig og ville tiltrække opmærksomhed — og at branden i huset blev visualiseret og blev "realiseret", men ved en visualisering, der senere efterlod nogle kendsgerninger, der ikke kunne gøres rede for.

Lavinia Farrar var en kvinde af "uafhængige midler". Masser af mænd og kvinder er blevet skudt, stukket ned eller forgiftet på grund af deres "uafhængige midler". Men at fru Farrar blev tænkt ihjel — eller at der også, ud af forestillingsverdenen i nogens sind, stjal sig en historie på hende — at det også gjorde hende til et så fiktivt væsen, at der ingen forklaring var på hendes død i almindelige, realistiske termer.

At der også her var en eftertanke, eller et efterbillede, som, ved forsøg på forklaring, "realiserede" en kniv og blod på gulvet, men overså andre detaljer, der gjorde denne hændelse uforklarlig i forhold til almindelige mord — eller at denne kvinde var blevet stukket i hjertet, gennem ugennemboret tøj, fordi det, med udeladelse af alt andet, var såret i hjertet, der var blevet visualiseret.

Kimen til dette udtryk er i enhvers accept af, at en stigmatisk pige kan overføre et sår, som det er afbildet i hendes sind, til at vise sig på hendes krop. Udtrykket kræver, at der kan være tale om ydre såvel som personlig stigmatisme.

Det forekommer mig at være lige så uomtvisteligt som noget andet i menneskelige anliggender, at der har været stigmatiske piger. Der kan have været mange tilfælde af forskellige former for personlig stigmatisme.

Der er følelser, der er lige så intense som religiøs ophidselse. En af dem er rædsel.

Historien om Isidor Fink er en historie om en frygt, der gik forud for et mord. Det kunne være, at Fink nærede en specifik frygt for en, som han havde skadet, og ikke en generel frygt for de overfald, der på det tidspunkt var så udbredte i New York City. Ifølge politikommissær Mulrooney var det umuligt ud fra almindelig menneskelig erfaring at forklare dette lukkede rum-mord.

Eller Isidor Fink, på arbejde i sit vaskeri — og hans tanker om en, som han havde såret — og at hans frygt for hævn forestillede et attentat, som han var offer for — at hans fysiske krop blev grebet af hans egen afbildning af sig selv som skudt af en fjende.

Kapitel 31

I februar 1885 var der i et engelsk fængsel en af de drømmelignende hændelser, som materialisterne tror er virkelige. Men hver karakter, der var involveret i den, var ved at svinde bort, så nu er der sandsynligvis ingen overlevende. Fra tid til anden måtte der foretages reparationer, fordi fængslets vægge var ved at gå i opløsning. Jernstængerne rustede bort. Den 23. februar, 1885 — som vi siger, når vi skal udtrykke vores fantasifulde demarkationer — som om en 23. februar, som kun relaterer i forhold til solskinsrytmer, kunne være en rigtig dag — som om man virkelig kunne sige, hvor en januar stopper og en februar begynder — som om man virkelig kunne vælge en periode ud af tiden og sige, at der nogensinde faktisk var et år 1885 —

Tidligt i det, der kaldes en morgen af det, der så vilkårligt og fantasifuldt kaldes den 23. februar 1885, ventede John Lee i sin celle i fængslet i Exeter i England på at blive hængt.

I gården til et fængsel af sten med stænger af jern blev John Lee ført til skafottet forbi en gruppe hårde og ubevægelige vidner. Pressen var til stede. Selvom de nok anså det for professionelt at virke lige så udtryksløse som sten eller jernstænger, var der intet i Lees tilfælde at være sentimental over. Hans forbrydelse havde været almindelig og trist. Han var en arbejder, som havde boet hos en gammel kone, som havde en lille formue, og i håb om at få fingre i den havde han myrdet hende. John Lee blev ført forbi en gruppe, nærmest af mineraler. Det var en scene, der viste den juridiske procedures mekanisme og soliditet, så virkelig som næsten en mekanisme og soliditet kan være.

Løkke om halsen, og oppe på skafottet stillede de ham på en faldlem. Døren blev holdt på plads af en rigel. Da denne rigel blev trukket, faldt lemmen —

John Lee, der ikke havde en ven og ikke havde en skilling —

Sheriffen af Exeter, bag hvem stod Storbritannien.

Sheriffen vinkede med hånden. Den repræsenterede retfærdighed og Storbritannien.

Rigelen var trukket, men faldlemmen faldt ikke. John Lee stod med løkken om halsen. Det var pinligt. Han skulle stranguleres. Der er en form for etikette i alle ting, og dette var indecorum. De baksede med rigelen. Der var ingen som helst vanskelighed med rigelen: men da den blev trukket, med John Lee stående på faldlemmen, ville lemmen ikke falde.

Der foregik noget fornuftstridigt. Hvad er proceduren i tilfældet med en person, der forbliver oprejst, når han skulle dingle? Sheriffen beordrede John Lee tilbage til cellen.

Folkene i denne fængselsgård var knap så standhaftige. De vaklede, og grupper af dem stod og talte om det. Men der var ingen snak, der kunne hjælpe John Lee. Det var det, man kalder den barske virkelighed. Sheriffen vaklede ikke. Jeg har et notat om ham, tyve år senere: han var i problemer med en religiøs sekt, som han var medlem af, fordi han bestilte sin øl fra tønden. Han var lige så solid som øl og oksekød og den britiske regering.

Fængselspersonalet undersøgte sagen grundigt — bortset fra at der ikke var noget at undersøge. Hver gang de trak rigelen tilbage, uden at John Lee stod på lemmen, faldt den, som den skulle falde. En af vagterne stillede sig i Lees sted, hvor han i stedet for at lægge løkken om halsen klyngede sig til rebet. Rigelen blev trukket, lemmen faldt, som den skulle falde, og ned faldt vagten, som han skulle falde.

Der var en kvinde, de ikke kunne vælte. En mand, de ikke kunne korsfæste. Manden,, de ikke kunne drukne. Der var manden de ikke kunne fængsle. Hunden de ikke kunne slippe af med.

John Lee blev ført tilbage til skafottet. Vidnerne vidste ikke, om de skulle le eller græde. Men trods alt var det bare en af de ting, som ingen kunne forklare, men som ikke kunne ske igen —

Eller som ikke kunne ske igen for en universitetsprofessor — eller for enhver, der var uddannet i mekanikkens og fysikkens begyndelsesgrunde — eller for enhver, der ikke var en uskolet arbejdsmand, men var forpligtet til urokkelig tro på alt, hvad en professor i fysik ville sige, når han hævdede at faldlemmen *skulle* falde —

Rigelen blev trukket.

Faldlemmen ville ikke falde.

John Lee stod uhængelig.

At det, første gang John Lee blev ført forbi disse pressefolk og byens embedsmænd og andre, der var blevet inviteret til ceremonien, ville have været næsten utænkeligt, at nogen af dem havde overskredet den linje, som alle fik besked på holde sig indenfor Men en læge, hvis professionelle anseelse var noget falmet, gik i forbøn. Andre var rystede. Sheriffen sagde, at John Lee var blevet dømt til at blive hængt, og at John Lee *ville* blive hængt.

De havde gjort alt tænkeligt. Nogen forslag? Nogen foreslog, at regn kunne have fået trælemmen til at slå sig og forårsage friktion. Der havde i alle forsøg ikke været nogen friktion: men for at tage alle mulige forholdsregler høvlede en vagtmand dørens kanter. De eksperimenterede igen, og hver gang faldt lemmen, som den skulle falde.

De stillede ham op på skafottet igen.

Lemmen ville ikke falde.

Denne scene med et henrettelsesforsøg opløste sig som et drømmebillede. Pressefolkene forsvandt eller sivede bort. Pressefolkene løb ud i Exeters gader. I gaderne løb de og råbte nyheden om manden, der ikke kunne hænges. Sheriffen, der hårdt havde prøvet på at være en rigtig sherif, gik i opløsning. Han ville gøre dit, og så ville han gøre dat, og så: "Før ham væk!" Han kommunikerede med indenrigsministeren. Der var noget ved alt dette, der rystede indenrigsministeren så meget, at han godkendte en udsættelse.

Sagen blev debatteret i Underhuset, hvor nogle af medlemmerne fordømte, at retfærdigheden blev tilsidesat af overtro. Ikke desto mindre blev henrettelsen ikke genoptaget. Lees dom blev forvandlet til fængsel på livstid, men han blev løsladt i december 1907. Hans historie blev genfortalt i datidens aviser.

Jeg har taget fra *Lloyd's Weekly News* (London) 5. januar, 1908.

Jeg har forsøgt at tænke på en konventionel forklaring i tilfældet med John Lee. Alle forsøg slår fejl. Han havde ikke en dollar. Der kan være en normal forklaring, som jeg ikke har tænkt på: men min forestilling er, at den forklaring, jeg har tænkt på, en dag vil blive betragtet som lige så almindelig, som man nu betragter elektricitetens og radioaktivitetens uigennemtrængelige mysterier.

Kapitel 32

Det er den gamle kontrovers — sindets indvirkning på materien. Men i bindestregs-filosofien fjernes en uoverskridelig kløft, og problemet fremstilles i tænkelige termer ved at spørge, om sind-materie kan indvirke på materie-sind.

Jeg begynder at se grunden til al min specialisering, næsten som hypnose, på magi, som jobbet. Hvorfor er jeg så opsat på at samle folk i multicellulare formationer og sætte batterier af disciplinerede troldmænd i gang med at forhekse alle verdens motorer til nyttige omdrejninger?

Med hensyn til jobbet, og alt, hvad der antages ikke at være et job, er der kun tilstanden job-rekreation eller rekreation-job. Jeg har skåret meget af mine egne anliggender af såkaldt rekreation bort, simpelthen fordi jeg føler, at jeg ikke kan yde såkaldte fornøjelser det arbejde, de kræver. Jeg vil ofte gerne være glad, men jeg vil ikke gå gennem ækvivalensen med at grave en grøft eller knuse skærver for at kunne hygge mig. Jeg har hos andre personer set meget slidsomme og smertefulde anstrengelser for at kunne være lykkelig. Derfor er jeg så meget optaget af jobbet, for selvom det er forbundet med bindestreger, findes der intet andet.

Sandsynligvis vil der gå noget tid, før nogen universitetsprofessor, uanset hvad vi tror, vi mener med *betydningsfuldhed*, vil indrømme, at alle denne jords motorer kan blive sat i gang ved hekseri eller ved udviklingen af, hvad der nu kun er vilde talenter. Men "højeste autoritet" er ikke længere forenet imod den mere eller mindre fjerntliggende mulighed for sådanne operationer. Se et interview med dr. Arthur H. Compton, professor i fysik, ved University of Chicago, offentliggjort i *New York Times*, 3. januar 1932. Dr. Compton sagde: "Den nye fysik foreslår ikke en løsning på det gamle spørgsmål om, hvordan sindet indvirker på materien. Den indrømmer dog bestemt muligheden for en sådan handling og foreslår, hvor handlingen kan få virkning."

Jeg ved ikke, om jeg selv er meget mere end en kætter. I mine historier har jeg indrømmet muligheder, og jeg har fremsat forslag.

Men forskellen er, at professorerne ikke vil være konkrete, og jeg giver eksempler. Dr. Comptons synspunkter er modne med den fortolkning, at transportsystemer og belysning af byer og driften af fabrikker en dag kan være resultatet af, hvad han kalder "sindets handling på materien", eller hvad jeg vil kalde *mekanisk hekseri*. Men folk, der leger med abstraktioner, bliver usikre i det øjeblik, nogen siger: "For eksempel?"

Den brændstofløse motor, som af de fleste mennesker betragtes som en drøm eller et bedrageri, forbindes mest med navnet John Worrell Keely, selvom der har været andre eksperimentatorer, bedragere eller magikere. Den tidligste brændstofløse motor-"tosse", som jeg har registreret, er John Murray Spear, tilbage omkring 1855, selvom selvfølgelig forskellige "tosser" til alle tider kan forbindes med denne svindel, drøm eller meget praktiske projekt. Den seneste, når dette skrives, er en ung mand, Lester J. Hendershot, fra Pittsburgh, Pa. Jeg henter data fra *New York Herald Tribune*, 27. februar-10. marts 1928. Det var Hendersons opfattelse, at han havde opfundet en motor, der fungerede ved at udlede energi fra "denne Jords magnetiske felt". Ingen ved, hvad det betyder. Men Hendershot blev støttet af major Thomas Lanphier, U. S. Army, kommandant for Selfridge-luftbasen, Detroit. Det blev sagt, at ved forsøg på luftbasen havde en model af "mirakelmotoren" usynligt genereret strøm nok til at få to 110-volts pærer til at lyse, og at en anden havde drevet en lille symaskine. Major Lanphier udtalte, at han havde været med til at lave en af disse modeller, som var af simpel konstruktion, og at han var sikker på, at der ikke var tale om snyd.

Denne erklæring fra major Lanphier virker ekstraordinær i betragtning af, at det for ortodokse videnskabsmænd svarede til at tro på mirakler: men det forekommer mig, at de angreb, der blev rettet på Hendershot, var endu mere ekstraordinære — eller signifikante. Det ser ud til at, hvis en simpel, lille tingest, der vejede mindre end ti pund, var et bedrageri, kunne mekanikerne på Selfridge-luftbasen, eller et hvilket som helst andet sted, gennemskue den på under et minut, især hvis de selv havde fremstillet den efter anvisninger. Hvis tingesten var et bedrageri, ville den åbenlyst synes være et bedrageri. Hvem ville den interessere? Men dr. Frederick Hochstetter, leder af Hochstetter Research Laboratory i Pittsburgh, bragte den til New York. Han lejede et foredragsssal, eller en "salon", på et hotel i New York og fortalte journalister, at han var kommet for at afsløre et bedrageri, som ville være i stand til at ødelægge tilliden til videnskaben i 1000 år. Hvis det var tilfældet, ville det heller ikke for mig være ønskeligt. Jeg kunne godt tænke mig, at se tilliden til videnskaben ødelagt i 20 år, og så blive genoprettet for et stykke tid og så blive slået flad igen og så genoplivet — og så videre, i en sund vekslen. Dr. Hochstetter udstillede modeller af motoren. De kunne ikke generere lyset fra en 1-volts ildflue. De kunne ikke sy en fes bukser. Dr. Hochstetter holdt foredrag om, hvad han kaldte et bedrageri. Men motivet for alt dette? Dr. Hochstetter forklarede, at hans eneste motiv var, at "ren videnskab kunne skinne ubesmittet frem".

Det var at rejse langt og pådrage sig besvær og omkostninger for at bevare skinnet af en renhed, hvis glans var truet af en lille ung mand, som det meste af verden aldrig havde hørt om før. Det, jeg opfanger, er, at der må have været en bestyrelse, der ikke var en almindelig bestyrelse, et eller andet sted. Jeg opfanger, at ved forsøg i Detroit, i Hendershots nærvær, virkede hans motorer; at i New York, ikke i hans nærvær, virkede hans motorer ikke.

Så kom den afslutning, som de fleste historier om afslørede bedragere ender eller siges at ende med. Dr. Hochstetter udtalte — dramatisk, formoder jeg, da han var meget optaget af alt dette — at han havde opdaget, at der skjult i en af motorerne var et kulblyantbatteri.

Omtrent således, i litteraturen om tabu, slutter næsten alle historier om handlinger, der er "foruroligende". Der er ingen chance for et comeback for den "afslørede bedrager". Han bliver vist snigende sig bort fra scenen, slukøret og nedbøjet. Men nogle læsere har fået et glimt af, hvad jeg mener med at hente så meget materiale fra aviserne. De bringer udtalelser fra "afslørede bedragere". De latterliggør og bagatelliserer og publicerer meget, der er ensidigt, men de giver chancen for et comeback.

Hendershot kom tilbage:

At dr. Hochstetter havde ganske ret i sin anklage, men kun for så vidt det gjaldt en hændelse fra flere år tidligere. I sine tidlige eksperimenter havde Hendershot, der ikke havde høje tanker om de besøgendes gode vilje, i sin motor indsat forskellige enheder "for at lede dem væk fra den virkelige idé, jeg arbejdede på". Men i forsøgene på Selfridge-luftbasen havde der ikke været sådanne "afledninger", og der havde ikke været nogen midler til at skjule dem i de motorer, som mekanikere ansat af major Lanphier havde fremstillet.

To uger senere forsvandt Hendershot fra aviserne. Måske købte en producent af almindelige motorer ham ud. Men han forsvandt på grund af en mærkelig historie. Den er mærkelig for mig, fordi jeg husker de små krav, der blev fremsat om motoren — påstået strøm, der ikke er tilstrækkelig til at skade nogen — kun nok til at køre en symaskine eller til at tænde 220 volts pærer. *New York Herald Tribune*, 10. marts 1928 — at Lester J. Hendershot, Pittsburgh-opfinderen af "mirakelmotoren", var en patient på Emergency Hospital, Washington, D. C. Det siges, at han på kontoret hos en patentadvokat demonstrerede sin "brændstofløse motor", da et lysglimt anslået til 2000 volt skød ud fra den og midlertidigt lammede ham.

Det var Hendershots opfattelse, at hans motor afledte kraft fra "denne jords magnetiske felt". Det er sandsynligt, at hvis motoren var drevet af hans egen magi, ville han, selvom han vidste dette, tilskrive den noget andet. Det er sandsynligt, at spiritistiske medier — eller nogle få af dem — har deres egne okkulte kræfter: men at de tilskriver dem til ånder. Sandsynligvis har nogle scenemagikere okkulte kræfter: men i en traditionel frygt for hekseforfølgelser føler de, at det er mere sikkert at sige, at hånden er hurtigere end øjet. "Guddommelige healere" og grundlæggere af religioner har været omhyggelige med at forklare, at deres talenter ikke var deres egne.

I november 1874 udstillede John Worrell Keely sin motor for et dusin kendte Philadelphiaborgere. De var hårdhudede forretningsmænd — hvad hårde hoveder angår — hvilket ikke siger meget — men de var ikke sådan at løbe om hjørner med. De så, eller troede de så, at denne motor fungerede, selvom den på ingen måde var forbundet med nogen konventionelt anerkendt strømkilde. Nogle af disse vidner mente, at motoren var værd at støtte. Keely forklarede også, at noget uden for ham selv var den bevægende kraft, men ingen har nogensinde været i stand til at forklare hans forklaringer. I modsætning til Hendershots enkle dingenot var Keelys motor en stor og kompliceret struktur. Navnet på den var formidabelt. I daglig tale var det en *vibrationsgenerator*, men monsterets fulde navn var den *hydro-pneumatisk-pulserende-vakuum-motor*. Et selskab blev dannet, og efter det gik alt meget utilfredsstillende, undtagen for Keely. Der var noget menneskeligt over denne motor — ligesom enhver monist selvfølgelig tror, der er ved alting — såsom rotter og træer og mennesker. Den var, som så mange lovende unge mænd, der ankommer midt i livet, stadig lovende, og går i deres grave, idet de, lige før de dør, har lovet et eller andet. Det kan ikke siges, at motoren virkede. Den menneskelignende ting havde talenter og var i stand til sensationelle kunststykker, men den kunne ikke tjene en dollar. Det vil sige, at ved en ærlig dags slid kunne den ikke, men med sine løfter indbragte den titusindvis af dollars til Keely. Det siges, at selvom han levede godt, brugte han også mange af disse penge på eksperimenter.

Også her var netop det, jeg har mistanke om — men jeg tror ikke, at jeg er den eneste, der har fået denne idé — netop det, der ikke blev hævdet. At hans motor bevægede sig lydhør over for hans egen trolddom, var netop, hvad Keely aldrig sagde. Det kunne være, at det var hans egen motivation, men at han ikke vidste det. Mesmer troede i sine tidligere faser, at han kurerede ved hjælp af magneter, og han udarbejdede meget terminologiske teorier vedrørende magneter, indtil han enten indså eller indrømmede, at hans effekter var fremkaldt af hans egen magi.

Jeg ville gerne høre en mening om brændstofløse motorer fra en repræsentant fra General Motors for at sammenligne med, hvad lægerne i Wien og Paris mente om Mesmer.

I otte år var der tro: men så (december 1882) var der et møde mellem skuffede aktionærer i Keely Motor Co. Midt i protester og anklager meddelte Keely, at selvom han ikke offentligt ville afsløre hemmeligheden bag sin motor, ville han fortælle alt til en hvilken som helst repræsentant for de utilfredse. En aktionær ved navn Boekel blev udpeget. Boekels rapport var, at det ville være forkert at beskrive princippet bag mekanismen, men at "hr. Keely havde opdaget alt, hvad han havde påstået". Der er ingen måde at spørge ind til, hvordan hr. Boekel blev overbevist. I betragtning af de milliarder af mennesker, der er blevet "overbevist" af bombardementer af ord og sætninger, der ligger uden for deres fatteevne, tror jeg, at hr. Boekel blev reduceret til en tilstand af mental hjælpeløshed af strømme af en *hydro-pneumatisk-pulserende-vakuum*-terminologi; og at han trofast holdt sit løfte om ikke at forklare, fordi han ikke havde mere end den mindste forståelse af, hvad det var, der havde overbevist ham.

Men jeg tror ikke, at nogen karakter af hr. Keelys generelle evner nogensinde har praktiseret med succes uden hjælp fra religion. Vær god en kort stund, og du vil blive evigt belønnet. Keely var religiøs, når han prækede sin doktrin om godhed: fordele for menneskeheden, frigørelse fra slaveri, fritid til at dyrke det bedste i enhver, lovet af hans motor — og om seks måneder vil aktien blive noteret til flere gange sin nuværende værdi. Jeg har ikke en forestilling om, at John Worrell Keely, med et behov for forretning og en trang til at lindre den lidende menneskehed, var mindre oprigtig end general Booth, for eksempel.

I november 1898 døde Keely. Clarence B. Moore, søn af hans protektor, fru Bloomfield Moore — titusindvis af dollars fattigere på sin arv på grund af Keely og hans løfter — undersøgte Keelys hus. Ifølge hans resultater var Keely "en uforbederlig slyngel".

Dette er for bestemt til at passe til mine forestillinger om os fænomener. Det uforfalskede, hvad enten det drejer sig om maden, vi spiser, eller luften, vi indånder, eller idealisme eller skurkagtighed, er ufindeligt. Selv utroskab er forfalsket. Der er skrupler og andre kombinationer.

Moore sagde, at han havde fundet beviserne for slyngelagtighed. Motoren var ikke den isolerede mekanisme, som, ifølge ham, aktionærerne i Keely Motor Co. var blevet narret til at tro, at den var: han havde fundet et jernrør og andre rør og ledninger, der førte fra motoren ned i kælderen. Her var der en stor, kugleformet, metallisk genstand. Der var aske.

Påstand afsløret — motoren var blevet drevet af en trykluftmaskine i kælderen.

Enhver, der nogensinde har forsøgt at holde på en hemmelighed i 24 timer, vil undre sig over denne historie om en bedrager, der mod alle afslørende kræfter, såsom gasmænd og kulmænd og andre personer, der går ind i kældre — mod nysgerrige naboer og om muligt endnu mere nysgerrige journalister — mod skuffede aktionærer og forargede konventionalister — i fireogtyve år hemmeligholdt sin motor i kælderen.

Det gjorde ingen forskel, hvad der ellers kom frem. Tabu havde, eller lod som om det havde, noget at basere sig på. Næsten alle mennesker i alle epoker er hypnotiserbare. Deres overbevisninger er påførte overbevisninger. De rette autoriteter sørgede for, at den rette tro blev påført, og folk troede oprigtigt.

Aktionærerne sagde, at de kendte til den kugleformede genstand eller den påståede trykluftmaskine i kælderen, fordi Keely ikke havde lagt skjul på den. Ingen påviste, at motoren kunne køres ved hjælp af dette objekt. Men overbevisninger kan styres. Så meningsløse, i enhver forstand af organisation, var ledningerne og rørene, at jeg tænker på Hendershots udtalelse om, at han havde kompliceret sin motor med "afledninger", som han kaldte dem.

Sten, der er faldet ned i huse, hvor folk var ved at dø — vandringerne af en gryde med brun sæbe — stole, der har bevæget sig rundt i nærvær af poltergeistpiger —

Men i nærvær af John Worrell Keely var der disciplinerede bevægelser af en motor. I fireogtyve år var der demonstrationer, og selvom der var mange ophidsede beskyldninger, blev Keely aldrig grebet i at hjælpe lidt til. Der var intet rødt lys eller halvmørke. Motoren stod ikke i et kabinet. Keelys aktionærer var af en overlegen intelligens, hvad aktionærer angår, for så vidt som mange af dem undersøgte sagen, før de spekulerede. De så dette højtidelige, store påfund gå rundt og rundt. Nogle gange så de sensationelle præstationer. Tingesten rev tykke reb fra hinanden, brækkede jernstænger og skød kugler gennem en 12-tommers planke. Jeg tænker, at motivationen for denne ting var et vildt talent — en ukultiveret, uslebet og upålidelig kraft, sådan som alt geni er i sin vorden —

At Keely drev sin motor ved en anvendelse af ren "vilje" eller visualisering, hvad enten det var bevidst, eller fordi han ikke anede, hvordan han opnåede sine virkninger — nogle gange lykkedes det krampagtigt, fejlede ofte, ifølge alle pionerers erfaring — bedrager og messias.

Retfærdiggørende sig selv, midt i løfter, der ikke blev til noget, fordi han kunne sige til sig selv noget, som Galilei skulle have sagt, men ikke sagde — "Men den bevæger sig alligevel!"